新时代高等教育"互联网+"创新型教材

会计信息化

（用友 ERP U8⁺）

Accounting Informatization

主　编　刘春苗　张晓毅　姜新阳

副主编　张　静　佟　玲　王彩丽

图书在版编目（CIP）数据

会计信息化：用友 ERP U8+ / 刘春苗，张晓毅，姜新阳主编． -- 北京：中国经济出版社，2022.8（2025.1 重印）
中经金课会计专业精品课程
ISBN 978-7-5136-7047-0

Ⅰ．①会… Ⅱ．①刘… ②张… ③姜… Ⅲ．①会计信息－财务管理系统－高等学校－教材 Ⅳ．① F232

中国版本图书馆 CIP 数据核字（2022）第 149368 号

选题策划	雷	生
责任编辑	彭	欣
责任印制	李	伟
封面设计	牧野春晖	

出版发行	中国经济出版社
印 刷 者	宝蕾元仁浩（天津）印刷有限公司
经 销 者	各地新华书店
开 本	889mm×1194mm　1/16
印 张	14.25
字 数	386 千字
版 次	2022 年 8 月第 1 版
印 次	2025 年 1 月第 3 次
定 价	68.00 元

广告经营许可证　京西工商广字第 8179 号

中国经济出版社　网址 www.economyph.com　社址 北京市东城区安定门外大街 58 号　邮编 100011
本版图书如存在印装质量问题，请与本社销售中心联系调换（联系电话：010-57512564）

版权所有　盗版必究（举报电话：010-57512600）
国家版权局反盗版举报中心（举报电话：12390）　　服务热线：010-57512564

EDITORIAL BOARD 编委会

主　任　唐大鹏（东北财经大学教授）
成　员　陈　婧　　郭　娟　　侯建云
　　　　胡　迪　　姜新阳　　焦建秋
　　　　刘春苗　　罗雅兰　　李　敏
　　　　李　锐　　李　琦　　李建民
　　　　吕杨杨　　欧泇彤　　裴　雯
　　　　潘宗玲　　孙艺馨　　尚玉霞
　　　　佟　玲　　吴养学　　王彩丽
　　　　许素青　　杨　尚　　杨　智
　　　　张晓毅　　张　静　　张思檬
　　　　张　毅　　张玉梅　　周嫔婷

（以姓名拼音排序）

PREFACE 前言

基于教育部于 2018 年 4 月印发的《教育信息化 2.0 行动计划》，国务院于 2019 年 1 月印发的《国家职业教育改革实施方案》，习近平总书记于 2018 年 9 月在全国教育大会上的讲话精神，以及财政部 2021 年 11 月制定的《会计改革与发展"十四五"规划纲要》等，按照发布的会计专业、财务管理专业教学标准中对会计信息化课程的教学内容和教学要求进行编写。

近年来，用人单位对财务人员的信息技术水平、综合职业素质和专业适应性的要求迅猛提升。因此，加强对学生品德的培养、人格的塑造、现代信息素养的养成，以及从财务型会计向管理型会计转型，也成为本次教材修订的主旨。

本教材以用友 U8$^+$ 软件为蓝本，用虚拟的北京市惠达股份有限公司 2021 年 12 月的经济业务为背景，全面介绍了用友 U8$^+$ 软件系统管理和基础设置、总账系统、应收款管理系统、应付款管理系统、固定资产系统、薪资管理系统、期末处理及报表的基本应用方法与操作。

与同类教材比较，本教材具有如下特点。

1. 知识内容新颖

本教材根据最新的财税政策及会计准则编写了实验资料，并将会计信息系统在实际应用中的最新研究成果纳入其中，以更好地解决会计信息系统滞后与国家财税政策和会计实务的问题。

2. 教学资源丰富

本教材以模拟企业业务为主线，全面、系统地对系统模块的基本功能和日常业务处理进行了简要概述。本教材不仅有针对性强的案例讲解，还在各章后提供了配合教学内容的训练测试，使学生能够在了解相关理论的基础上，掌握相应的实际操作技能。

3. 知识内容紧密

本教材提供了会计学的基础性实验，通过实验使学生初步系统地掌握会计循环相关阶段的核算方法、核算程序、核算技巧；通过实验资料在会计信息系统中的操作应用，使学生掌握相应的知识点。

本教材既适合作为各类院校会计、信息管理、企业管理、电子商务等相关专业的教材，也可作为高校会计类比赛的参考教材。同时，本教材也能为广大企业用户提供帮助。

本教材在编写过程中，参考了大量著作和教材，并得到有关专家学者、院校领导的大力支持，在此一并表示感谢！

由于编者水平有限，书中难免有疏漏和不当之处，敬请广大读者不吝批评指正，并及时反馈，以便以后进一步修订和完善。

编　者
2022 年 3 月

CONTENTS 目录

前言 ················· V

项目 1 用友 U8⁺ 软件系统管理和基础设置 ············ 1
- 任务 1.1 用友 U8⁺ 软件系统管理 ········ 2
- 任务 1.2 用友 U8⁺ 软件系统基础设置 ············ 15
- 项目小结 ················ 50
- 思考与练习 ············· 50

项目 2 总账系统 ············ 52
- 任务 2.1 总账系统初始化 ········ 53
- 任务 2.2 总账系统日常业务处理 ······ 62
- 项目小结 ················ 67
- 思考与练习 ············· 67

项目 3 应收款管理系统 ········ 69
- 任务 3.1 应收款管理系统的初始设置 ············ 70
- 任务 3.2 应收款管理系统日常业务处理 ········ 78
- 项目小结 ················ 95
- 思考与练习 ············· 95

项目 4 应付款管理系统 ········ 97
- 任务 4.1 应付款管理系统初始化 ····· 98
- 任务 4.2 应付款管理系统日常单据处理 ············ 105
- 项目小结 ············· 120
- 思考与练习 ·········· 120

项目5 固定资产管理系统……122
- 任务5.1 固定资产管理系统初始化……123
- 任务5.2 固定资产管理系统日常业务处理……135
- 项目小结……144
- 思考与练习……145

项目6 薪资管理系统……147
- 任务6.1 薪资管理系统初始化……148
- 任务6.2 薪资管理系统日常业务处理……164
- 项目小结……171
- 思考与练习……171

项目7 期末处理工作……173
- 任务7.1 期末记账……174
- 任务7.2 银行对账……177
- 任务7.3 期末转账……182
- 任务7.4 各模块期末结账……190
- 项目小结……200
- 思考与练习……200

项目8 报表……202
- 任务8.1 资产负债表……203
- 任务8.2 利润表……213
- 项目小结……215
- 思考与练习……215

参考文献……217

项目 1 用友 U8⁺软件系统管理和基础设置

知识目标

◎ 掌握用友 U8⁺软件系统管理的启动；
◎ 掌握建立、修改、备份和引入账套；
◎ 掌握操作员的增加与设置权限。

技能目标

◎ 掌握用友 U8⁺软件系统管理的功能和操作；
◎ 掌握机构、人员和客商信息设置；
◎ 掌握用友 U8⁺软件系统的基础设置的填制。

案例导入

北京市双源有限责任公司是一家食品加工公司，生产面包和蛋糕两种产品。2021 年 12 月，该公司开始采用用友 U8⁺软件系统记账，财务经理朱某华根据本单位实际资料进行系统管理和基础设置。

案例评析

根据前述资料，财务经理朱某华如何进行用友 U8⁺软件系统的建立账套、机构和人员设置，客商信息设置，存货设置，财务设置，收付结算设置，单据设置的操作？

本章导语

电算化会计信息系统在企业经营管理信息系统中处于核心地位，企业的其他经营管理信息系统都需要从电算化会计信息系统中提取大量信息。

任务 1.1　用友 U8$^+$ 软件系统管理

1.1.1　用友 U8$^+$ 软件系统管理概述

【情景 1-1】2021 年 12 月 1 日，北京市惠达股份有限公司开始使用用友 U8$^+$ 软件系统，由账套主管周某然组织财务部及相关人员了解 U8$^+$ 软件系统管理模块。

用友 U8$^+$ 软件系统管理流程如图 1-1 所示。

用友 U8$^+$ 软件由多个产品组成，各个产品之间相互联系、数据共享，完全实现财务业务一体化管理。系统管理包括新建账套、新建账套库、账套修改和删除、账套备份、根据企业经营管理中的不同岗位职能建立不同角色，新建操作员和权限的分配等功能。

由于用友 U8$^+$ 软件所包含的产品是为同一个主体的不同层面服务的，并且产品与产品之间相互联系、数据共享，因此要求这些产品具备如下特点：具备公用的基础信息，拥有相同的账套和账套库，操作员和操作权限集中管理并且进行角色的集中权限管理，业务数据共用一个数据库。

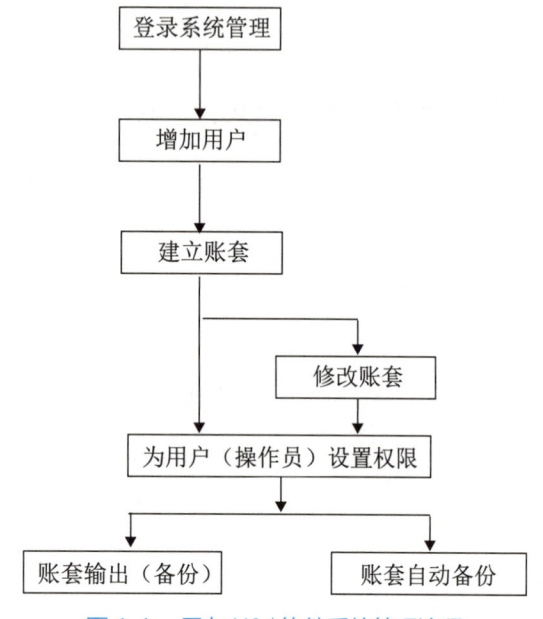

图 1-1　用友 U8$^+$ 软件系统管理流程

> **注意**
> 用友 U8$^+$ 软件系统管理的使用者只能为企业的信息管理人员：系统管理员、安全管理员和账套主管等。

1.1.2　启用系统管理

1. 以系统管理员身份进入

【情景 1-2】以系统管理员身份启用系统管理，操作方法如图 1-2 至图 1-6 所示。

图 1-2　系统管理图标

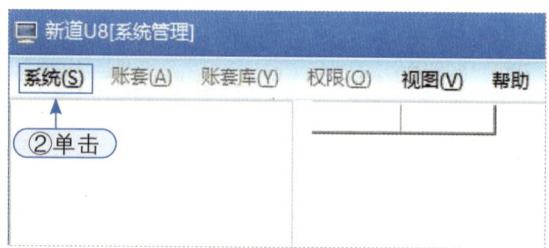

图 1-3　系统管理页面

图 1-4　进行系统注册

图 1-5　系统登录页面

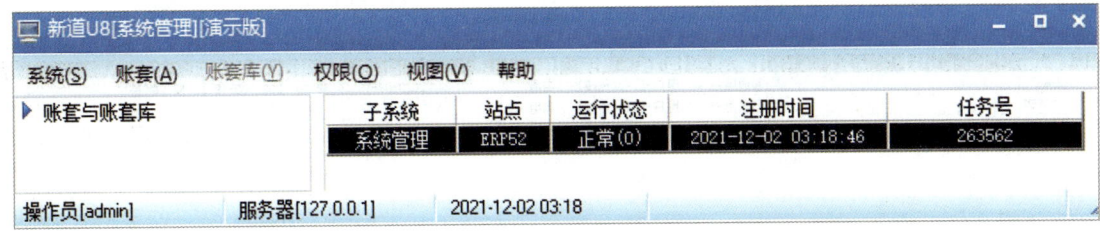

图 1-6　登录完成

2. 以账套主管身份进入

以账套主管身份进入，可以对账套进行修改，并根据企业经营管理中岗位职责的不同给操作员设置权限。

1.1.3 增加操作员

【情景1-3】北京市惠达股份有限公司增加操作员资料见表1-1，根据表1-1增加操作员。

表1-1 操作员基本资料

编号	姓名	认证方式	口令	所属部门	角色	职务
11	李京	用户+口令（传统）	11	管理部门	账套主管	总经理
12	周佳然	用户+口令（传统）	12	财务部	账套主管	财务主管
13	王磊	用户+口令（传统）	13	财务部	普通员工	会计
14	朱莉莉	用户+口令（传统）	14	财务部	普通员工	出纳

操作方法如下：

（1）以系统管理员身份登录系统管理；

（2）根据表1-1增加操作员李京，具体操作过程如图1-7至图1-9所示；

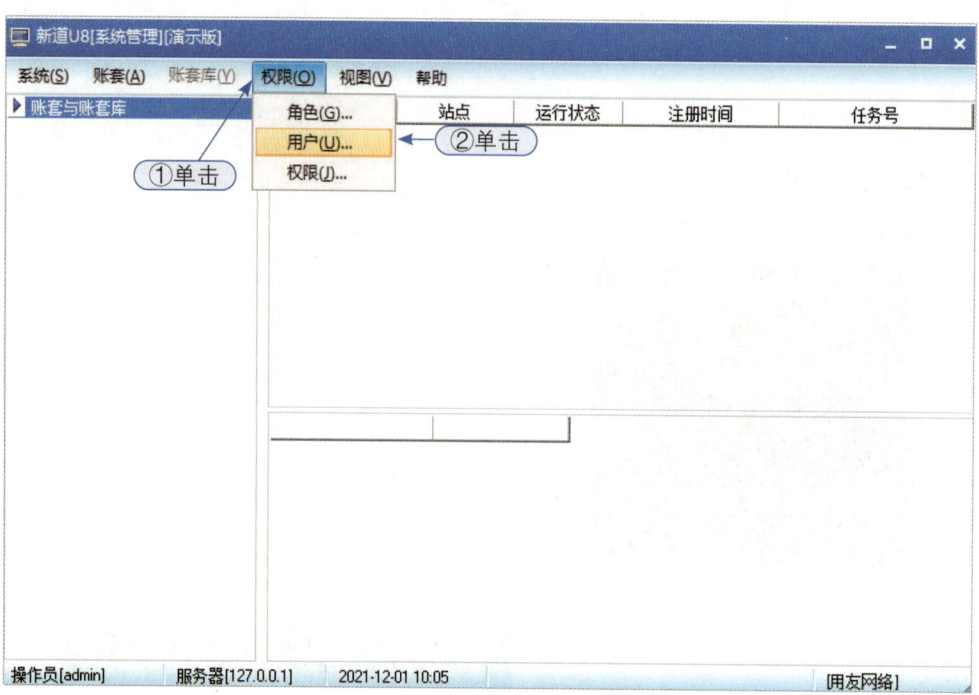

图1-7 系统管理操作页面

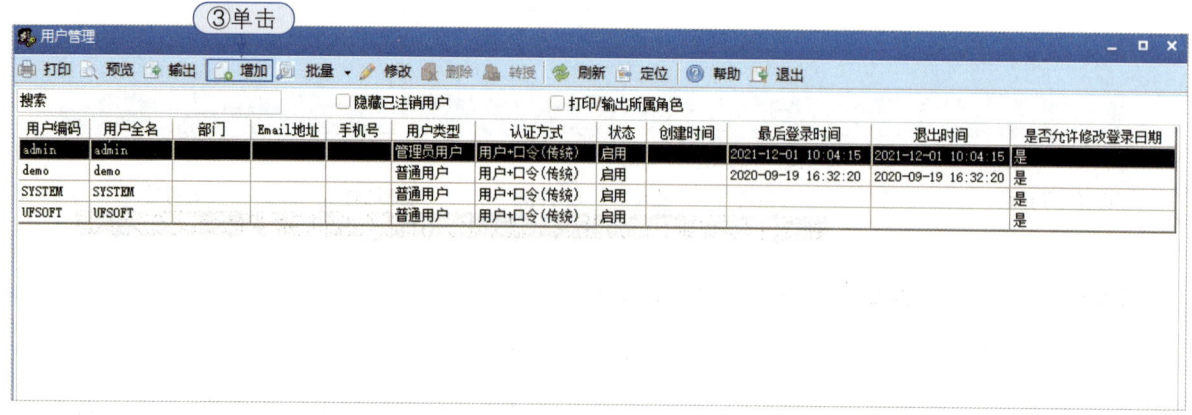

图1-8 用户管理页面

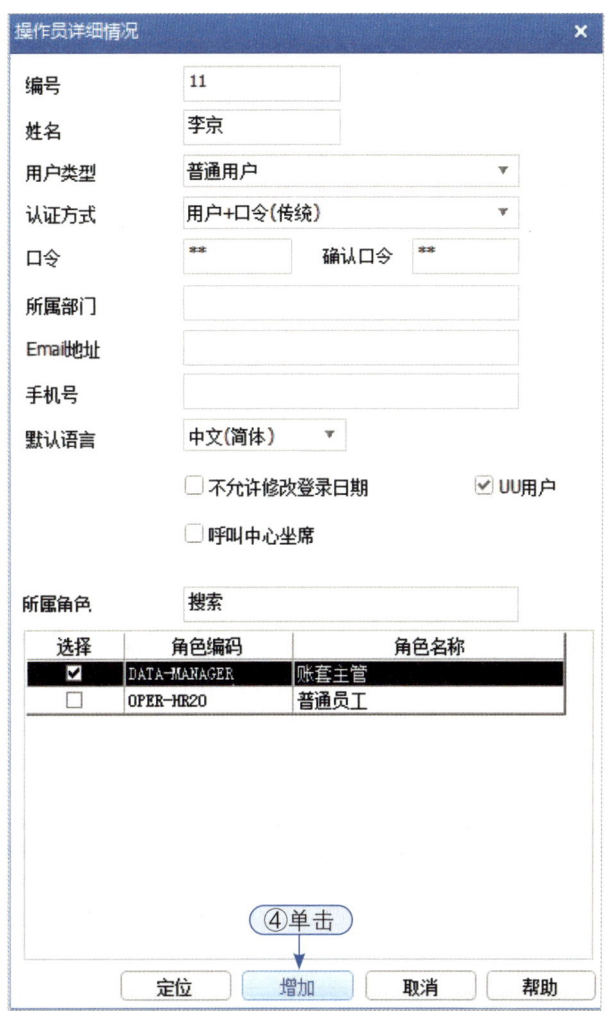

图 1-9　增加操作员页面

（3）其他操作员的增加同增加李京的操作过程一致。

单击【批量】选项可以批量增加操作员，单击【修改】选项可以修改操作员信息。

1.1.4　建立账套

【情景 1-4】根据表 1-2 建立北京市惠达股份有限公司账套。

表 1-2　惠达公司建账信息

1- 账套信息	
账套号	111
账套路径	采用默认路径
启用日期	2021-12-01

续表

2- 单位信息	
单位名称	北京市惠达股份有限公司
单位简称	惠达公司
单位地址	北京市海淀区
法人代表	李京
邮政编码	100000

续表

2- 单位信息	
联系电话及传真	010-80000000
电子邮箱	hx@qq.com
税号	100326642947610023
3- 核算类型	
记账本位币	人民币（RMB）
企业类型	工业
行业性质	2007年新会计准则科目
账套主管	序号
按行业性质预置科目	否
4- 基础信息	
有无外币核算	是
供应商是否分类核算	否
存货是否分类核算	是
客户是否分类核算	是
5- 分类编码方案	
科目编码级次	42222
客户分类编码级次	22

续表

5- 分类编码方案	
存货分类编码级次	13
其他编码级次默认	
6- 数据精度	
存货数量、单价小数位	2
7- 系统启用	
系统启用	总账
	薪资管理
	固定资产
	应收款管理
	应付款管理
启用日期	2021-12-01

操作方法如下：

（1）以系统管理员身份登录系统管理；

（2）根据表1-2的信息建立账套，具体操作过程如图1-10至图1-23所示。

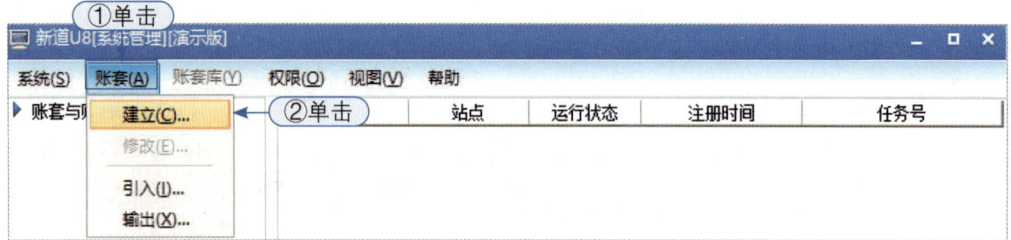

图1-10　进入建账系统

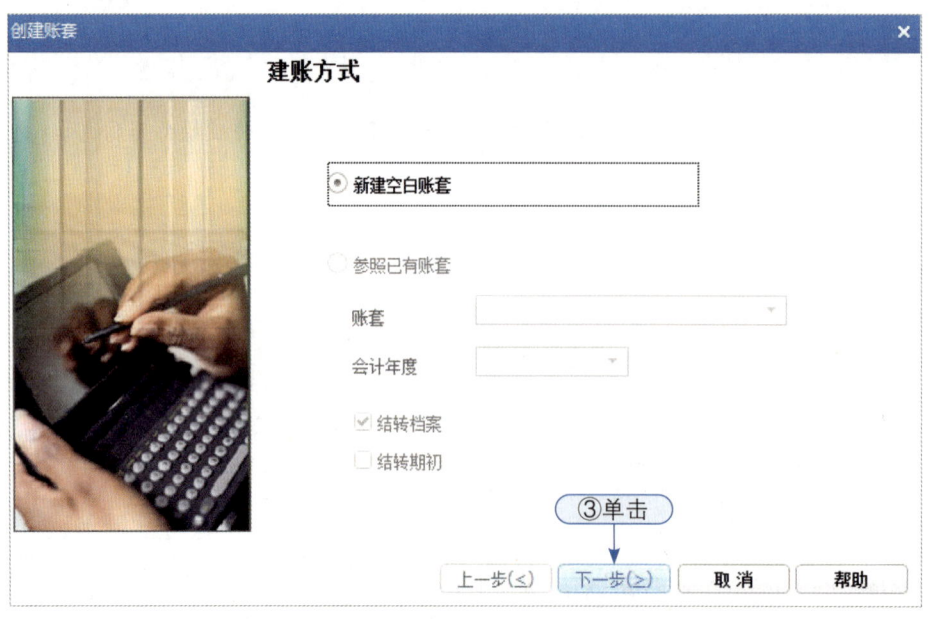

图1-11　建账方式页面

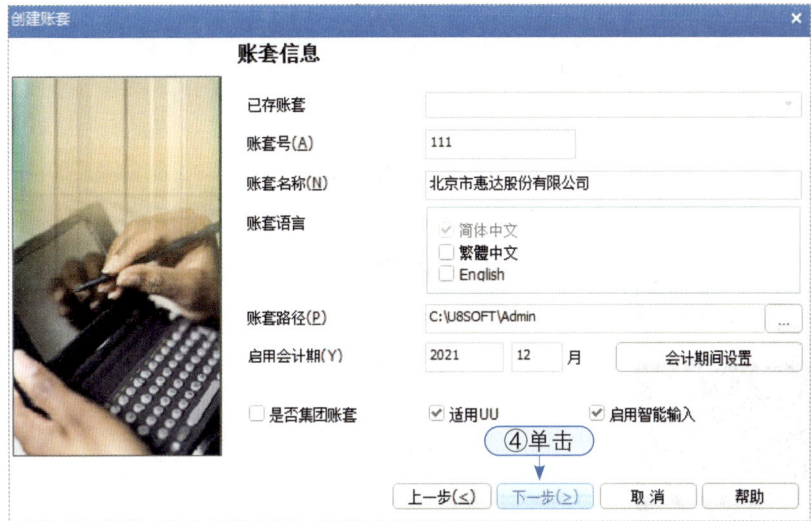

图 1-12　账套信息页面

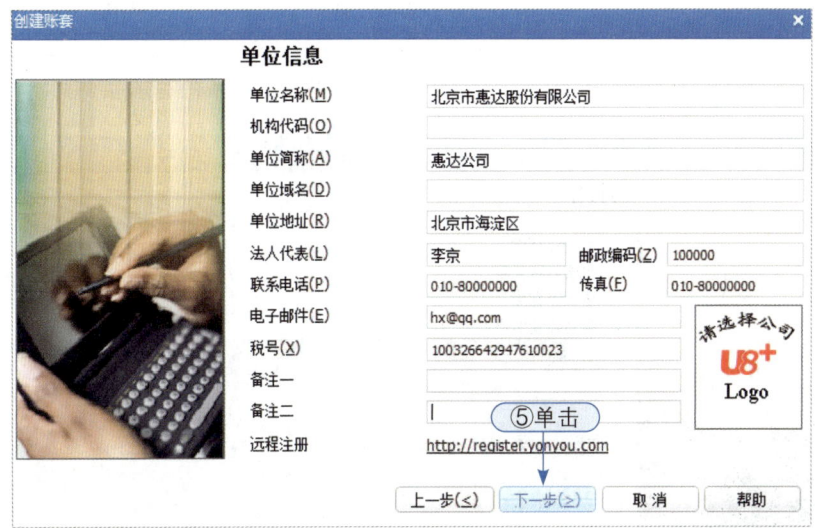

图 1-13　单位信息页面

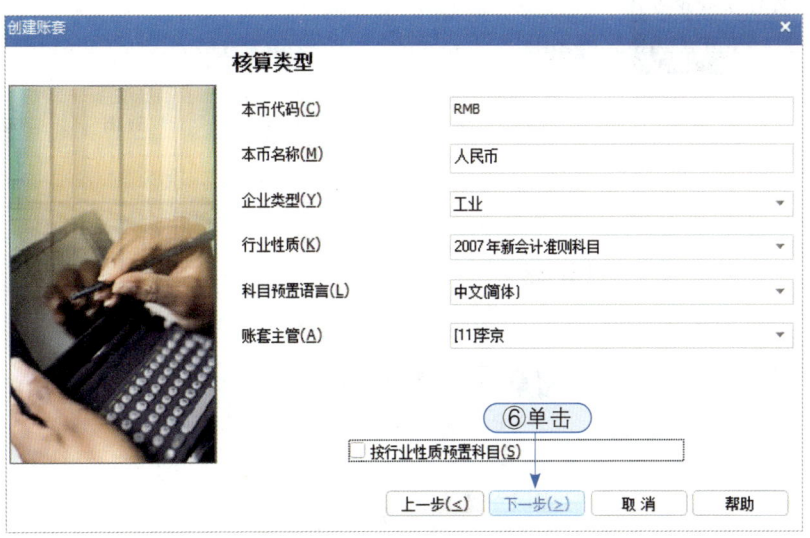

图 1-14　核算类型页面

图 1-15　基础信息页面

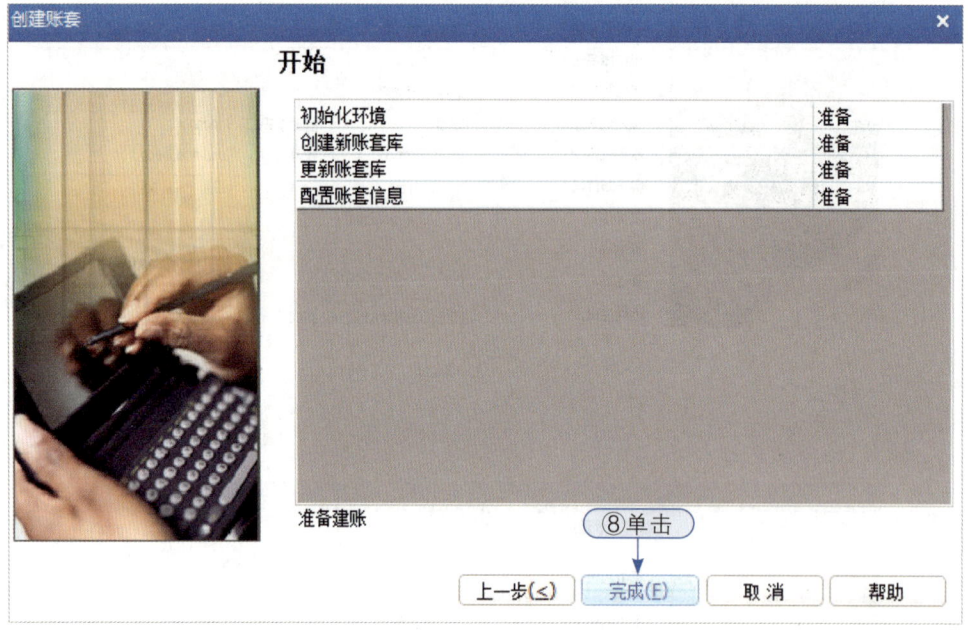

图 1-16　开始建账页面

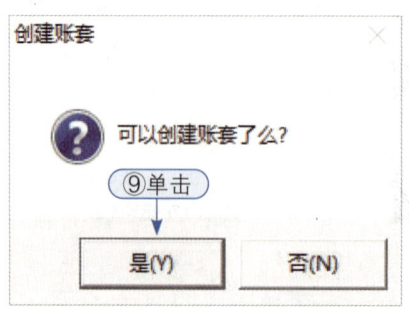

图 1-17　创建账套提示

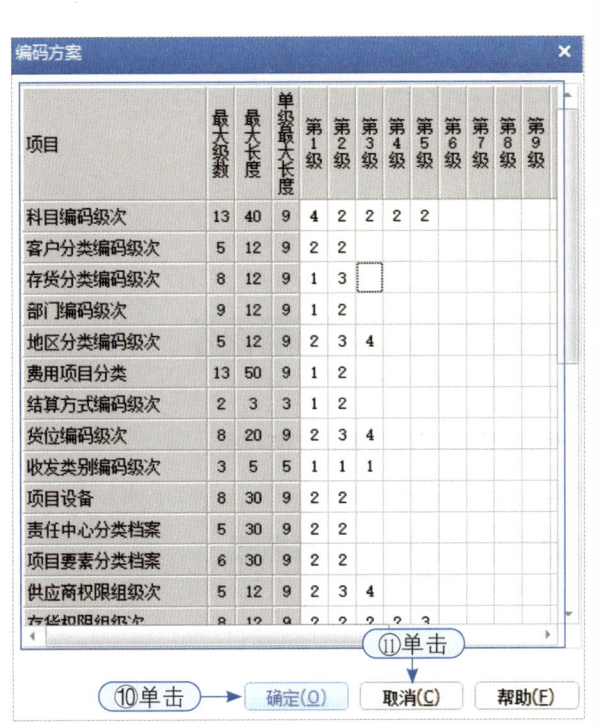

图 1-19　数据精度页面

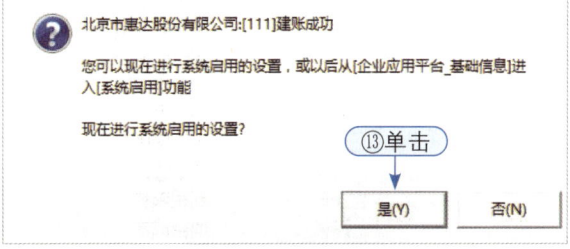

图 1-18　编码方案页面

图 1-20　建账成功提示

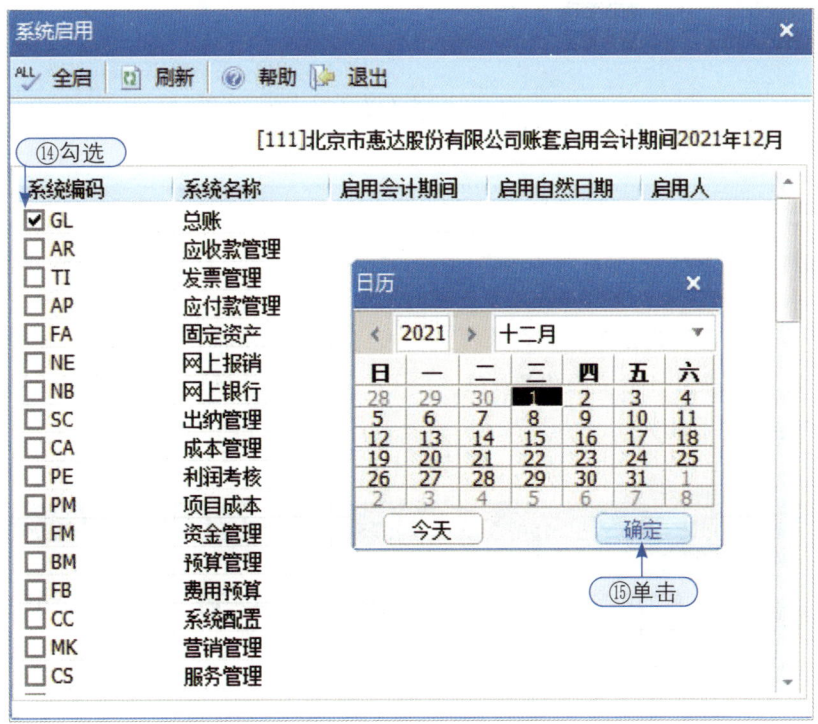

图 1-21　系统启用页面

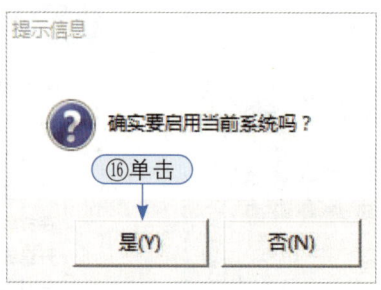

图 1-22　启用系统提示

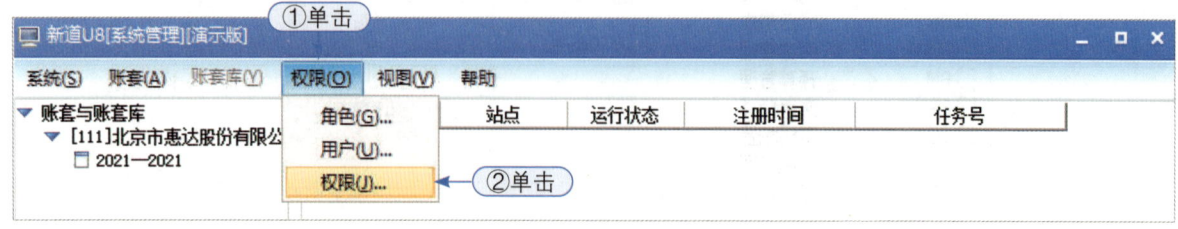

图 1-23　总账启用完成页面

并以启用总账的方法进行其他系统的启用。

1.1.5　设置操作员权限

【情景1-5】北京市惠达股份有限公司操作员权限资料见表1-1，根据表1-1设置操作员权限。

操作方法如下：

（1）以系统管理员身份登录系统管理；

（2）具体操作过程如图1-24至图1-26所示。

图 1-24　进入设置权限页面

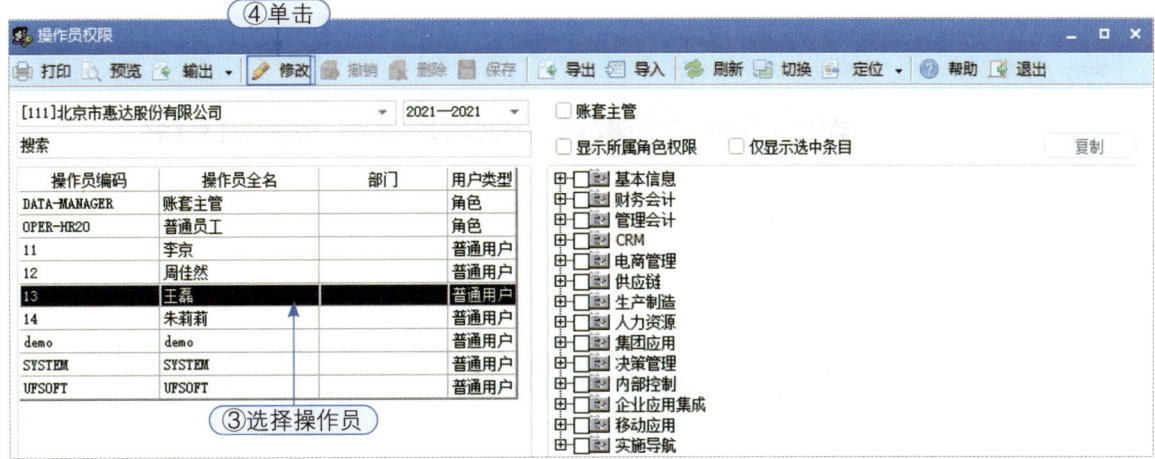

图 1-25　选择操作员

图 1-26　设置操作员权限

1.1.6　修改、备份和引入账套

1. 修改账套

【情景 1-6】修改账套，为账套增加供应商分类核算。

操作方法如下：

（1）以账套主管周佳然身份登录系统管理；

（2）具体操作过程如图 1-27、图 1-28 所示。

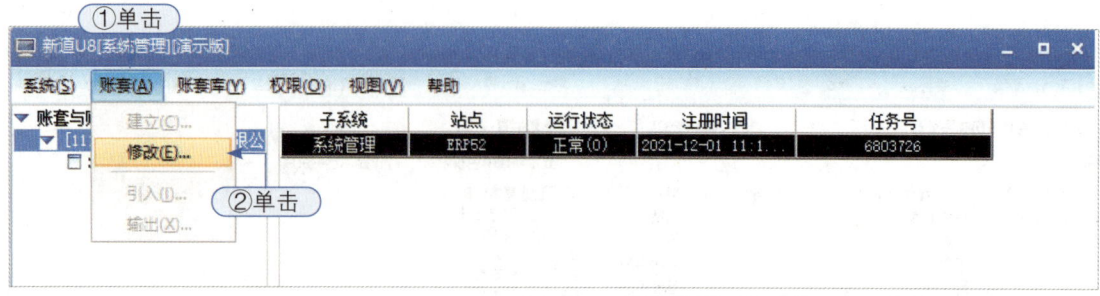

图 1-27　进入修改页面

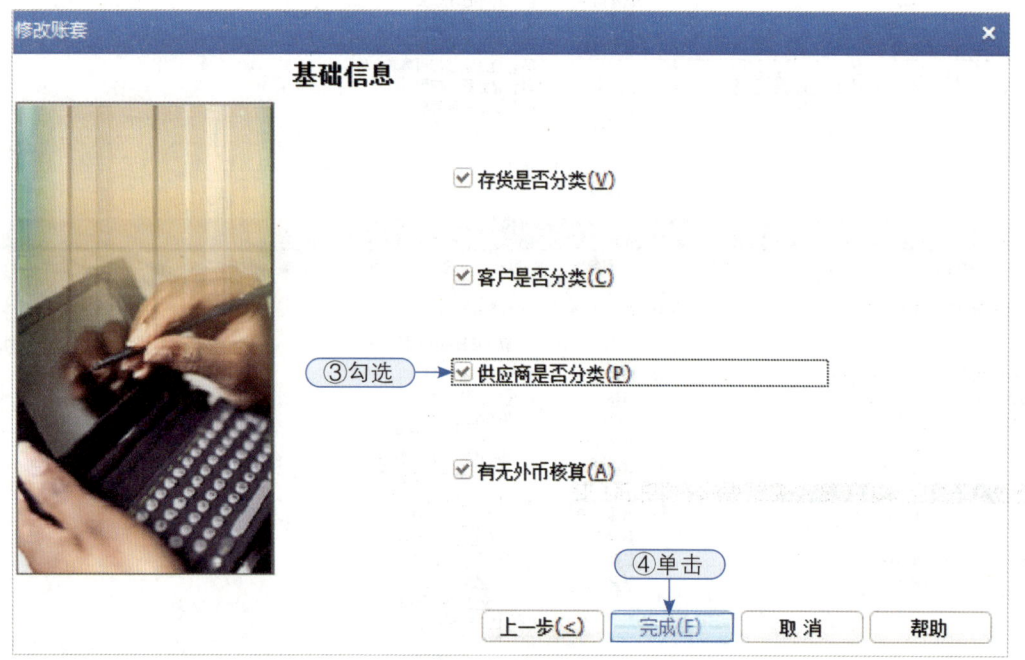

图 1-28　修改账套页面

2. 备份账套

【情景 1-7】输出备份北京市惠达股份有限公司账套。

操作方法如下：

（1）以系统管理员身份登录系统管理；

（2）具体操作过程如图 1-29 至图 1-32 所示。

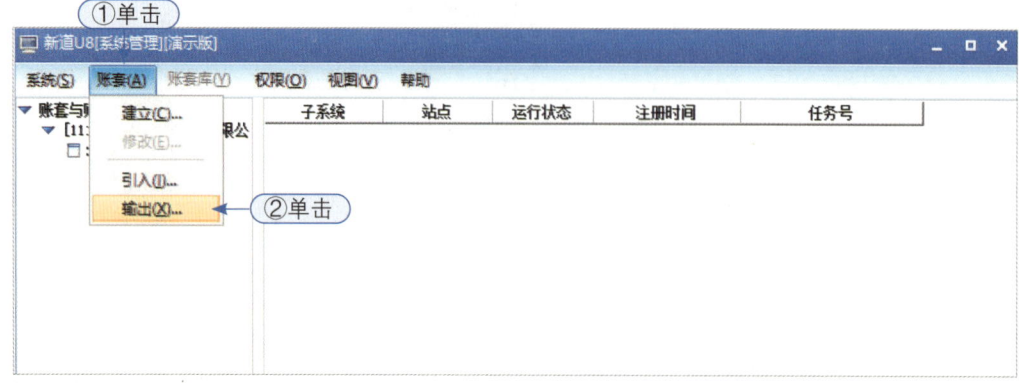

图 1-29　进入输出账套系统

项目1 用友 U8+软件系统管理和基础设置

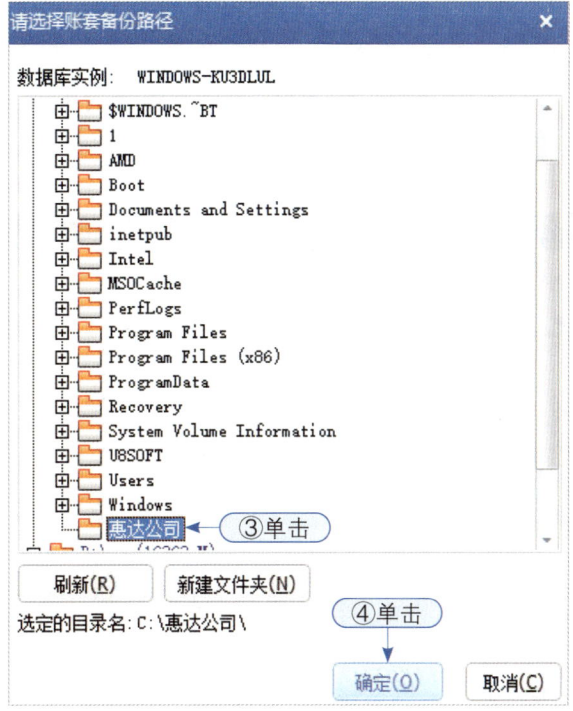

图 1-30 选择输出路径

图 1-31 输出账套

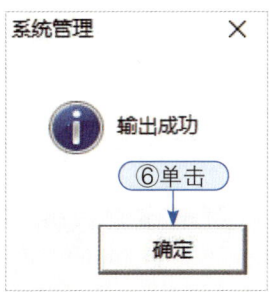

图 1-32 确认提示

3. 引入账套

【情景1-8】引入北京市惠达股份有限公司账套。

操作方法如下：

（1）以系统管理员身份登录系统管理，选择【账套】下拉菜单中的【引入】选项，进入"账套引入"页面；

（2）账套引入具体操作过程如图1-33至图1-36所示。

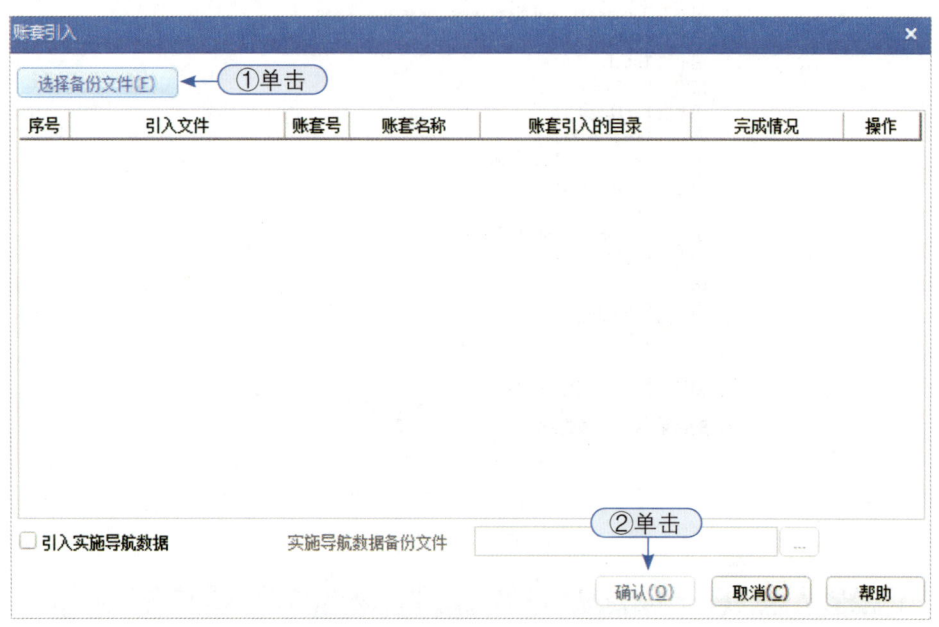

图1-33　选择备份文件页面

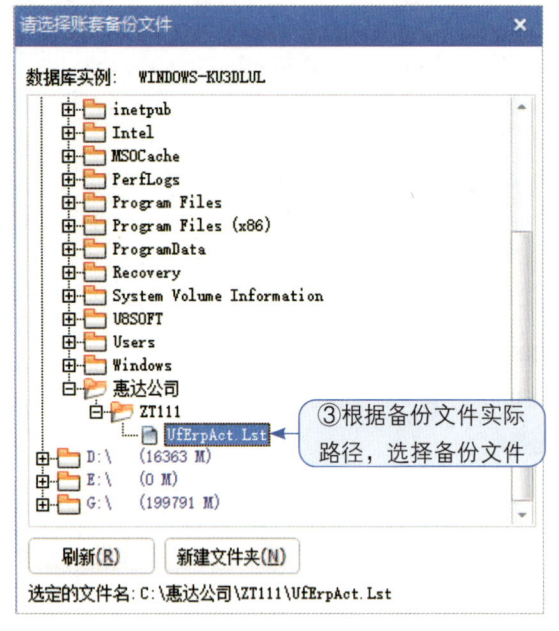

图1-34　选择备份路径页面

图1-35　确认提示

图 1-36　账套引入页面

单击【确定】按钮后，会显示引入成功提示，在提示页面单击【确定】按钮，引入操作完成。

任务 1.2　用友 U8⁺软件系统基础设置

1.2.1　设置机构档案和人员档案

用友 U8⁺软件系统基础设置流程如图 1-37 所示。

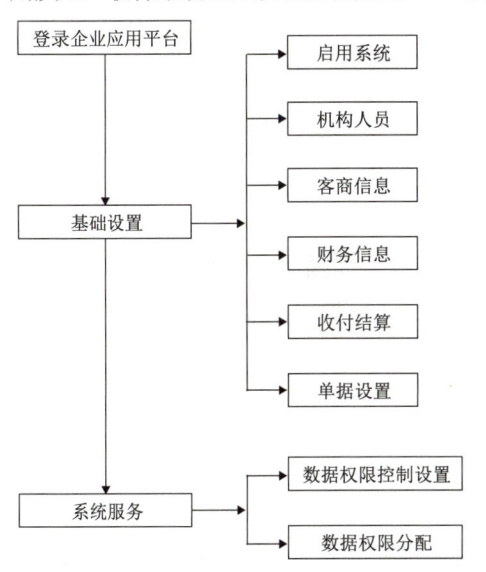

图 1-37　用友 U8⁺软件系统基础设置流程

> **注意**
>
> 本项目不做提示，均以账套主管周佳然身份进入企业应用平台操作。

1. 设置部门档案

【情景 1-9】根据表 1-3 以账套主管周佳然身份登录企业应用平台建立部门档案。

表 1-3　部门档案信息

编号	名称	电话、传真	负责人	成立日期
1	管理部门	010-12345678	李京	2019-01-01
2	财务部	010-23456789	周佳然	2019-01-01
3	采购部	010-34567890	张嘉依	2019-01-01

续表

编号	名称	电话、传真	负责人	成立日期
4	销售部	010-87654321	杨娜	2019-01-01
5	半成品车间	010-98765432	李浩杰	2019-01-01
6	成品车间	010-99999999	薛佳楠	2019-01-01

操作方法如下：

建立部门档案的具体操作过程如图 1-38 至图 1-43 所示。

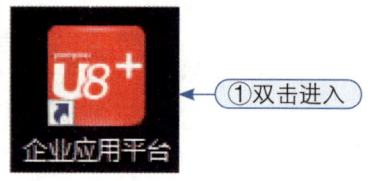

图 1-38　企业应用平台图标

图 1-39　企业应用平台登录页面

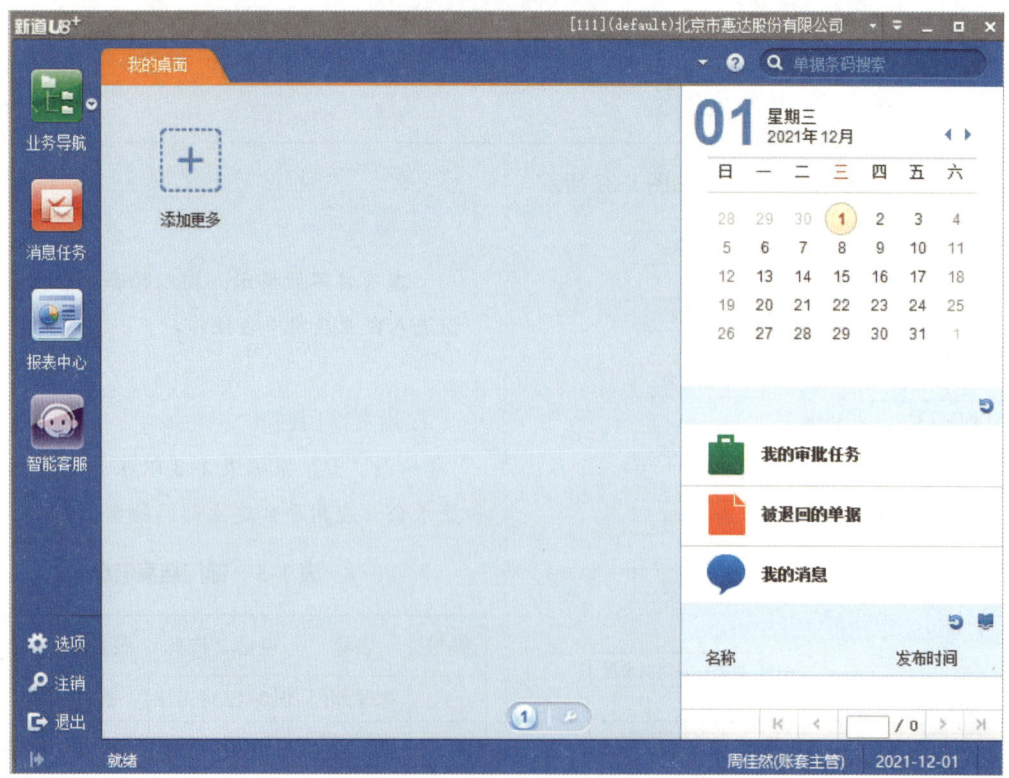

图 1-40　企业应用平台页面

项目1 用友U8+软件系统管理和基础设置

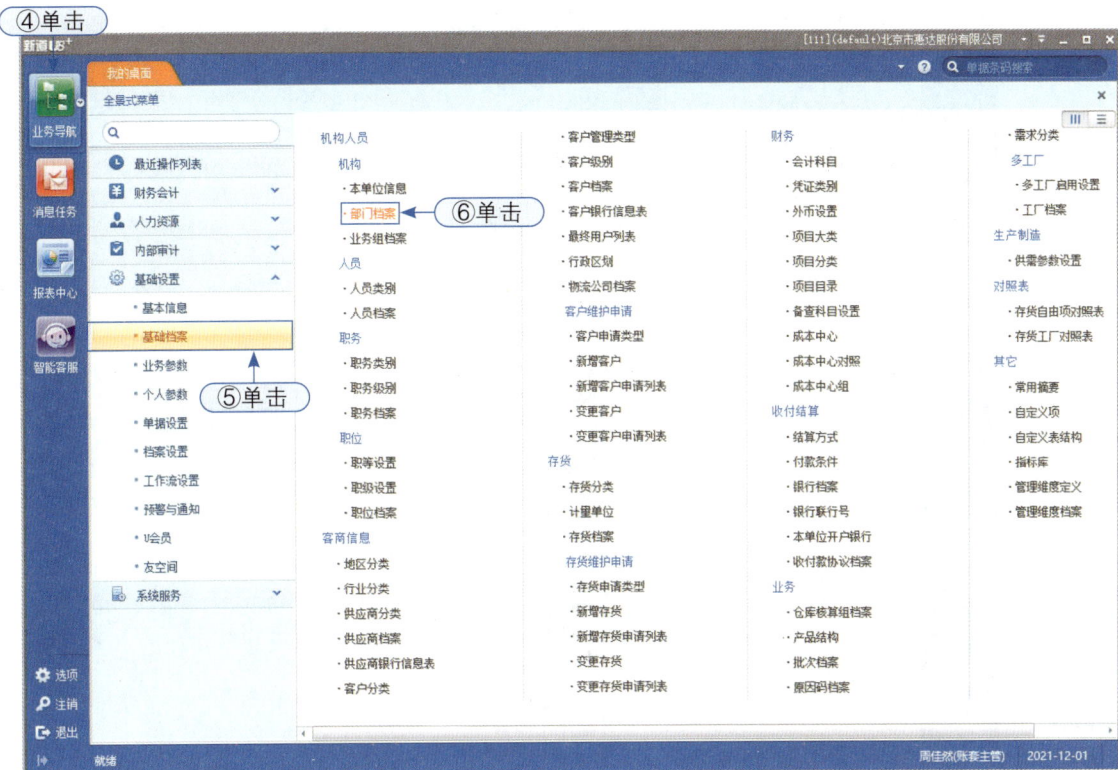

图 1-41 业务导航页面

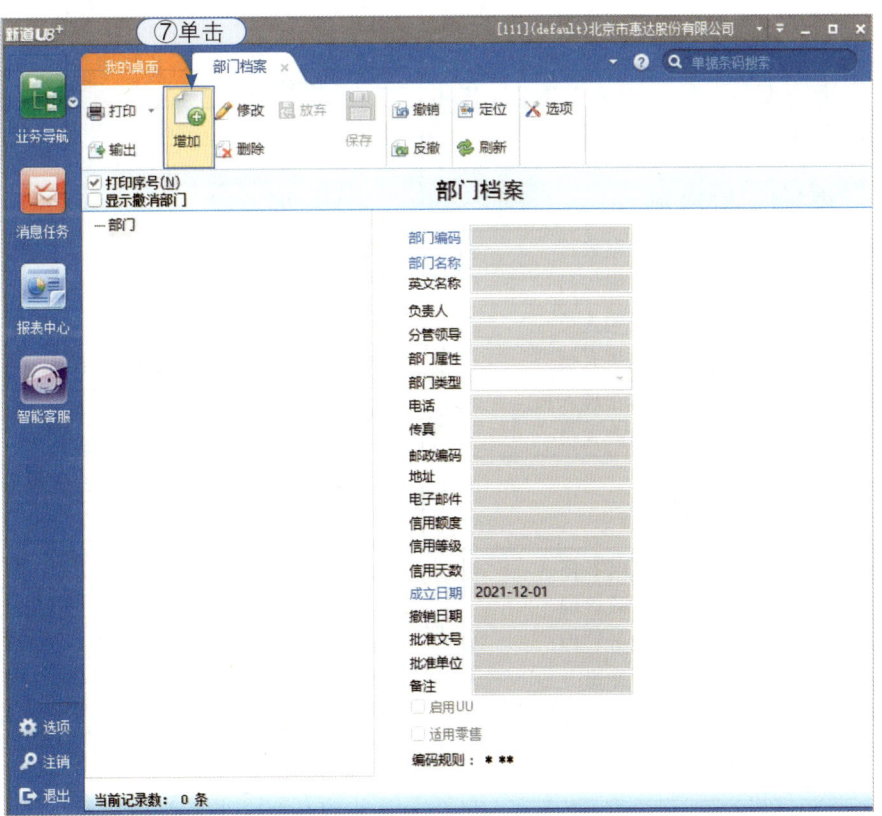

图 1-42 增加部门档案页面

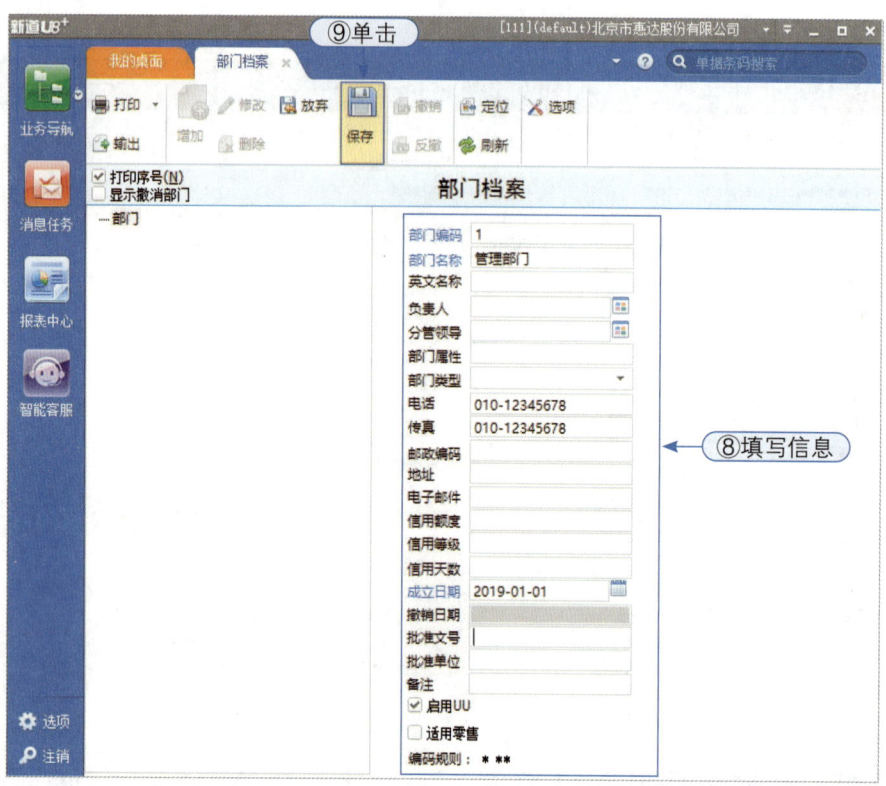

图 1-43 部门档案填写信息页面

其他部门的增加同增加管理部门的操作方法一致。

2. 设置人员档案信息

【情景1-10】根据表1-4至表1-7分别设置人员类别、职务类别、职务级别和职务档案。

表1-4 人员类别

档案编码	档案名称
101	企管人员
102	采购人员
103	销售人员
104	车间管理人员
105	生产人员

表1-5 职务类别

档案编码	档案名称
201	行政管理
202	业务管理
203	文员
204	生产工人

表1-6 职务级别

档案编码	档案名称
01	正局级
02	副局级

续表

档案编码	档案名称
03	正处级
04	副处级
05	正科级
06	副科级
07	其他

表1-7 职务档案

职务编码	职务名称	职务类别	职务级别
301	总经理	行政管理	正局级
302	副总经理	行政管理	副局级
303	业务经理	业务管理	正处级
304	职员	文员	正科级
305	工人	生产工人	其他

操作方法如下:

(1) 设置人员类别,具体操作过程如图1-44至图1-46所示。

在用友U8⁺企业应用平台,依次选择【业务导航】→【基础设置】→【基础档案】→【人员】→【人员类别】选项。

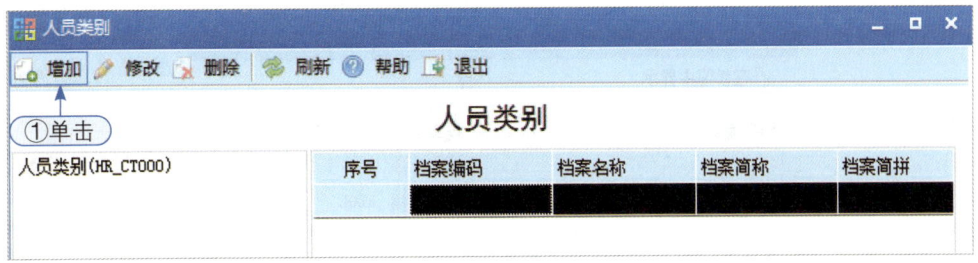

图 1-44　增加人员类别页面

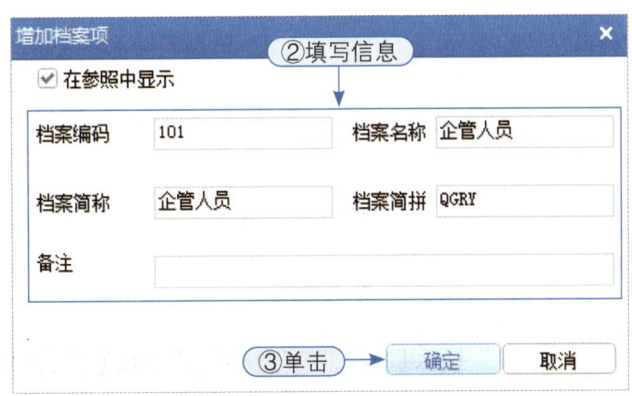

图 1-45　增加企管人员页面

其他人员类别增加的操作过程同增加企管人员一致。

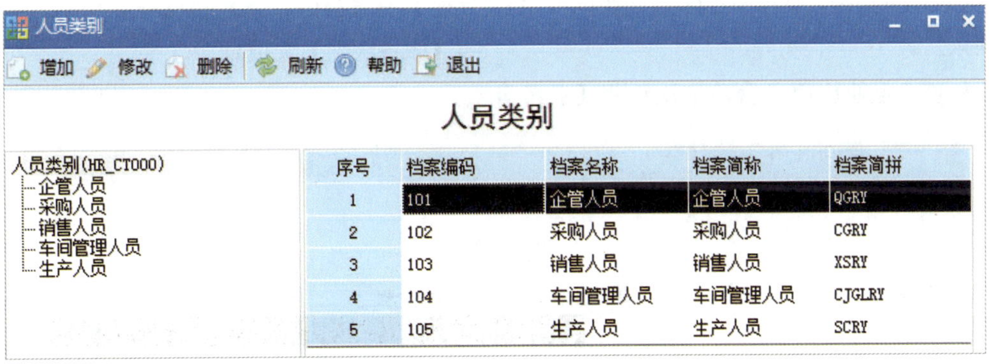

图 1-46　全部人员类别增加完成页面

（2）设置职务类别，具体操作过程如图 1-47 至图 1-49 所示。

在用友 U8⁺企业应用平台，依次选择【业务导航】→【基础设置】→【基础档案】→【职务】→【职务类别】选项。

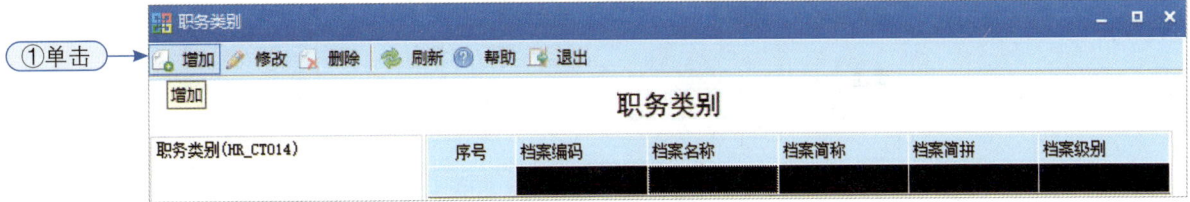

图 1-47　增加职务类别页面

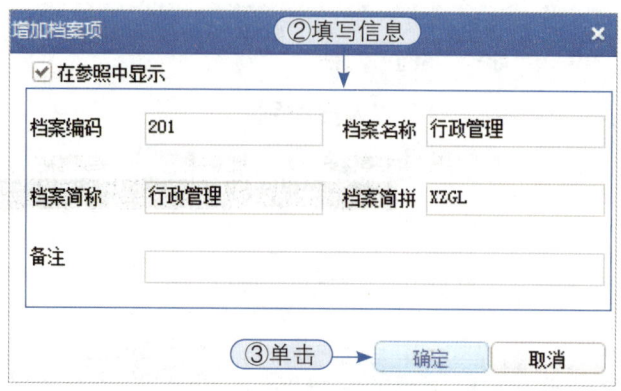

图1-48　增加行政管理页面

其他职务类别增加的操作过程同增加行政管理一致。

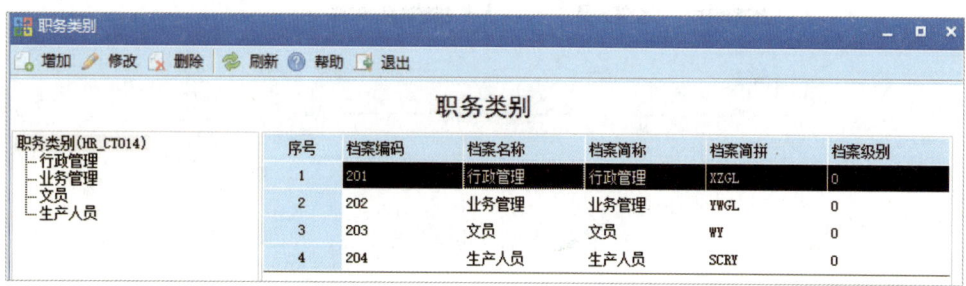

图1-49　全部职务类别增加完成页面

（3）设置职务级别，具体操过程作如图1-50至图1-52所示。

在用友U8⁺企业应用平台，依次选择【业务导航】→【基础设置】→【基础档案】→【职务】→【职务级别】选项。

图1-50　增加职务级别页面

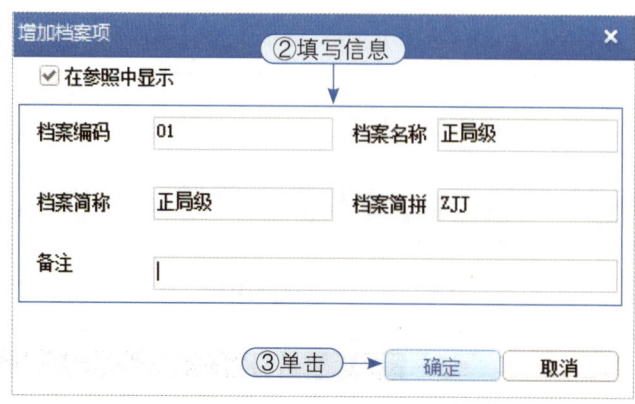

图1-51　增加正局级页面

其他职务级别增加的操作过程同增加正局级一致。

图 1-52　全部职务级别增加完成页面

（4）设置职务档案，具体操作过程如图 1-53 至图 1-55 所示。

在用友 U8⁺企业应用平台，依次选择【业务导航】→【基础设置】→【基础档案】→【职务】→【职务档案】选项。

图 1-53　增加职务列表页面

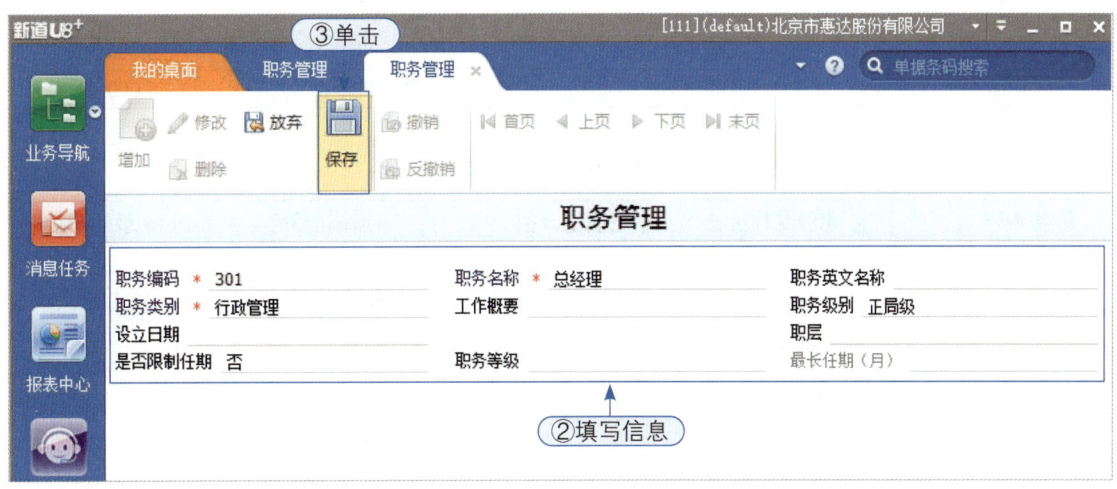

图 1-54　增加职务档案页面

其他职务档案增加的操作过程同增加 301 总经理一致。

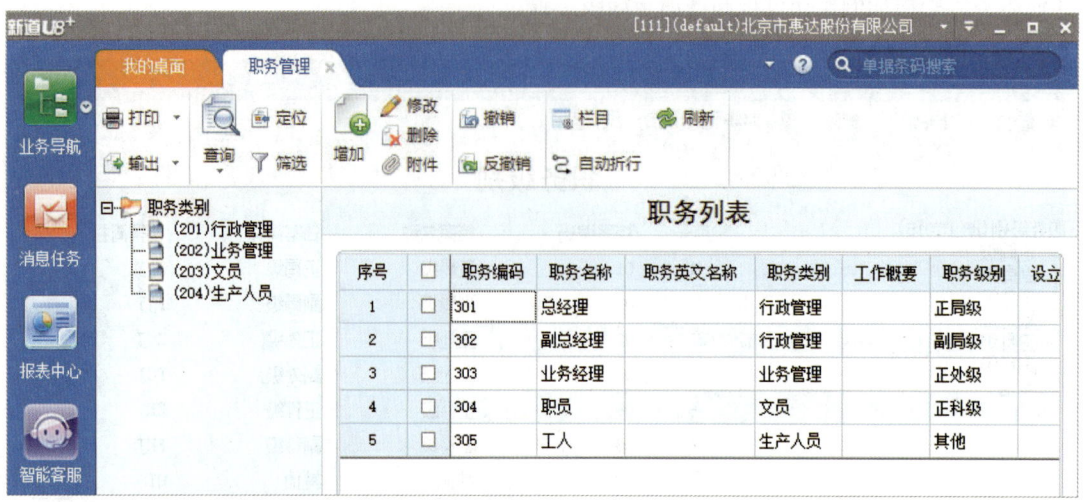

图 1-55　全部职务档案增加完成页面

【情景 1-11】根据表 1-8 至表 1-10 设置职等、职级和职位档案。

表 1-8　职等设置

职等编码	职等名称	薪点上限	薪点下限
40101	管理师一级	10 000.00	8 000.00
40102	管理师二级	15 000.00	10 000.00
40201	管理员一级	8 000.00	6 000.00
40202	管理员二级	10 000.00	8 000.00
40301	工程师一级	8 000.00	6 000.00
40302	工程师二级	10 000.00	8 000.00
40401	助理工程师一级	6 000.00	4 000.00
40402	助理工程师二级	8 000.00	6 000.00
40501	会计师一级	6 000.00	4 000.00
40502	会计师二级	8 000.00	6 000.00
40601	助理会计师一级	3 000.00	2 000.00
40602	助理会计师二级	6 000.00	3 000.00
40701	技师一级	3 000.00	2 000.00
40702	技师二级	6 000.00	3 000.00
40703	技师三级	10 000.00	6 000.00

表 1-9　职级设置

职级编码	职级名称	职级分类	最高职等	最低职等
401	管理师	M	管理师二级	管理师一级
402	管理员	M	管理员二级	管理员一级
403	工程师	P	工程师二级	工程师一级
404	助理师工程	P	助理工程师二级	助理工程师一级
405	会计师	A	会计师二级	会计师一级
406	助理会计师	A	助理会计师二级	助理会计师一级
407	技师	O	技师三级	技师一级

表 1-10 职位档案

职位编码	职位名称	所属部门	职位序列	职级分类	职等	
601	总经理	管理部门	行政	M	管理师一级	管理师二级
602	秘书	管理部门	行政	M	管理员一级	管理员二级
603	财务主管	财务部	管理	A	会计师一级	会计师二级
604	会计	财务部	管理	A	助理会计师一级	助理会计师二级
605	业务经理	采购部	业务	M	管理师一级	管理师二级
606	业务员	采购部	业务	M	管理员一级	管理员二级
607	销售经理	销售部	业务	M	管理师一级	管理师二级
608	销售员	销售部	业务	M	管理员一级	管理员二级
609	半成品车间主任	半成品车间	生产	P	工程师一级	工程师二级
610	半成品工人	半成品车间	生产	O	技师一级	技师二级
611	成品车间主任	成品车间	生产	P	工程师一级	工程师二级
612	成品工人	成品车间	生产	O	技师一级	技师二级

操作方法如下：

（1）设置职等，具体操作过程如图 1-56、图 1-57 所示。

在用友 U8+企业应用平台，依次选择【业务导航】→【基础设置】→【基础档案】→【职位】→【职等设置】选项。

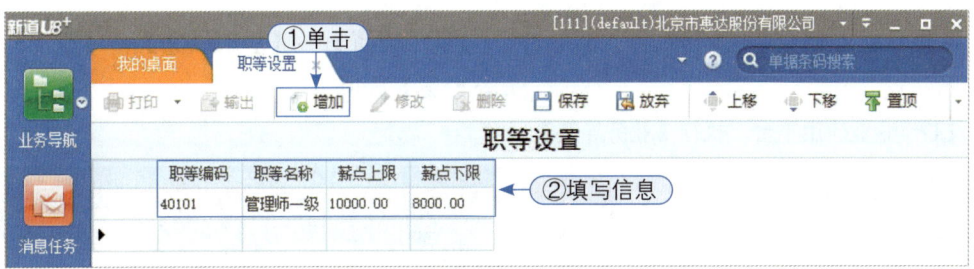

图 1-56 增加职等设置页面

其他职等增加的操作过程同增加 40101 管理师一级一致。

图 1-57 全部职等设置完成页面

（2）设置职级，具体操作过程如图1-58所示。

在用友U8⁺企业应用平台，依次选择【业务导航】→【基础设置】→【基础档案】→【职位】→【职级设置】选项。

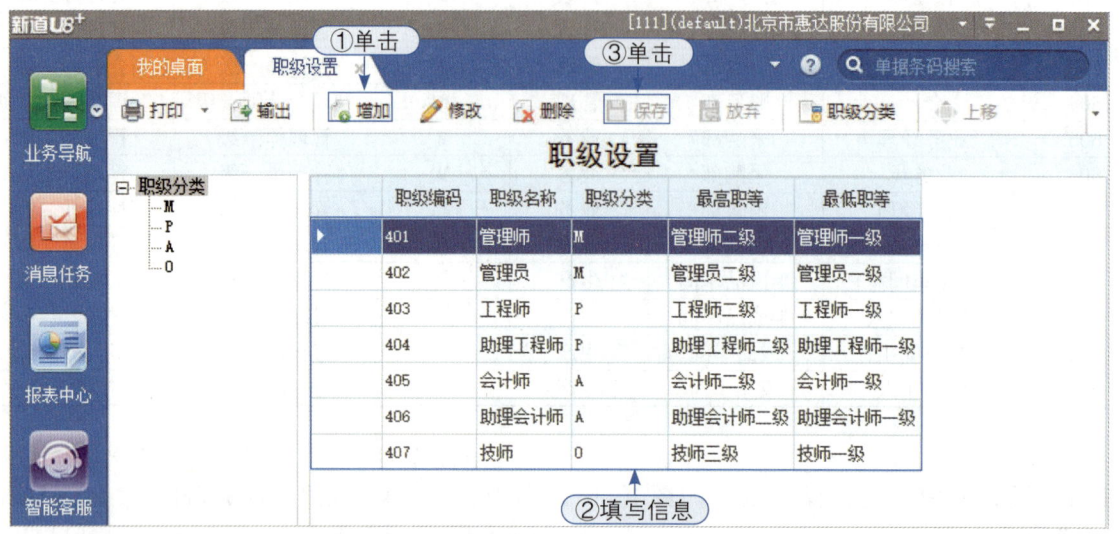

图1-58　全部职级设置完成页面

（3）设置职位档案，具体操作过程如图1-59、图1-60所示。

在用友U8⁺企业应用平台，执行【业务导航】→【基础设置】→【基础档案】→【职位】→【职位档案】选项。

图1-59　增加职位档案设置页面

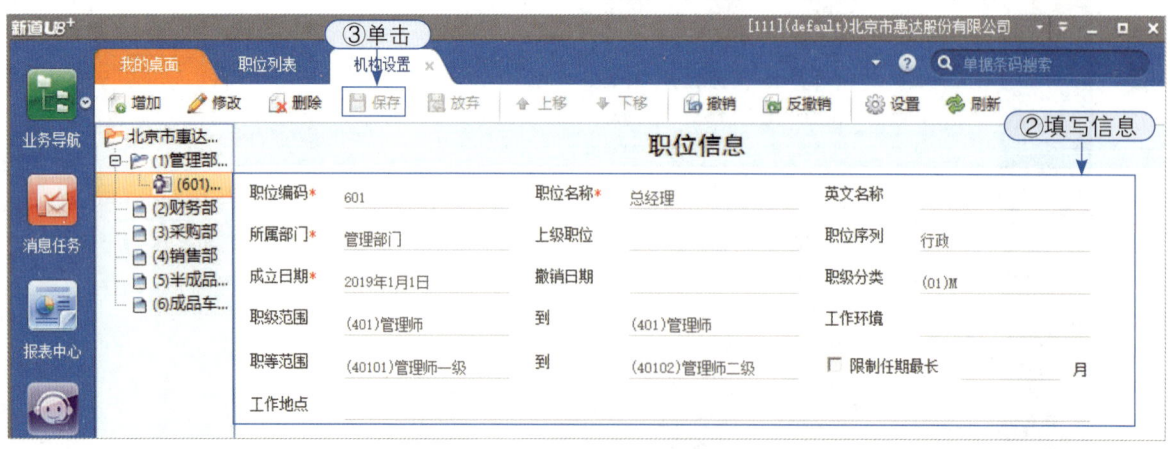

图1-60　增加职位信息页面

其他职位档案增加操作方法同增加601总经理一致。

【情景 1-12】根据表 1-11 增加人员档案。

表 1-11 人员档案

人员编码	人员姓名	性别	人员类别	行政部门	职位	职级	职等	雇佣状态	是否业务员	证件号码
1001	李京	女	企管人员	管理部门	总经理	管理师	管理师二级	在职	是	110113198302253142
1002	张涵钰	女	企管人员	管理部门	秘书	管理员	管理员一级	在职	是	110115198810213342
2001	周佳然	女	企管人员	财务部	财务主管	会计师	会计师二级	在职	是	110113198703153142
2002	王磊	男	企管人员	财务部	会计	助理会计师	助理会计师二级	在职	是	110115199210183412
2003	朱莉莉	女	企管人员	财务部	会计	助理会计师	助理会计师一级	在职	是	110108198801082121
3001	张嘉依	女	采购人员	采购部	业务经理	管理师	管理师二级	在职	是	110108197211224121
3002	张雨	男	采购人员	采购部	业务员	管理员	管理员一级	在职	是	110103197012052011
4001	杨娜	女	销售人员	销售部	销售经理	管理师	管理师二级	在职	是	110221198606034120
4002	唐伟	女	销售人员	销售部	销售员	管理员	管理员一级	在职	是	110224199111201621
5001	李浩杰	男	生产人员	半成品车间	半成品工人	技师	技师二级	在职	是	110106198602165212
5002	梁尚如	男	生产人员	半成品车间	半成品工人	技师	技师一级	在职	是	110221199212053411
5003	薛婷	男	车间管理人员	半成品车间	半成品车间主任	工程师	工程师二级	在职	是	110200198805163011
6001	白春丽	男	生产人员	成品车间	成品工人	技师	技师一级	在职	是	110111199012124432
6002	宋梓涵	女	生产人员	成品车间	成品工人	技师	技师二级	在职	是	110106198706123121
6003	薛佳楠	男	车间管理人员	成品车间	成品车间主任	工程师	工程师二级	在职	是	110222197110115172

操作方法如下：

（1）设置人员档案，具体操作过程如图 1-61 至图 1-63 所示。

在用友 U8⁺企业应用平台，依次选择【业务导航】→【基础设置】→【基础档案】→【人员】→【人员档案】选项。

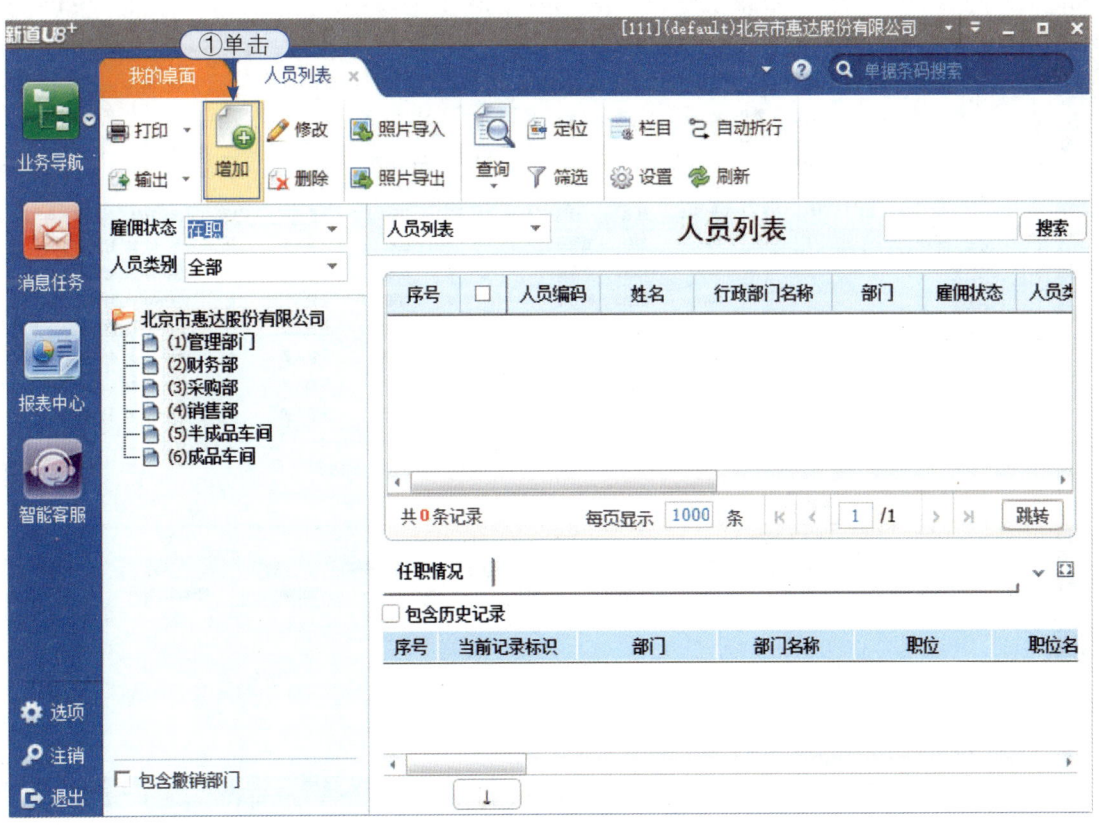

图 1-61　人员列表页面

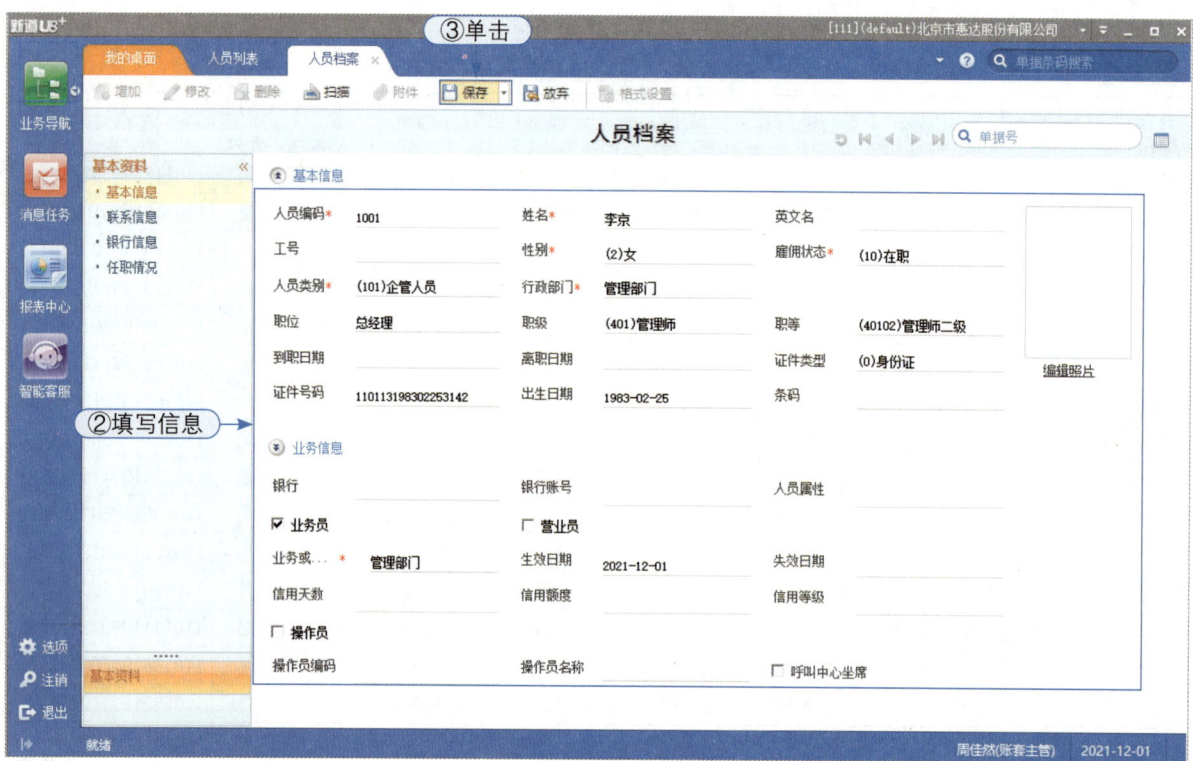

图 1-62　增加人员档案页面

其他人员档案信息增加的操作过程同李京的一致。

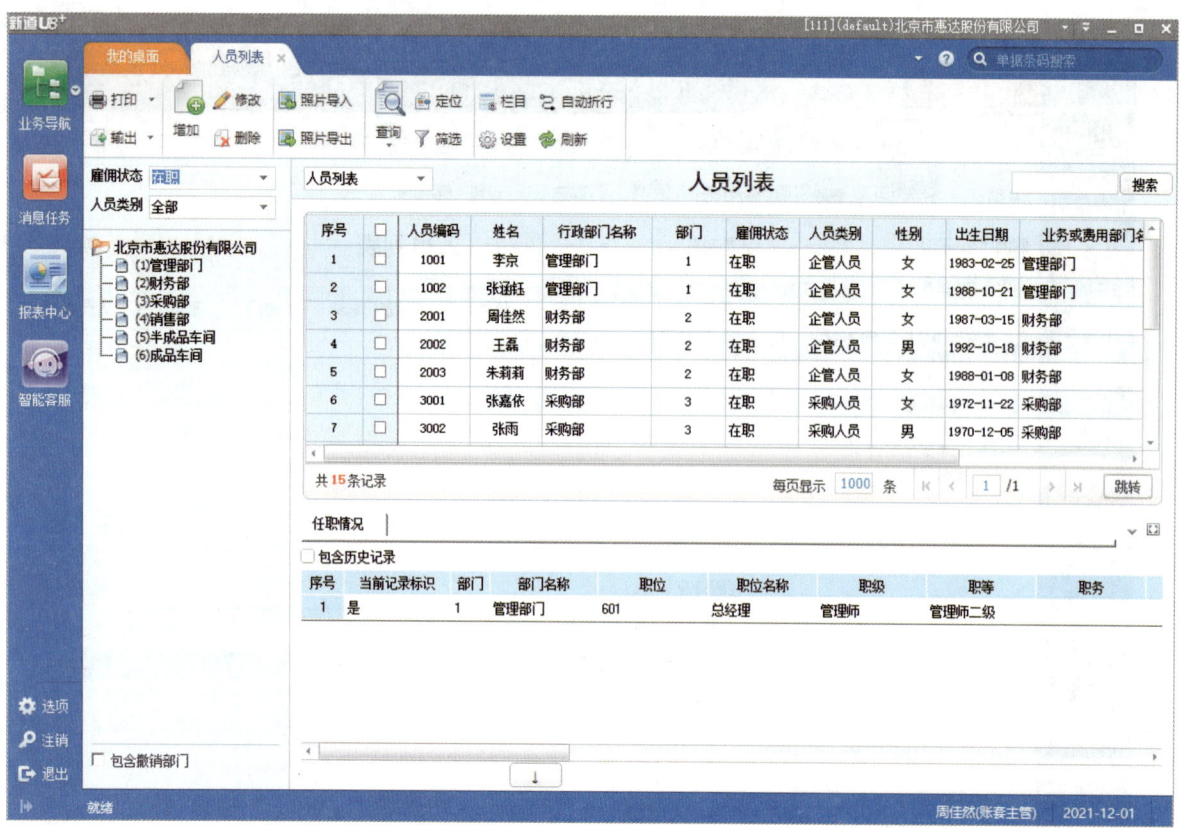

图 1-63　全部人员档案增加完成页面

1.2.2 设置供应商、客户信息

【情景1-13】根据表1-12至表1-15设置供应商信息。

表1-12 地区分类

分类编码	分类名称
01	东北
02	华北
03	西北

表1-13 行业分类

类别编码	类别名称
1	机械制造
2	食品加工
3	农业
4	物流
5	商品流通

表1-14 供应商分类

分类编码	分类名称
01	生产商
02	批发商
03	零售商
04	代理商

表1-15 供应商档案

编号	01	02
供应商名称	石家庄市大通公司	唐山鼎旺公司
供货商简称	大通公司	鼎旺公司
所属分类	01	02
供应商总公司	石家庄市大通公司	唐山鼎旺公司
所属行业	食品加工	农业
所属银行	中国工商银行	中国工商银行
分管部门	采购部	采购部
专业业务员	张雨	张雨
税号	941258656782130202	913269789256192406
开户行及账号	工行石家庄分行 1302600026405 28678	工行唐山分行 6213002560403 02345
所属地区	华北	华北
电话	0311-69554632	0315-6543887
地址	石家庄裕华西路9号裕元广场A座	唐山市路南区唐胥路南侧108间

操作方法如下：

（1）设置地区分类，具体操作过程如图1-64所示。

在用友U8⁺企业应用平台，依次选择【业务导航】→【基础设置】→【基础档案】→【客商信息】→【地区分类】选项。

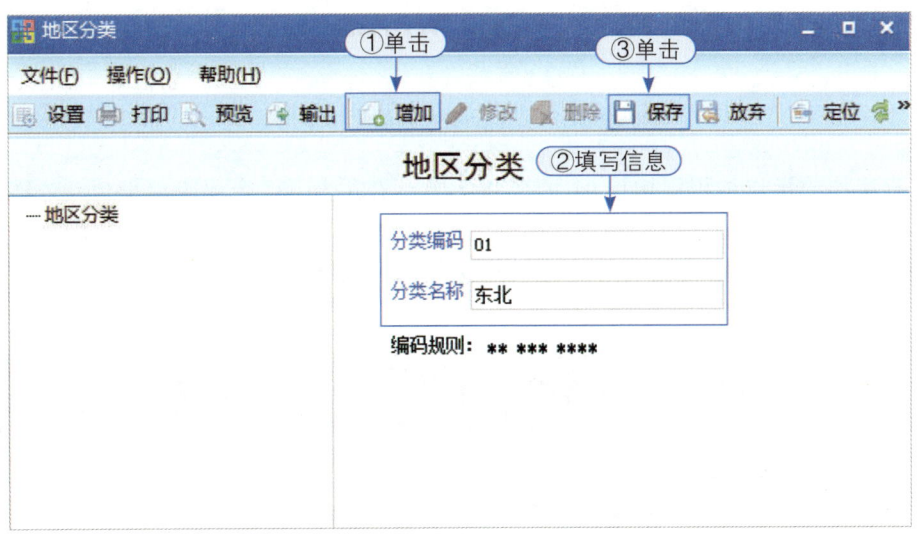

图1-64 增加地区分类页面

其他地区增加的操作过程同增加01东北一致。

（2）设置行业分类，具体操作过程如图1-65所示。

在用友U8⁺企业应用平台，依次选择【业务导航】→【基础设置】→【基础档案】→【客商信息】→【行业分类】选项。

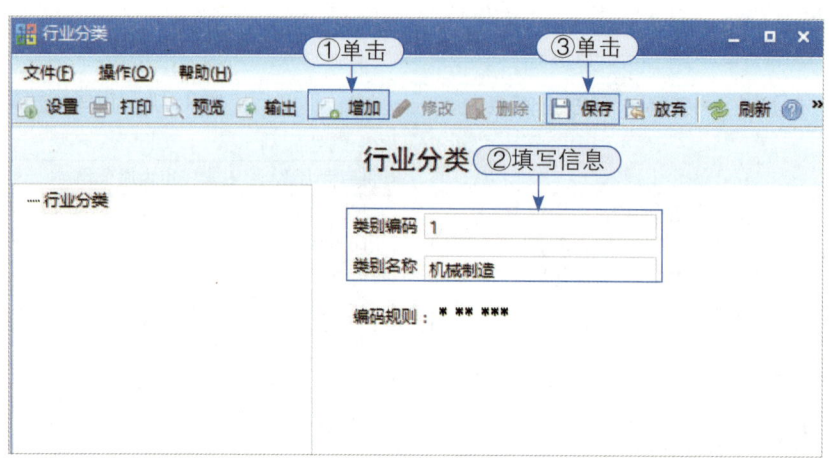

图 1-65　增加行业分类页面

其他行业增加的操作过程同增加 1 机械制造一致。

（3）设置供应商分类，具体操作过程如图 1-66 所示。

在用友 U8$^+$ 企业应用平台，依次选择【业务导航】→【基础设置】→【基础档案】→【客商信息】→【供应商分类】选项。

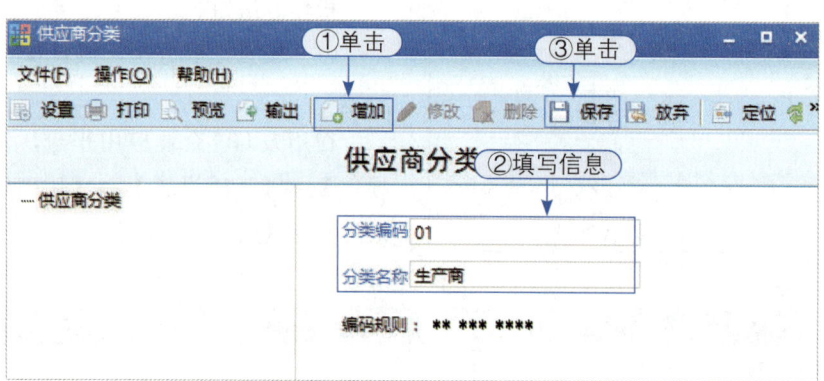

图 1-66　增加供应商分类页面

其他行业增加的操作过程同增加 01 生产商一致。

（4）供应商档案操作过程如图 1-67 至图 1-69 所示。

在用友 U8$^+$ 企业应用平台，依次选择【业务导航】→【基础设置】→【基础档案】→【客商信息】→【供应商档案】选项。

图 1-67　增加供应商档案页面

项目1　用友U8⁺软件系统管理和基础设置

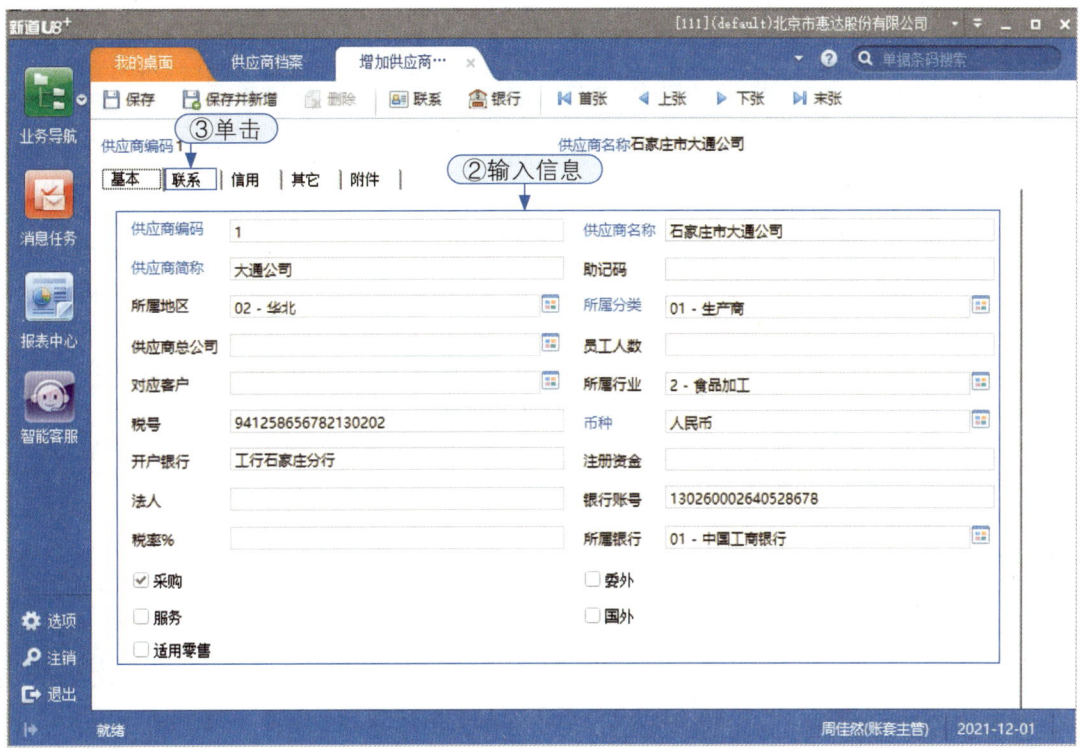

图1-68　输入供应商基本信息页面

图1-69　输入供应商联系信息页面

其他供应商档案增加的操作过程同增加大通公司一致。

【情景1-14】根据表1-16至表1-19，设置客户信息。

表1-16　客户分类

分类编码	分类名称
01	一般客户
02	代销客户

· 29 ·

表 1-17　客户管理类型

客户管理类型编码	客户管理类型名称
999	普通客户（系统自带）
888	VIP 客户

表 1-18　客户级别

客户级别编码	客户级别名称	级别说明
1	优质	回款率 100%
2	一般	回款率 80%～100%
3	劣质	回款率 80% 以下

表 1-19　客户档案

编号	01	02
客户名称	石家庄大兴公司	北京红星公司
客户简称	大兴公司	红星公司
所属地区	华北	华北
所属分类	1	1
所属行业	机械制造	食品加工
对应供应商	石家庄市大通公司	唐山鼎旺公司
客户级别	优质	优质

续表

税号	910302987333263326	126225602666202258
分管部门	销售部	销售部
专管业务员	杨娜	杨娜
电话	0311-64772688	010-25799546
地址	石家庄新华区新华路209号	北京市丰台区四环中路114号
所属银行	中国工商银行	中国工商银行
开户行及账号	工行石家庄支行 6212260400326 05255	工行北京支行 1100620000468 52166
默认值	是	是
客户管理类型	VIP 客户	VIP 客户

操作方法如下：

（1）设置客户分类，具体操作过程如图 1-70 所示。

在用友 U8+ 企业应用平台，依次选择【业务导航】→【基础设置】→【基础档案】→【客商信息】→【客户分类】选项。

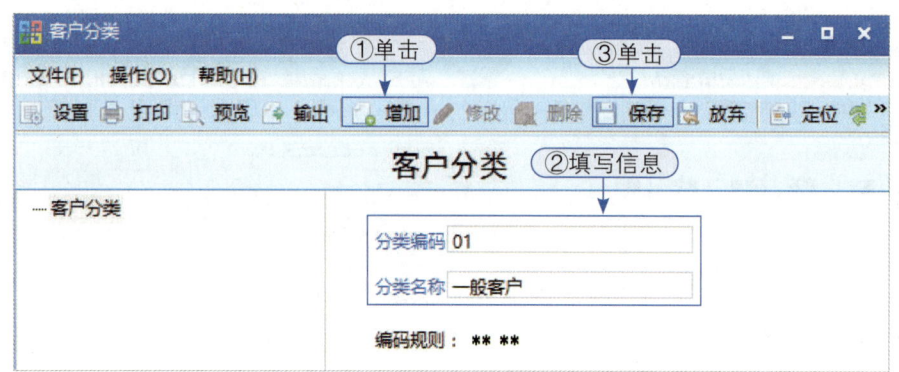

图 1-70　增加客户分类页面

（2）设置客户管理类型，具体操作过程如图 1-71 所示。

在用友 U8+ 企业应用平台，依次选择【业务导航】→【基础设置】→【基础档案】→【客商信息】→【客户管理类型】选项。

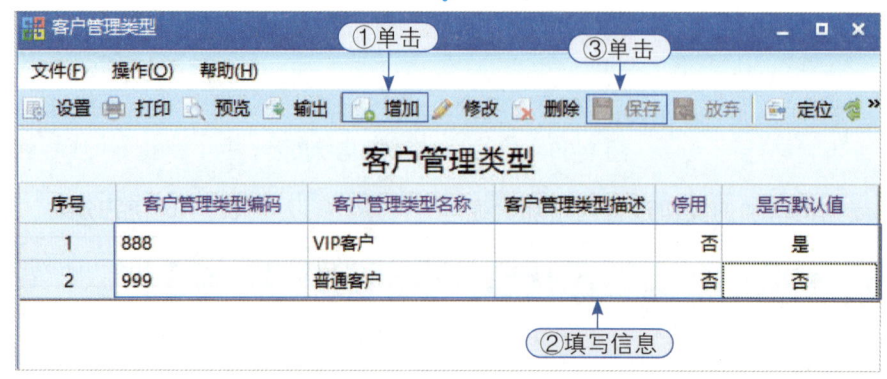

图 1-71　增加客户管理类型页面

（3）设置客户级别分类，具体操作过程如图 1-72 所示。

在用友 U8⁺企业应用平台，依次选择【业务导航】→【基础设置】→【基础档案】→【客商信息】→【客户级别分类】选项。

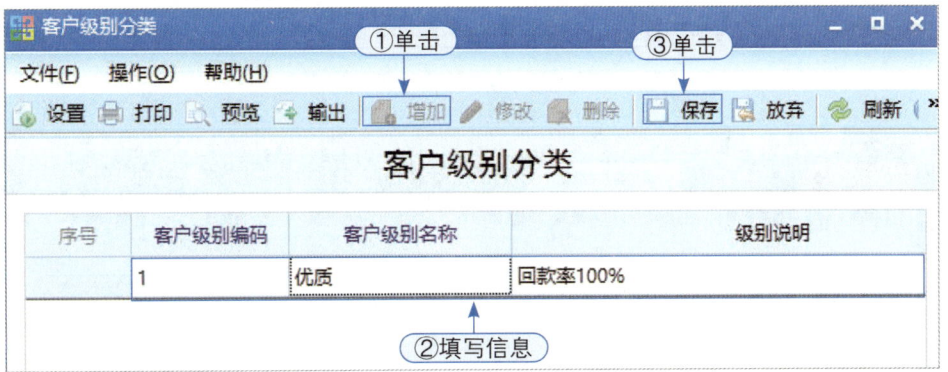

图 1-72　增加客户级别分类页面

（4）增加客户档案，具体操作过程如图 1-73 至图 1-76 所示。

在用友 U8⁺企业应用平台，依次选择【业务导航】→【基础设置】→【基础档案】→【客商信息】→【客户档案】选项。

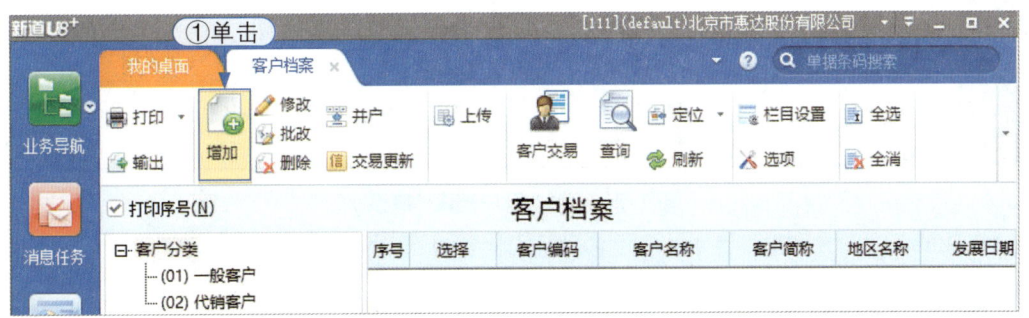

图 1-73　增加客户档案页面

图 1-74　输入客户档案基本信息页面

图 1-75 输入客户档案银行信息页面

图 1-76 输入客户档案（联系）

1.2.3 设置存货档案

【情景 1-15】根据表 1-20 至表 1-22，设置存货分类、计量单位和存货档案。

表 1-20 存货分类

存货分类编码	存货分类名称
1	原材料
2	产成品
3	劳务类

表 1-21 计量单位

计量单位组	计量单位编码	计量单位名称
自然计量单位组（无换算率）	1	吨
	2	千克
	3	箱
	4	立方米
	5	元

表 1-22 存货档案

存货编码	存货名称	存货分类	计量单位组	主计量单位	税率/%	存货属性
101	面粉	1	自然计量单位组	吨	13.00	采购、生产耗用
102	白砂糖	1	自然计量单位组	吨	13.00	采购、生产耗用
103	鸡蛋	1	自然计量单位组	千克	13.00	采购、生产耗用
201	面包	2	自然计量单位组	箱	13.00	自制、内销、外销
202	蛋糕	2	自然计量单位组	箱	13.00	自制、内销、外销
301	运输费	3	自然计量单位组	元	9.00	应税劳务

操作方法如下:

(1) 设置存货分类,具体操作过程如图 1-77 所示。

在用友 U8+ 企业应用平台,依次选择【业务导航】→【基础设置】→【基础档案】→【存货】→【存货分类】选项。

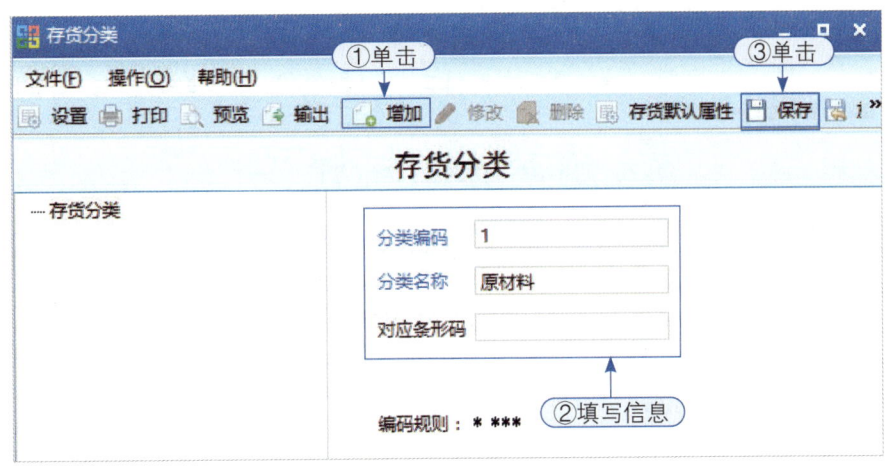

图 1-77 增加存货分类页面

(2) 设置计量单位,具体操作过程如图 1-78 至图 1-83 所示。

在用友 U8+ 企业应用平台,依次选择【业务导航】→【基础设置】→【基础档案】→【存货】→【计量单位】选项。

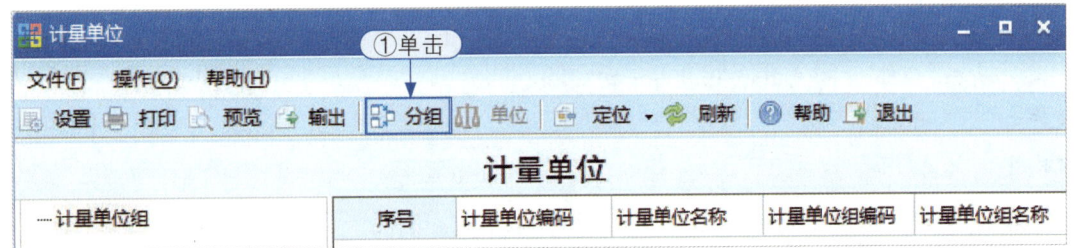

图 1-78 进入分组页面

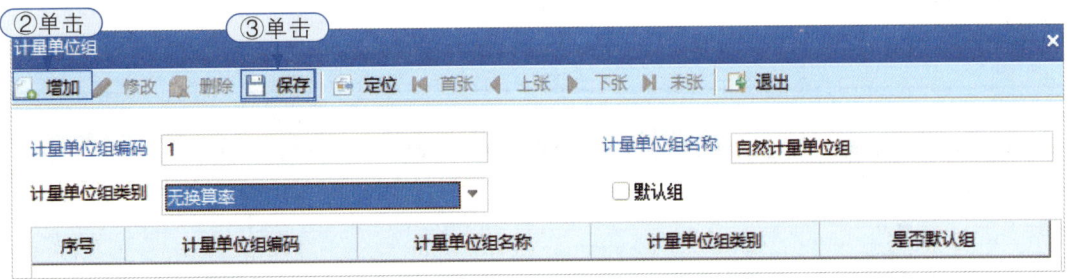

图 1-79 增加分组页面

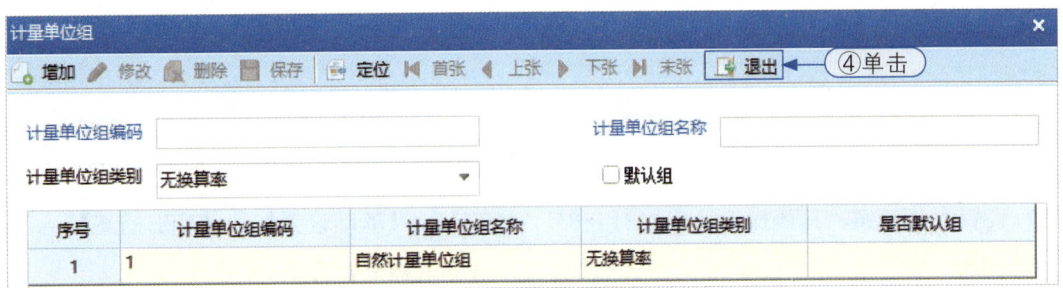

图 1-80 保存组完成页面

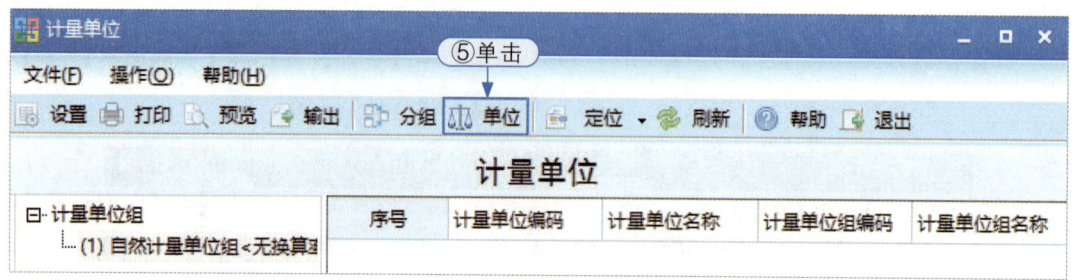

图 1-81　进入计量单位页面

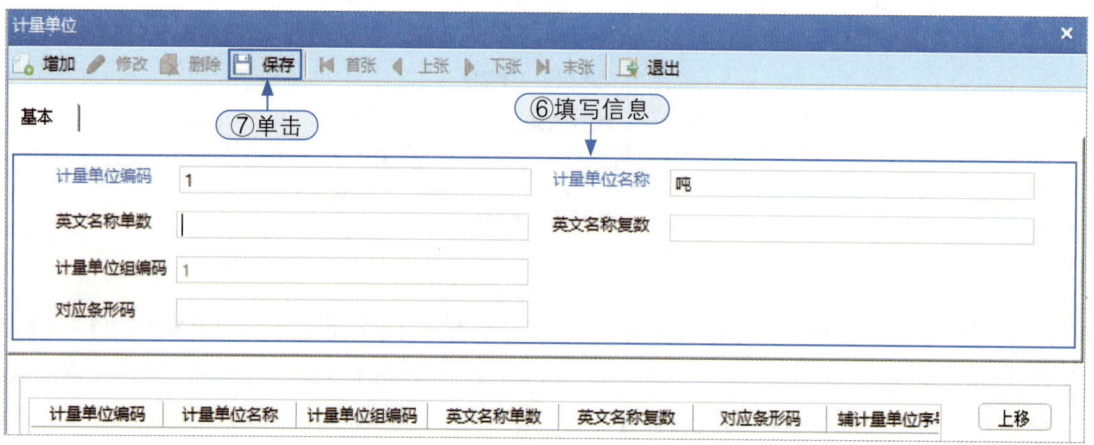

图 1-82　输入计量单位信息页面

图 1-83　增加计量单位完成页面

（3）设置存货档案，具体操作过程如图 1-84 至图 1-86 所示。

在用友 U8⁺ 企业应用平台，依次选择【业务导航】→【基础设置】→【基础档案】→【存货】→【存货档案】选项。

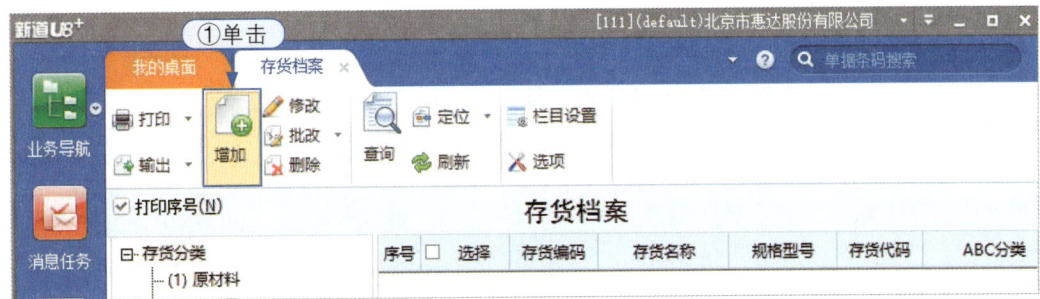

图 1-84　增加存货档案页面

图 1-85　输入存货档案信息页面

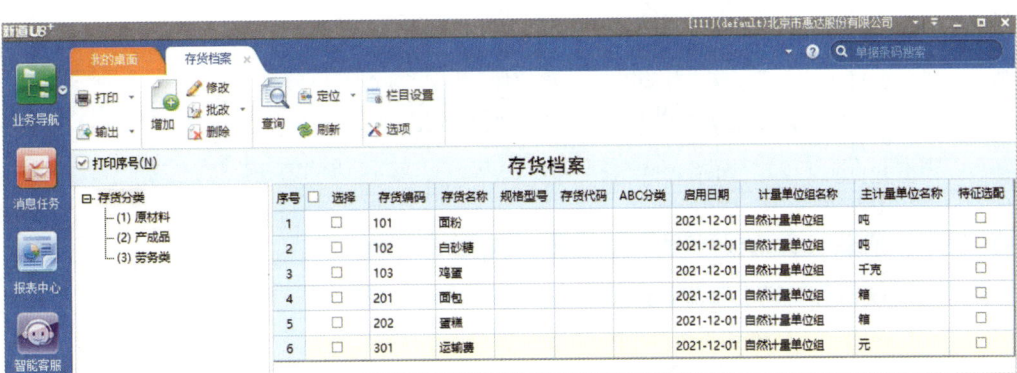

图 1-86　存货档案全部增加完成页面

1.2.4 设置财务信息

【情景1-16】根据表1-23至表1-26,设置会计科目、凭证类别、外币设置和项目目录。

表1-23 会计科目

类型	科目编码	科目名称	方向	辅助账类型	币别/计量	账页格式
资产	1001	库存现金	借	日记账		金额式
资产	1002	银行存款	借	日记账、银行账		金额式
资产	100201	工行存款	借	日记账、银行账		金额式
资产	100202	建行存款	借	日记账、银行账	美元	外币金额式
资产	1012	其他货币资金	借			金额式
资产	1101	交易性金融资产	借			金额式
资产	1121	应收票据	借	客户来往		金额式
资产	1122	应收账款	借	客户来往		金额式
资产	1123	预付账款	借	供应商来往		金额式
资产	1221	其他应收款	借			金额式
资产	122101	个人来往	借	个人来往		金额式
资产	1231	坏账准备	贷			金额式
资产	1402	在途物资	借			金额式
资产	1403	原材料	借			金额式
资产	140301	面粉	借	数量核算	吨	数量金额式
资产	140302	白砂糖	借	数量核算	吨	数量金额式
资产	140303	鸡蛋	借	数量核算	千克	数量金额式
资产	1405	库存商品	借			金额式
资产	140501	面包	借	数量核算	箱	数量金额式
资产	140502	蛋糕	借	数量核算	箱	数量金额式
资产	1471	存货跌价准备	贷			金额式
资产	1601	固定资产	借	部门核算		金额式
资产	1602	累计折旧	贷	部门核算		金额式
资产	1603	固定资产减值准备	贷			金额式
资产	1606	固定资产清理	借			金额式
资产	1701	无形资产	借			金额式
资产	1702	累计摊销	贷			金额式
资产	1811	递延所得税资产	借			金额式
负债	2001	短期借款	贷			金额式
负债	2201	应付票据	贷	供应商来往		金额式
负债	2202	应付账款	贷	供应商来往		金额式
负债	2203	预收账款	贷	客户来往		金额式
负债	2211	应付职工薪酬	贷			金额式
负债	221101	工资	贷			金额式
负债	221102	职工福利	贷			金额式
负债	221103	工会经费	贷			金额式
负债	221104	职工教育经费	贷			金额式
负债	221105	养老保险	贷			金额式
负债	221106	医疗保险	贷			金额式
负债	221107	失业保险	贷			金额式
负债	221108	工伤保险	贷			金额式
负债	221109	生育保险	贷			金额式
负债	221110	住房公积金	贷			金额式
负债	2221	应交税费	贷			金额式
负债	222101	应交增值税	贷			金额式
负债	22210101	进项税额	贷			金额式
负债	22210103	转出未交增值税	借			金额式
负债	22210105	销项税额	贷			金额式
负债	222102	未交增值税	贷			金额式

续表

类型	科目编码	科目名称	方向	辅助账类型	币别/计量	账页格式
负债	222103	应交城市维护建设税	贷			金额式
负债	222104	应交教育费附加	贷			金额式
负债	222105	应交地方教育费附加	贷			金额式
负债	222106	应交企业所得税	贷			金额式
负债	222107	应交个人所得税	贷			金额式
负债	2232	应付股利	贷			金额式
负债	2241	其他应付款	贷			金额式
负债	224101	养老保险	贷			金额式
负债	224102	医疗保险	贷			金额式
负债	224103	失业保险	贷			金额式
负债	224104	工伤保险	贷			金额式
负债	224105	住房公积金	贷			金额式
权益	4001	实收资本	贷			金额式
权益	4002	资本公积	贷			金额式
权益	4101	盈余公积	贷			金额式
权益	4103	本年利润	贷			金额式
权益	4104	利润分配	贷			金额式
权益	410401	提取法定盈余公积	贷			金额式
权益	410403	应付现金股利	贷			金额式
权益	410406	未分配利润	贷			金额式
成本	5001	生产成本	借	项目核算		金额式
成本	500101	直接材料	借	项目核算		金额式
成本	500102	直接人工	借	项目核算		金额式
成本	500103	制造费用	借	项目核算		金额式
成本	5101	制造费用	借	项目核算		金额式
成本	510101	材料费	借	项目核算		金额式
成本	510102	职工薪酬	借	项目核算		金额式
成本	510103	折旧费用	借			金额式
成本	510106	其他	借			金额式
损益	6001	主营业务收入	收入			金额式
损益	600101	面包	收入	数量核算	箱	数量金额式
损益	600102	蛋糕	收入	数量核算	箱	数量金额式
损益	6401	主营业务成本	支出			金额式
损益	640101	面包	支出	数量核算	箱	数量金额式
损益	640102	蛋糕	支出	数量核算	箱	数量金额式
损益	6403	税金及附加	支出			金额式
损益	6601	销售费用	支出			金额式
损益	660101	职工薪酬	支出			金额式
损益	660102	广告费	支出			金额式
损益	660103	折旧费用	支出			金额式
损益	660106	其他	支出			金额式
损益	6602	管理费用	支出			金额式
损益	660201	材料费	支出			金额式
损益	660202	职工薪酬	支出			金额式
损益	660203	折旧费用	支出			金额式
损益	660204	业务招待费	支出			金额式
损益	660205	差旅费	支出			金额式
损益	660210	其他	支出			金额式
损益	6603	财务费用	支出			金额式
损益	660301	利息支出	支出			金额式
损益	660302	汇兑损益	支出			金额式
损益	660303	现金折扣	支出			金额式
损益	6701	资产减值损失	支出			金额式
损益	6702	信用减值损失	支出			金额式

续表

类型	科目编码	科目名称	方向	辅助账类型	币别/计量	账页格式
损益	6703	资产处置损益	支出			金额式
损益	6711	营业外支出	支出			金额式
损益	6801	所得税费用	支出			金额式

表 1-24　凭证类别

类别字	类别名称	限制类型	限制科目
收	收款凭证	借方必有	1001，1002
付	付款凭证	贷方必有	1001，1002
转	转账凭证	凭证必无	1001，1002

表 1-25　外币设置

币种	汇率类型	记账汇率	调整汇率	折算方式
美元 USD	固定汇率	6.25670	6.57280	外币×汇率=本位币

表 1-26　项目目录

项目设置步骤	项目大类	核算一级科目	核算二级科目			项目分类	项目名称	
设置内容	产品成本	生产成本	直接材料	直接人工	制造费用	1	101	102
						食品	面包	蛋糕

会计科目是填制会计凭证、登记会计账簿、编制会计报表的基础。对于会计信息化系统来说，会计科目的设置是用户应用系统的基础，它是实施各个会计手段的前提。因此，科目设置的完整性、详细程度就显得尤为重要，应在创建科目、科目属性描述、账户分类上为用户尽可能地提供方便和校验保障。

操作方法如下：

在用友平台 U8⁺企业应用平台，依次选择【业务导航】→【基础设置】→【基础档案】→【财务】→【会计科目】选项。

（1）设置增加会计科目，具体操作过程如图 1-87 至图 1-89 所示。

图 1-87　预置会计科目

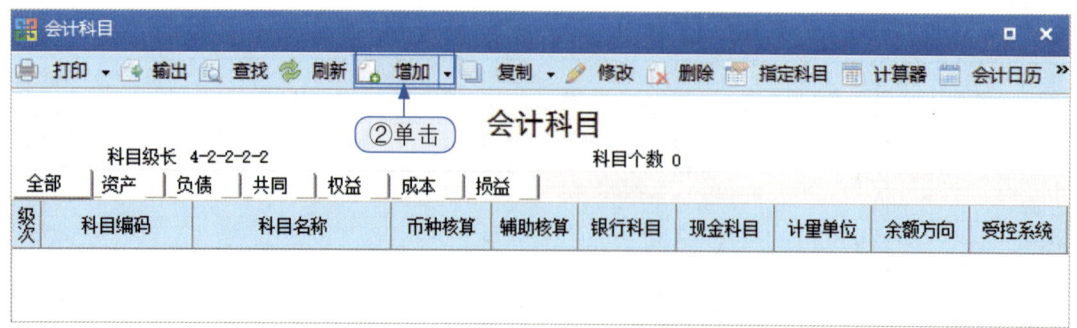

图 1-88　增加会计科目页面

项目 1 用友 U8⁺软件系统管理和基础设置

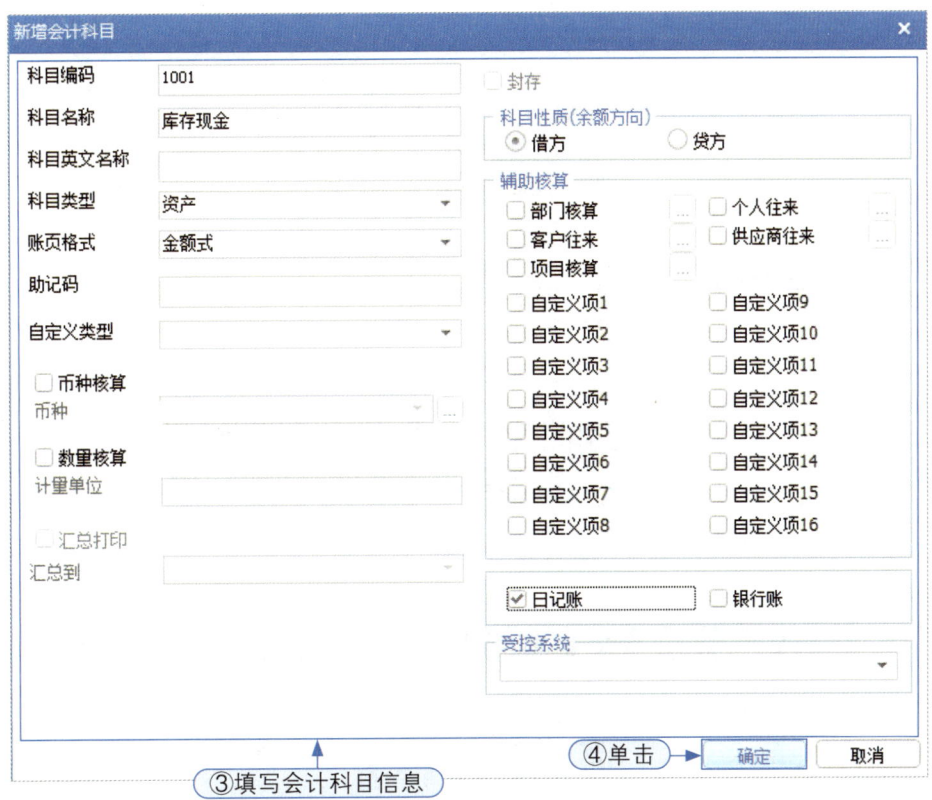

图 1-89 增加库存现金科目页面

按照以上操作过程增加表 1-23 中的会计科目。

> **注意**
>
> 科目编码必须唯一，必须按其级次的次序建立。

（2）增加会计科目完成后，在增加会计科目页面单击【指定科目】按钮，指定库存现金为"现金科目"，银行存款为"银行科目"，具体操作过程如图 1-90 至图 1-93 所示。

图 1-90 选择指定科目页面

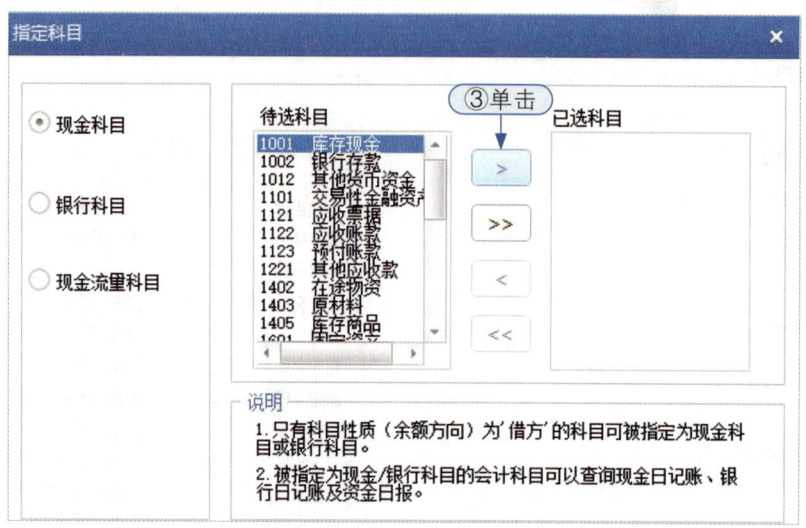

图 1-91　选择科目页面

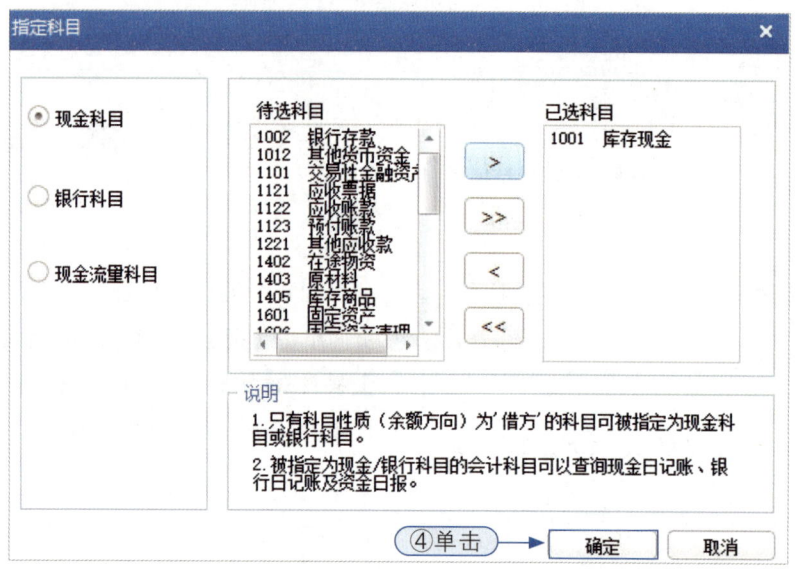

图 1-92　选择科目完成页面

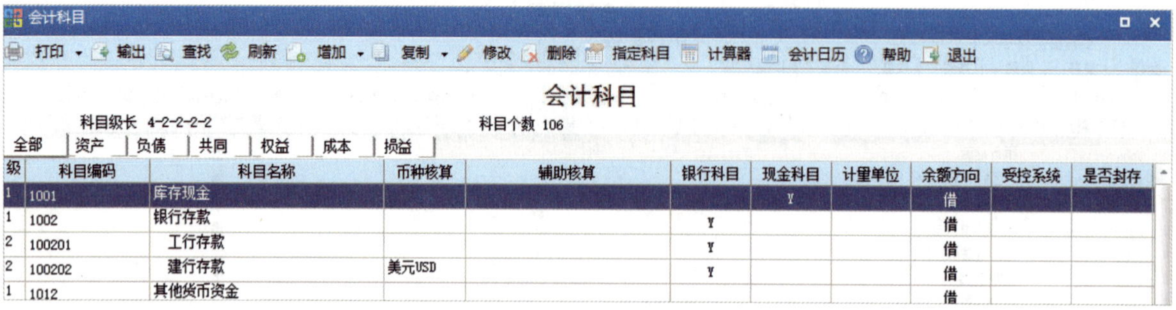

图 1-93　会计科目指定后页面

（3）根据表 1-27 设置凭证类别，具体操作过程如图 1-94 至图 1-96 所示。

在用友 U8+ 企业应用平台，依次选择【业务导航】→【基础设置】→【基础档案】→【财务】→【凭证类别】选项。

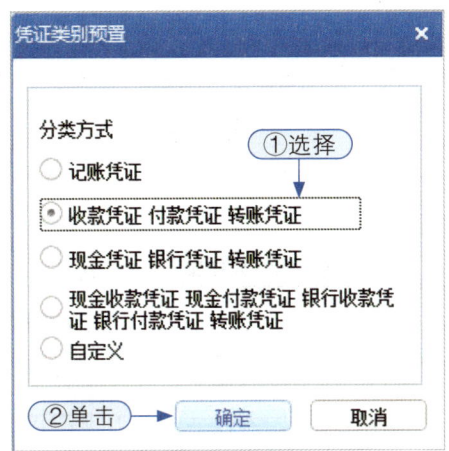

图 1-94　凭证类别预置提示页面

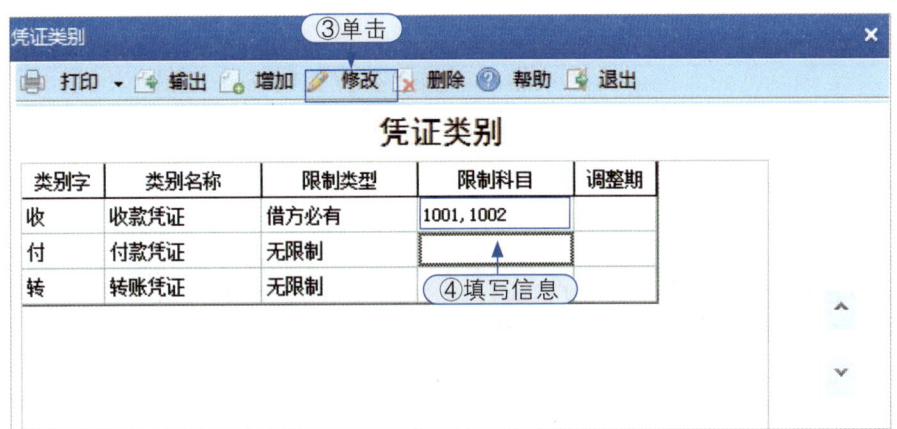

图 1-95　输入限制科目页面

图 1-96　凭证类别设置完成页面

（4）根据表 1-25 设置外币，具体操作过程如图 1-97、图 1-98 所示。

在用友 U8⁺ 企业应用平台，依次选择【业务导航】→【基础设置】→【基础档案】→【财务】→【外币设置】选项。

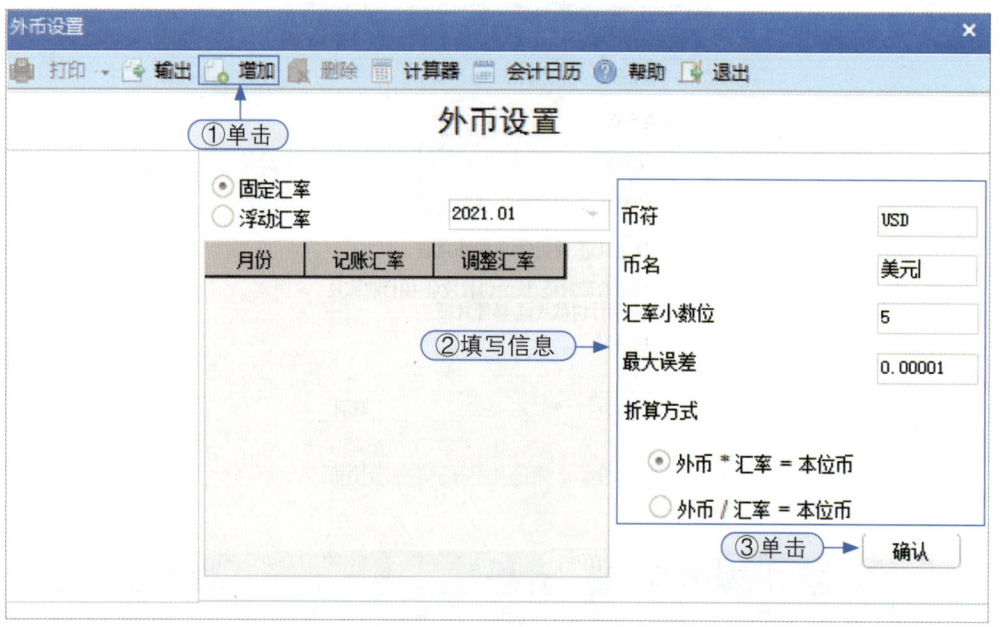

图 1-97　设置外币页面

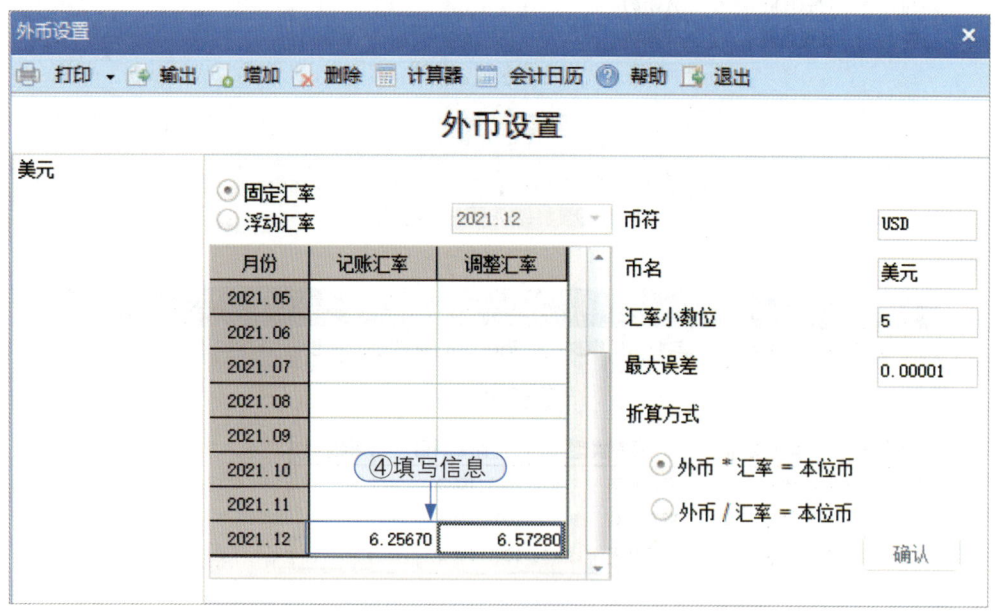

图 1-98　输入汇率页面

输入汇率信息完成单击【确认】按钮退出即可。

（5）修改会计科目，为建行存款增加"币种核算"，具体操作过程如图 1-99 所示。

在用友 U8$^+$ 企业应用平台，依次选择【业务导航】→【基础设置】→【基础档案】→【财务】→【会计科目】选项。在弹出的"会计科目"窗口双击科目编码为"100202"建行存款的科目，进入会计科目修改界面，单击【修改】按钮。

项目 1　用友 U8⁺软件系统管理和基础设置

图 1-99　修改会计科目

（6）根据表 1-26 设置项目目录，具体操作过程如图 1-100 至图 1-105 所示。

①在用友 U8⁺企业应用平台，依次选择【业务导航】→【基础设置】→【基础档案】→【财务】→【项目大类】选项。

图 1-100　增加项目大类页面

· 43 ·

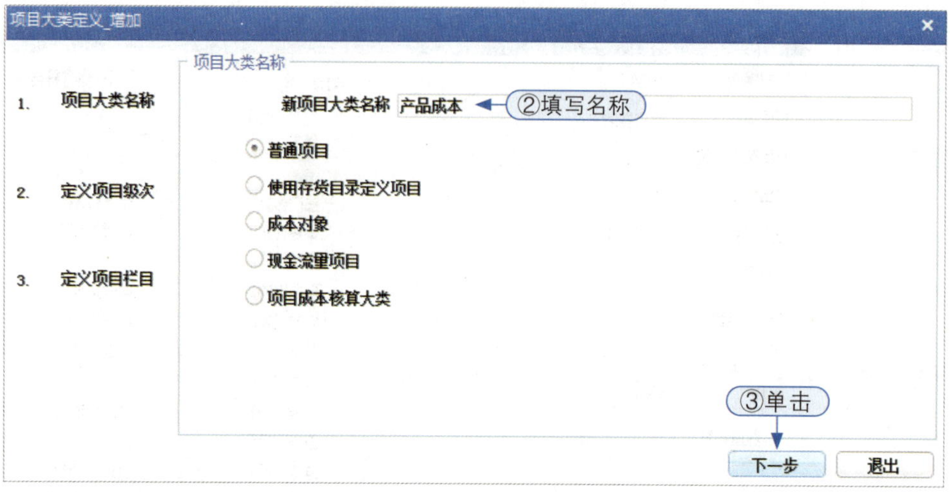

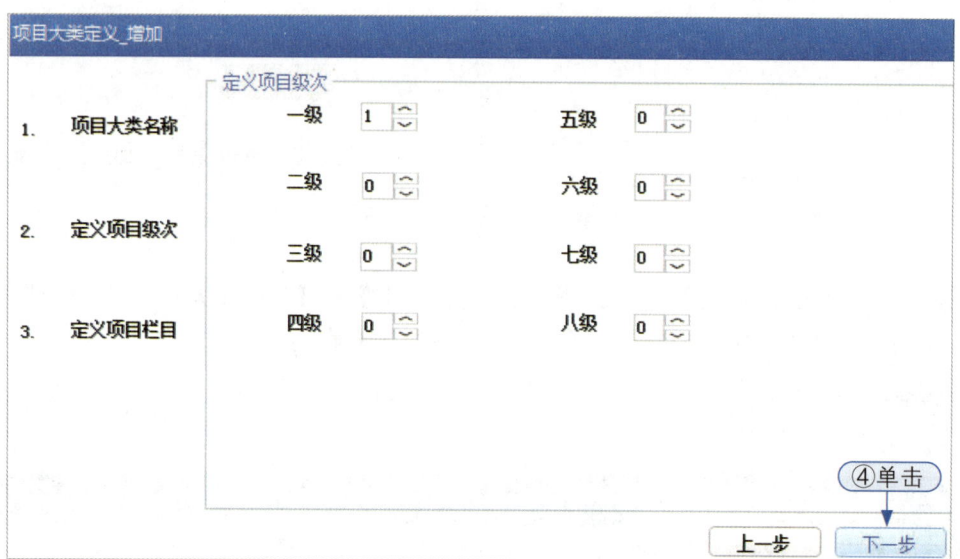

图 1-101　增加项目大类名称页面

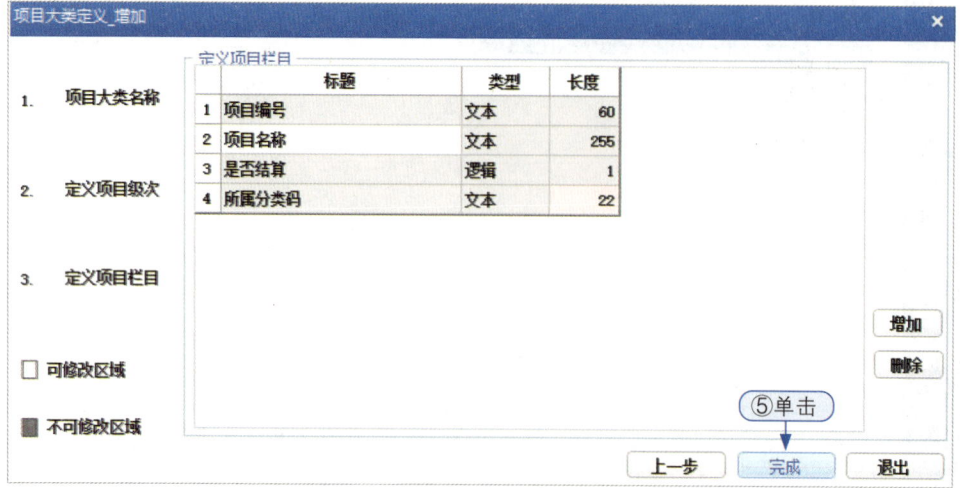

图 1-102　定义项目级次页面

图 1-103　定义项目栏目页面

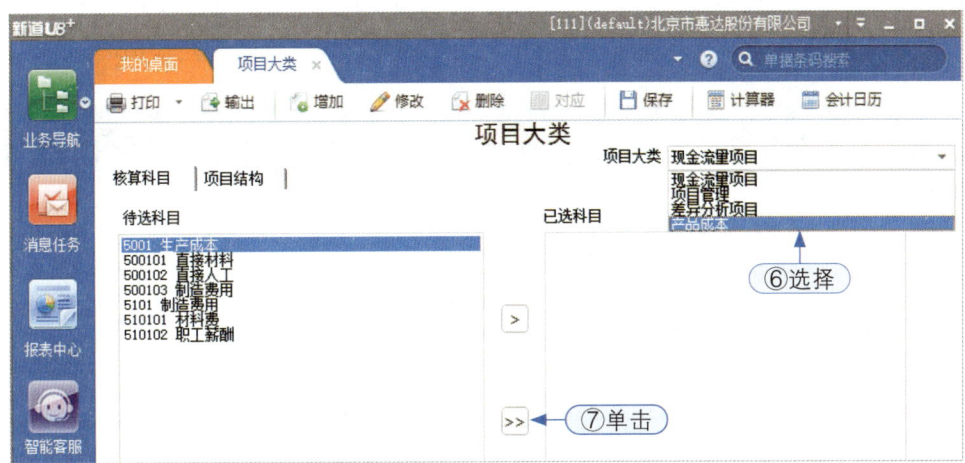

图1-104 选择核算科目页面

图1-105 科目选择完成页面

②在用友U8⁺企业应用平台，依次选择【业务导航】→【基础设置】→【基础档案】→【财务】→【项目分类】选项。具体操作过程如图1-106所示。

图1-106 增加项目分类页面

③在用友U8⁺企业应用平台，依次选择【业务导航】→【基础设置】→【基础档案】→【财

务】→【项目目录】选项,在弹出的查询条件页面中的项目大类选择【00-产品成本】选项,然后单击【确定】按钮进入项目目录页面。具体操作过程如图1-107所示。

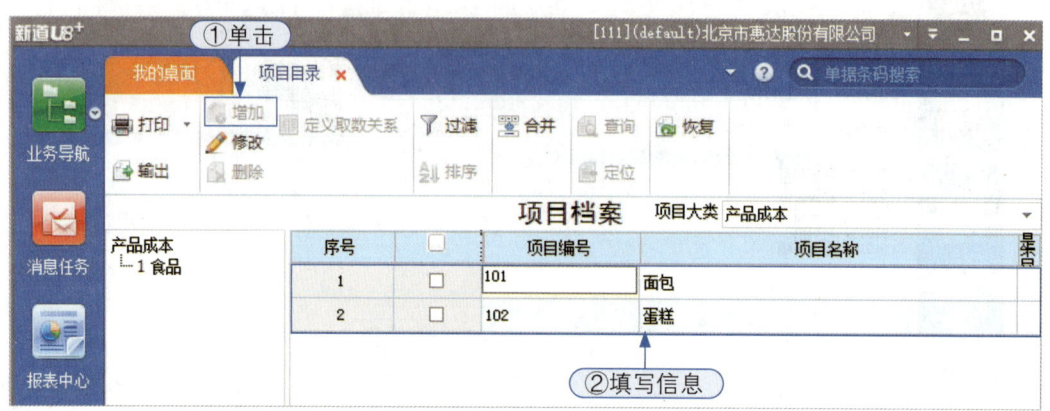

图1-107 增加项目目录页面

1.2.5 设置收付结算信息

【情景1-17】根据表1-27至表1-29,设置结算方式、付款条件、开户银行。

表1-27 结算方式

编号	名称	对应票据类型	票据管理
1	现金结算		否
2	支票结算		否
201	现金支票	现金支票	否
202	转账支票	转账支票	否
3	电汇		否
4	商业汇票	商业汇票	否
5	外币结算		否
6	委托收款		否
7	其他		否

表1-28 付款条件

付款条件编码	付款条件名称	信用天数	优惠天数1	优惠率1	优惠天数2	优惠率2	优惠天数3	优惠率3
1	2/10,1/20,n/30	30	10	2	20	1	30	0

表1-29 开户银行

编码	银行账号	账户名称	开户日期	币种	开户银行	所属银行编码	客户编码	机构号	联行号
1	923356444966	北京市惠达股份有限公司	2016-09-01	人民币	工行北京支行	1			
2	967773241149	北京市惠达股份有限公司	2016-09-01	美元	建行北京支行	3	01	523361	153482

操作方法如下:

(1)设置结算方式,具体操作过程如图1-108、图1-109所示。

在用友U8⁺企业应用平台,依次选择【业务导航】→【基础设置】→【基础档案】→【收付结算】→【结算方式】选项。

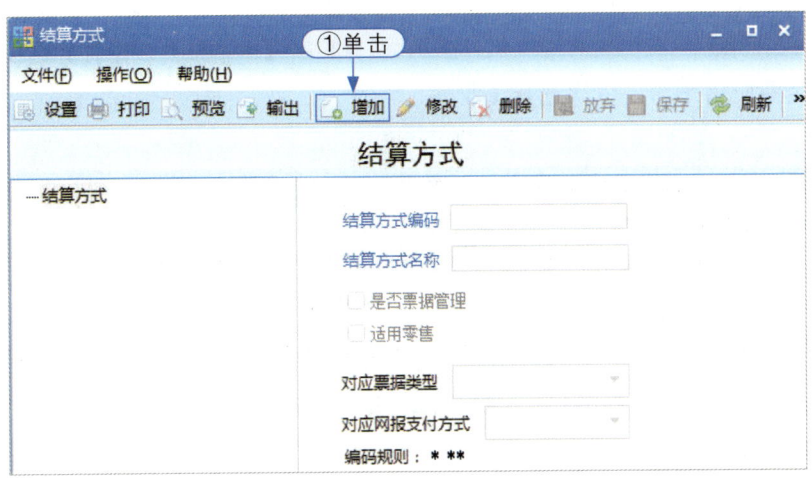

图 1-108　增加结算方式页面

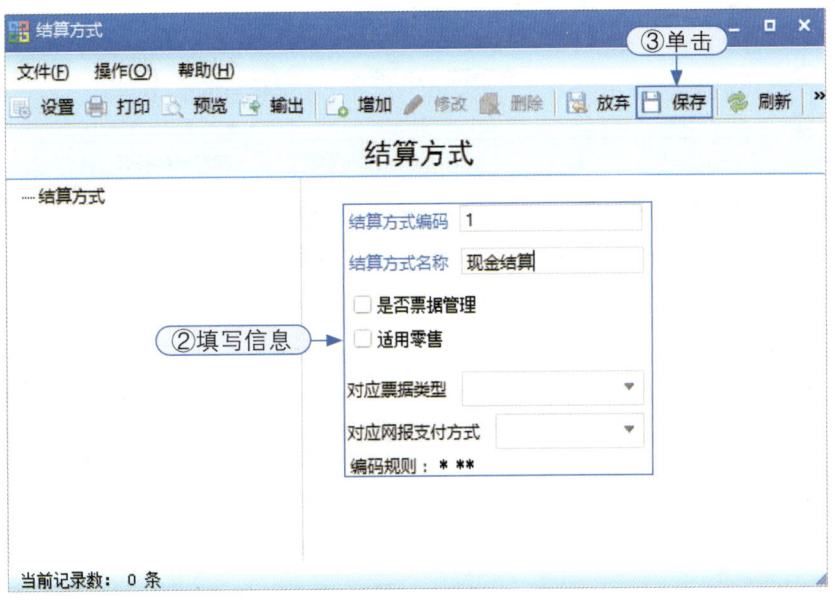

图 1-109　输入信息页面

　　增加其他结算方式的操作过程同增加现金结算一致。

　　(2) 设置付款条件，具体操作过程如图 1-110 所示。

　　在用友 U8⁺企业应用平台，依次选择【业务导航】→【基础设置】→【基础档案】→【收付结算】→【付款条件】选项。

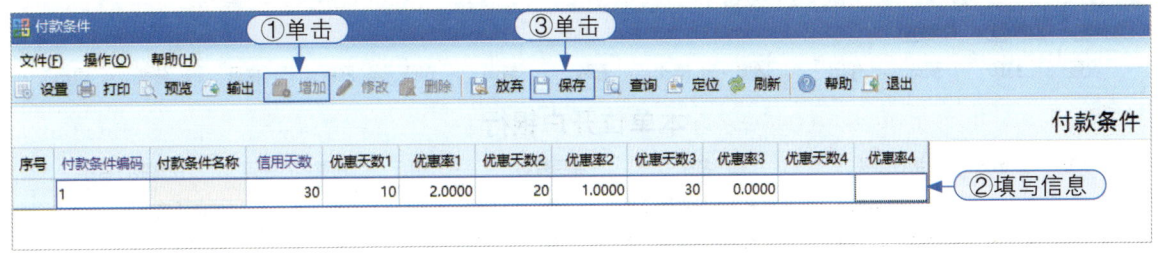

图 1-110　输入付款条件信息

(3) 设置本单位开户银行，具体操作过程如图 1-111、图 1-112 所示。

在用友 U8⁺ 企业应用平台，依次选择【业务导航】→【基础设置】→【基础档案】→【收付结算】→【本单位开户银行】选项。

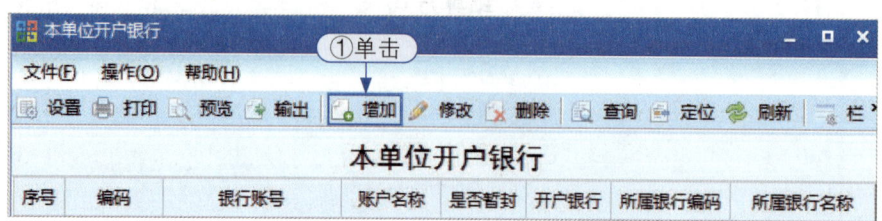

图 1-111　填加本单位开户银行信息页面

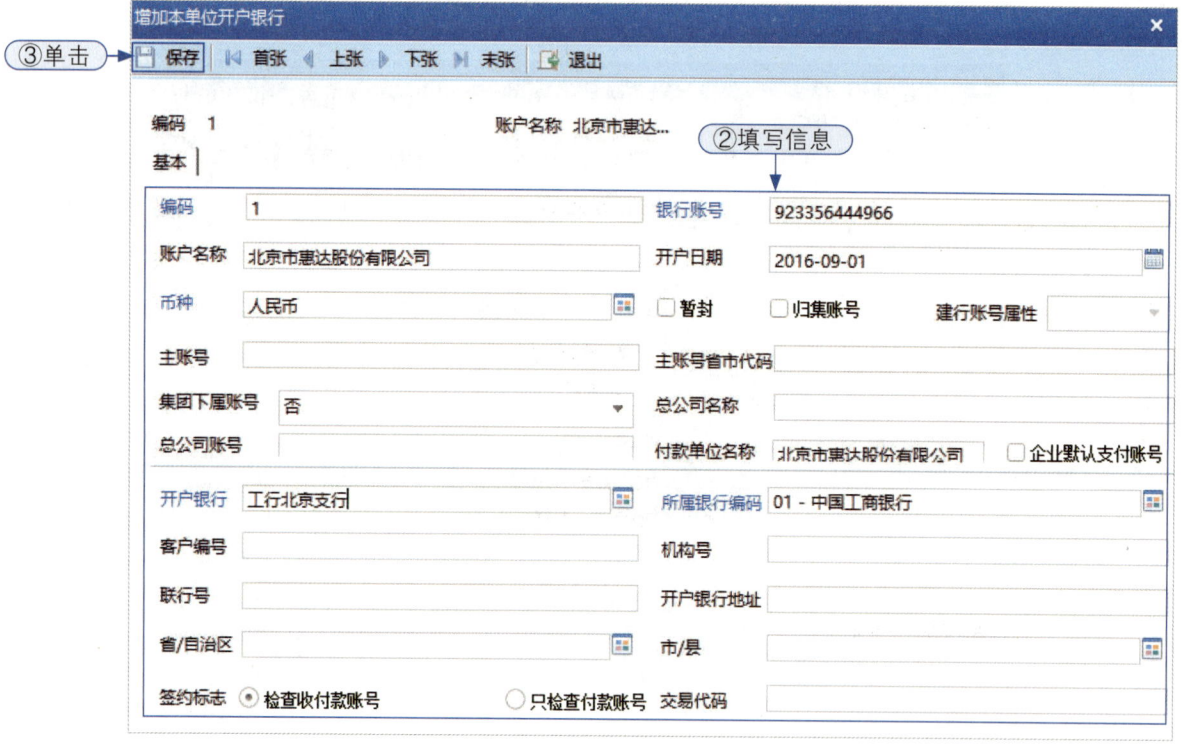

图 1-112　输入开户银行基本信息页面

建设银行信息录入操作过程同工商银行一致，全部录入完成后如图 1-113 所示。

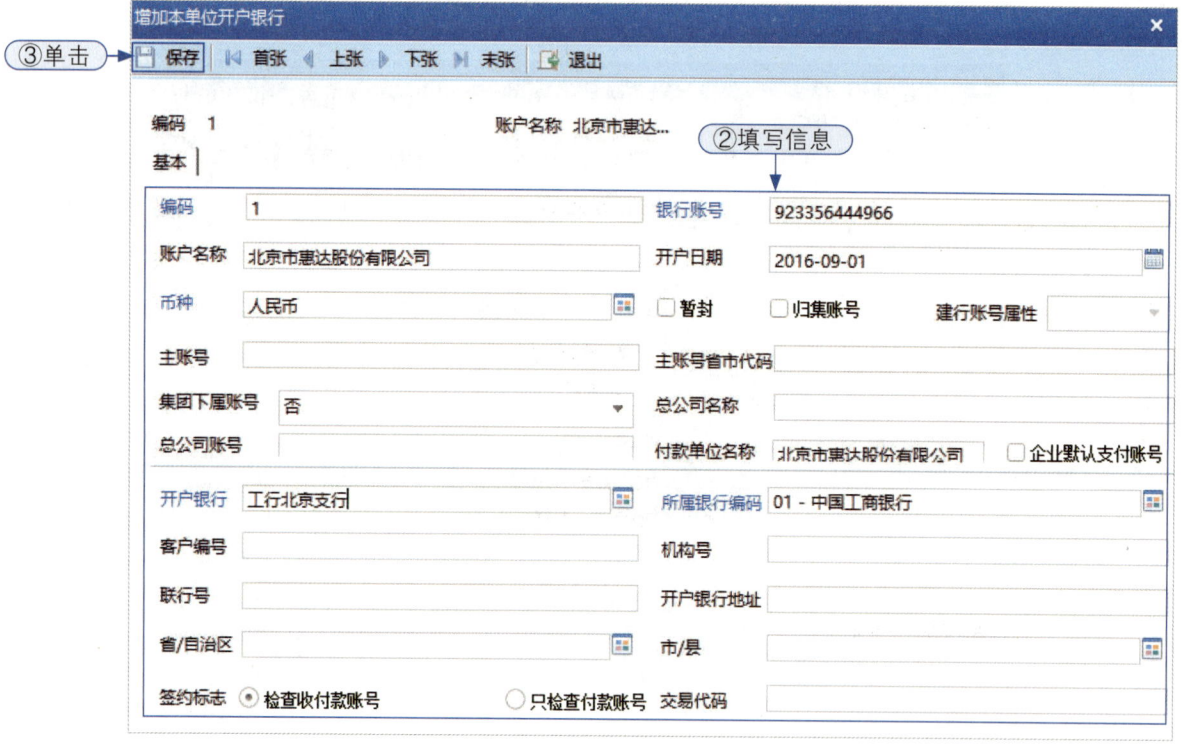

图 1-113　本单位开户银行设置完成页面

1.2.6 设置单据信息

【情景1-18】设置销售专用发票业务类型和销售类型为非必输项目。

操作方法如下：

在用友U8⁺企业应用平台，依次选择【业务导航】→【基础设置】→【单据设置】→【单据格式设置】选项进入，具体操作过程如图1-114、图1-115所示。

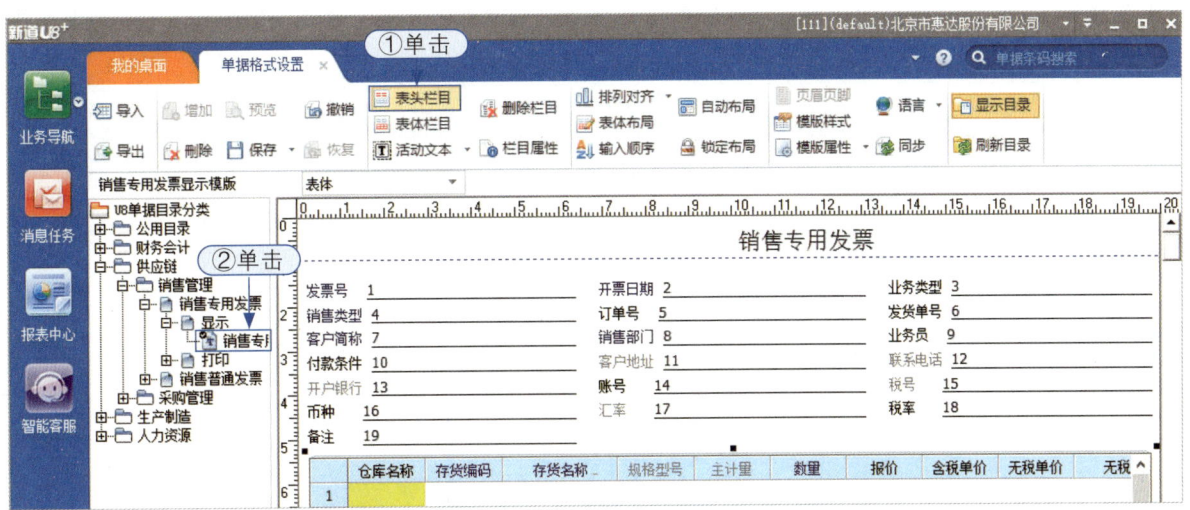

图1-114　单据格式设置页面

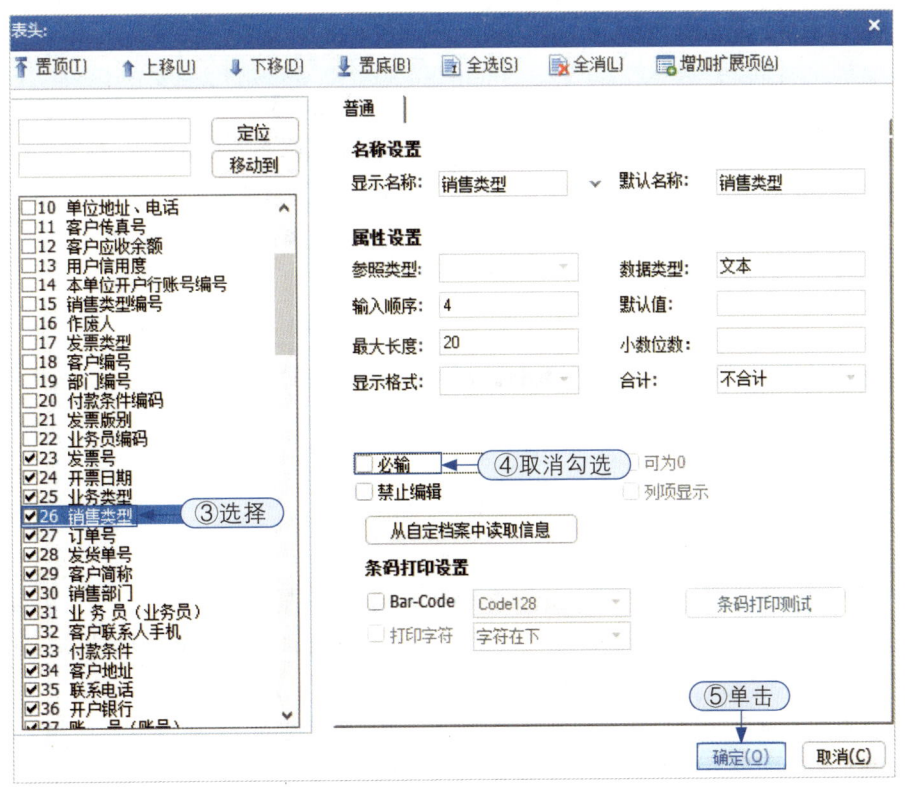

图1-115　表头栏目设置页面

单击【确定】按钮后，到单据格式设置页面单击【保存】按钮后退出。

项目小结

本项目主要讲述了用友U8⁺软件系统管理和用友U8⁺软件系统基础设置。用友U8⁺软件系统管理主要包括用友U8⁺软件系统管理概述、启用系统管理，增加操作员，建立账套，设置操作员权限，修改、备份和引入账套；基础设置主要包括设置机构档案和人员档案，设置供应商、客户信息，设置存货档案，设置财务信息，设置收付结算信息以及设置单据信息。

思考与练习

一、单项选择题

1. （　）有权增加操作员。
   A. 系统管理员　　　　　B. 账套主管
   C. 单位领导　　　　　　D. 所有操作员
2. （　）可以建立账套。
   A. 系统管理员　　　　　B. 账套主管
   C. 普通员工　　　　　　D. 操作员
3. 设置操作员权限时，需要单击（　）按钮。
   A. 【增加】　　　　　　B. 【修改】
   C. 【撤销】　　　　　　D. 【删除】
4. 引入账套的操作员是（　）。
   A. 系统管理员　　　　　B. 账套主管
   C. 已在系统中注册的操作员　D. 任何人
5. 修改账套由（　）操作。
   A. 账套主管　　　　　　B. 操作员
   C. 系统管理员　　　　　D. 普通员工

二、多项选择题

1. 增加操作员的必填项有（　）。
   A. 操作员编码　　　　　B. 姓名
   C. 口令　　　　　　　　D. 所属部门
2. 建立账套前需要确定（　）内容。
   A. 公司名称　　　　　　B. 要使用的模板
   C. 启用账套时间　　　　D. 本位币币别
3. 建立账套所需要的步骤有（　）。
   A. 账套信息　　　　　　B. 单位信息
   C. 核算类型　　　　　　D. 基础信息
4. 将凭证类别设置成收付转，凭证的限制类型分别为（　）。
   A. 借方必有　　　　　　B. 贷方必有
   C. 凭证必无　　　　　　D. 无限制
5. 支票结算包括（　）。
   A. 现金支票　　　　　　B. 转账支票
   C. 商业汇票　　　　　　D. 银行汇票

三、判断题

1. 增加操作员应在系统管理中完成。（ ）
2. 只有系统管理员才有权限增加操作员。（ ）
3. 增加操作员时必须勾选角色。（ ）
4. 账套管理包括账套输出、账套引入、账套删除。（ ）
5. 设置存货档案之前必须进行计量单位的设置。（ ）

四、简答题

1. 简述建立账套的步骤。
2. 如何增加操作员？
3. 为什么要输出和引入账套？

项目 2　总账系统

知识目标

◎ 掌握总账系统参数的设置；
◎ 掌握总账系统期初余额的设置；
◎ 掌握会计凭证的填制、审核及出纳签字。

技能目标

◎ 掌握总账系统的初始设置；
◎ 掌握总账系统的日常业务处理方法。

案例导入

进行用友 U8⁺ 软件系统管理和基础设置后，财务经理朱某华根据相关数据对总账系统进行初始设置，财务部李某根据设定业务进行日常业务处理。

案例评析

根据前述资料，财务部人员如何操作总账系统的初始设置与日常业务处理？

本章导语

总账系统在会计信息系统中处于核心地位，既可以单独使用，也可以与其他系统同时使用。各子系统分别侧重于某一经营环节或某类经济业务的核算和管理，其数据经过处理后必须传送到总账系统进行汇总处理，而且各子系统之间要进行数据交换也必须经过总账系统才能进行。

任务 2.1 总账系统初始化

2.1.1 总账系统概述

总账系统管理流程如图 2-1 所示。

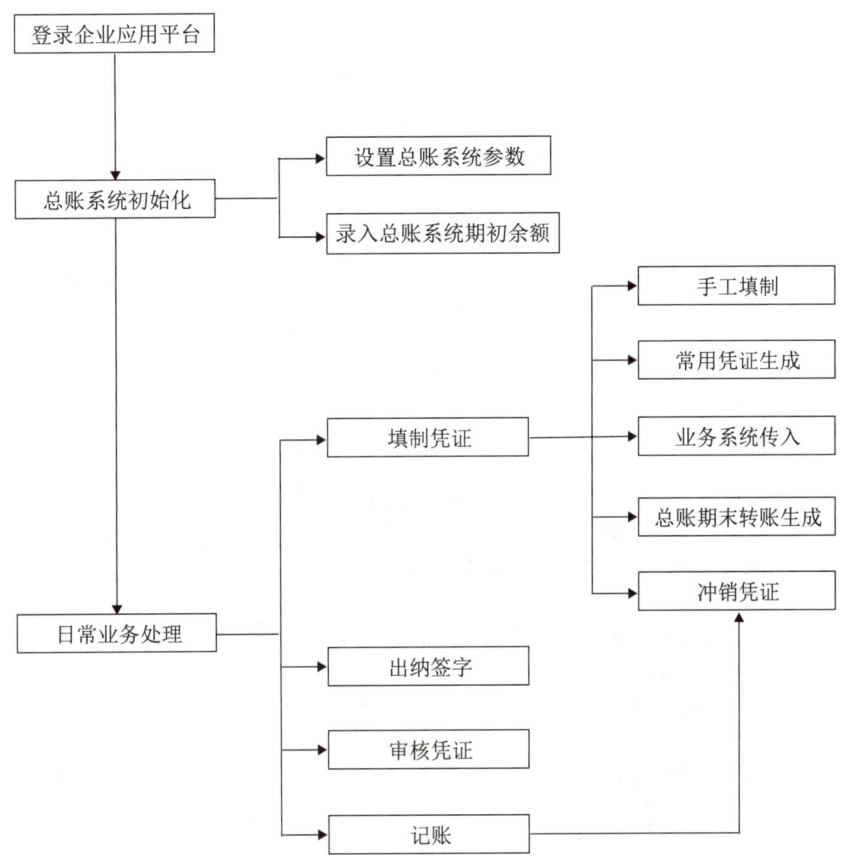

图 2-1 总账系统管理流程

总账系统是用友 U8$^+$产品中最重要的系统，既可独立运行又可同其他产品协同运转，与其他系统传递相关的数据和凭证。

总账的主要业务包括填制凭证、审核凭证、月末结账等。

> **注意**
>
> 在总账系统操作下不再做个别提示，均以王磊身份进行，初始设置进入日期均为 2021 年 12 月 1 日。

2.1.2 设置总账系统参数

【情景 2-1】根据表 2-1 的信息设置总账系统参数。

表 2-1　总账系统参数

凭证	制单序时控制	否
	赤字控制	是
	可以使用应收、应付系统受控科目	否
	制单人、审核人允许为同一人	否
权限	由出纳填制的凭证必须经出纳签字	是
	允许修改、作废他人填制的凭证	是
会计日历	数量小数位、单价小数位、本位币精度设置	2 位
其他	外币核算	固定汇率
	部门、个人、项目排序方式	按编码

操作方法如下：

（1）2021 年 12 月 1 日，由王磊登录用友 U8⁺企业应用平台。

（2）在用友 U8⁺企业应用平台，依次选择【业务导航】→【财务会计】→【总账】→【设置】→【选项】选项，设置总账系统参数，具体操作过程如图 2-2 至图 2-4 所示。

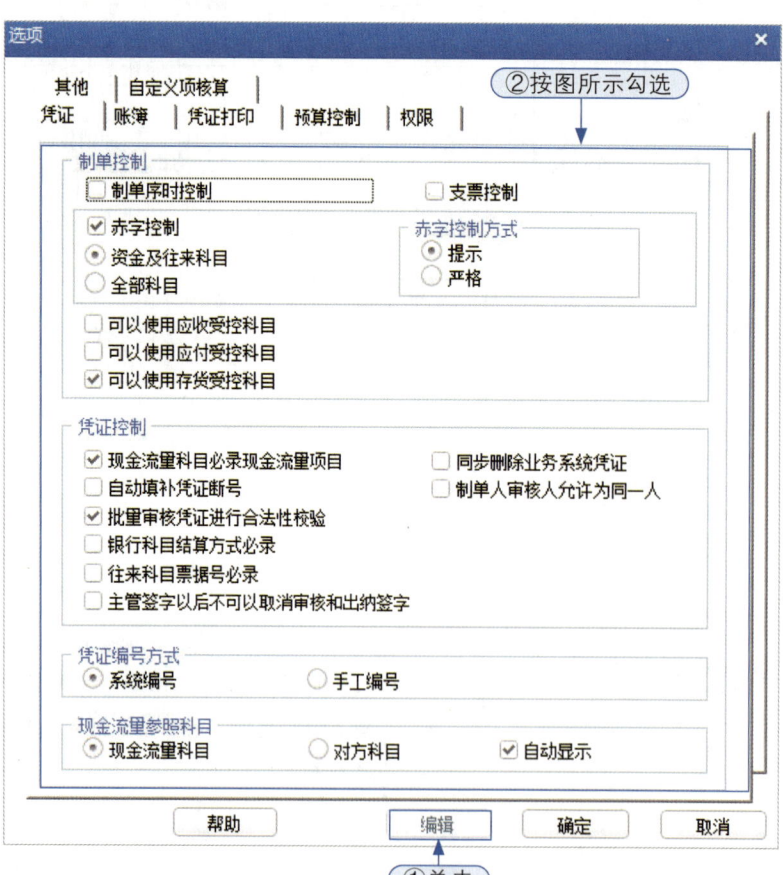

图 2-2　设置凭证页面

项目 2　总账系统

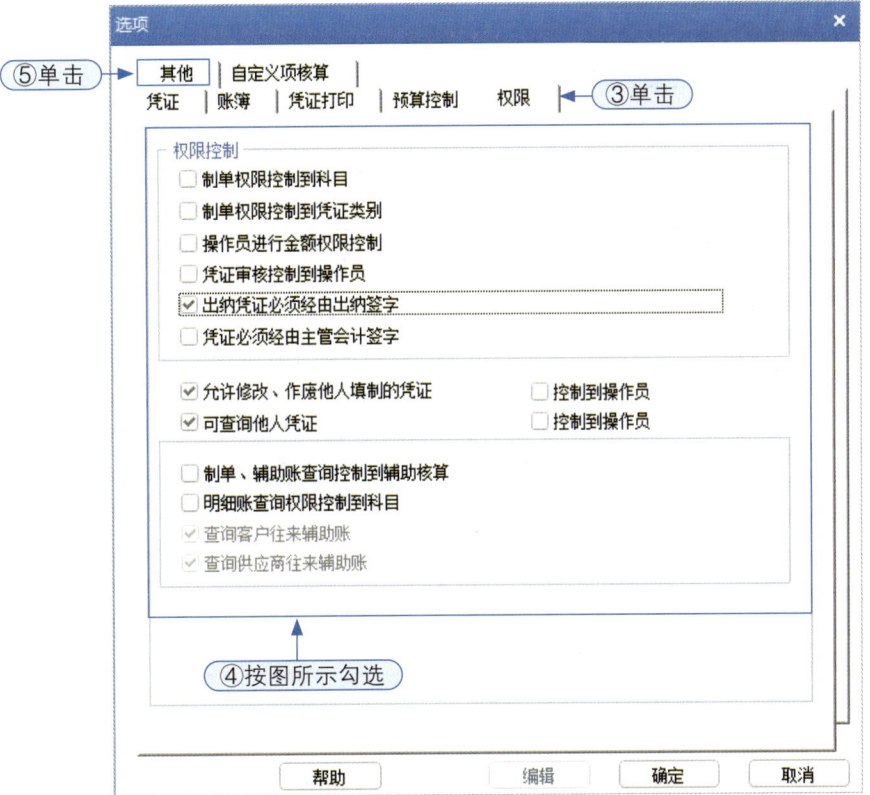

图 2-3　设置权限页面

图 2-4　设置其他页面

2.1.3　设置总账系统期初余额

【情景2-2】根据表2-2至表2-10设置总账系统期初余额。

（1）总账系统期初余额见表2-2。

表2-2　总账系统期初余额

类别	科目编码	科目名称	方向	辅助账类型	币别/计量	期初余额
资产	1001	库存现金	借	日记账		8 000.0
资产	1002	银行存款	借	日记账、银行账		10 062 567.0
资产	100201	工行存款	借	日记账、银行账		10 000 000.0
资产	100202	建行存款	借	日记账、银行账	金额	62 567.0
					美元	10 000.0
资产	1121	应收票据	借	客户往来		56 500.0
资产	1122	应收账款	借	客户往来		445 220.0
资产	1123	预付账款	借	供应商来往		4 000.0
资产	122101	其他应收款	借	个人往来		5 000.0
资产	1231	坏账准备	借			13 357.0
资产	1403	原材料	借			12 860 000.0
资产	140301	面粉	借	数量核算	金额	12 500 000.0
					吨	5 000.0
资产	140302	白砂糖	借	数量核算	金额	300 000.0
					吨	50.0
资产	140303	鸡蛋	借	数量核算	金额	60 000.0
					千克	5 000.0
资产	1405	库存商品	借			3 100 000.0
资产	140501	面包	借	数量核算	金额	1 600 000.0
					箱	8 000.0
资产	140502	蛋糕	借	数量核算	金额	1 500 000.0
					箱	5 000.0
资产	1601	固定资产	借	部门核算		1 450 000.0
资产	1602	累计折旧	贷	部门核算		164 593.0
负债	2201	应付票据	贷	供应商往来		565 000.0
负债	2202	应付账款	贷	供应商往来		1 213 620.0
负债	2203	预收账款	贷	客户往来		5 000.0
负债	2211	应付职工薪酬	贷			
负债	221101	工资	贷			70 000.0
权益	4001	实收资本	贷			5 000 000.0
权益	4104	利润分配	贷			
权益	410406	未分配利润	贷			20 959 717.0

（2）带辅助核算的会计科目期初余额明细。

①应收票据期初余额明细见表2-3。

表2-3　应收票据期初余额明细

日期	凭证号	客户	业务员	摘要	方向	金额	票据编号
2021-10-14	转-15	大兴公司	杨娜	应收票据	借	56 500	6008

②应收账款期初余额明细见表 2-4。

表 2-4　应收账款期初余额明细

日期	凭证号	客户名称	业务员	摘要	方向	期初余额	发票号
2021-11-08	转 -10	大兴公司	杨娜	销售面包	借	33 900.0	3561
2021-11-12	转 -18		杨娜	销售蛋糕	借	84 750.0	3620
2021-11-16	转 -22	红星公司	杨娜	销售蛋糕	借	113 000.0	3487
2021-11-22	转 -26		杨娜	销售面包	借	145 770.0	6011
2021-11-23	转 -30		杨娜	销售面包	借	67 800.0	2207

③预付账款期初余额明细见表 2-5。

表 2-5　预付账款期初余额明细

日期	凭证号	客户	业务员	摘要	方向	金额	票据编号
2021-11-15	付 -15	大通公司	王磊	预付账款	借	4 000.0	3122

④其他应收款期初余额明细见表 2-6。

表 2-6　其他应收款期初余额明细

日期	凭证号	部门	个人	摘要	方向	余额
2021-11-15	付 -23	管理部门	张涵钰	出差借款	借	5 000.0

⑤固定资产和累计折旧期初余额明细见表 2-7。

表 2-7　固定资产和累计折旧期初余额明细

科目编码	科目名称	部门编码	部门名称	借方金额	贷方金额
1601	固定资产	1	管理部门	12 800.0	
		2	财务部	4 000.0	
		3	采购部	5 800.0	
		4	销售部	5 800.0	
		5	半成品车间	635 800.0	
		6	成品车间	785 800.0	
1602	累计折旧	1	管理部门	4 576.0	
		2	财务部	1 430.0	
		3	采购部	2 073.5	
		4	销售部	2 073.5	
		5	半成品车间	60 222.5	
		6	成品车间	94 217.5	

⑥应付票据期初余额明细见表 2-8。

表 2-8　应付票据期初余额明细

日期	凭证号	供应商	业务员	摘要	方向	金额	发票号
2021-11-15	转 -12	鼎旺公司	王磊	应付票据	贷	565 000.0	6208

⑦应付账款期初余额明细见表2-9。

表2-9　应付账款期初余额明细

日期	凭证号	客户名称	业务员	摘要	方向	期初余额	发票号
2021-11-10	转-13	大通公司	王磊	应付账款	贷	367 250.0	3412
2021-11-11	转-15		王磊	应付账款	贷	406 800.0	3510
2021-11-12	转-17		王磊	应付账款	贷	226 000.0	2240
2021-11-14	转-21	鼎旺公司	王磊	应付账款	贷	67 800.0	6621
2021-11-18	转-28		王磊	应付账款	贷	145 770.0	3240

⑧预收账款期初余额明细见表2-10。

表2-10　预收账款期初余额明细

日期	凭证号	客户	业务员	摘要	方向	金额	票据号
2021-11-11	收-20	兴源公司	刘英	预收账款	贷	10 000.0	5062

(3) 根据表2-2录入不带辅助核算期初余额。在用友U8⁺企业应用平台，依次选择【业务导航】→【财务会计】→【总账】→【期初】→【期初余额】选项。设置总账期初余额，具体操作过程如图2-5所示。

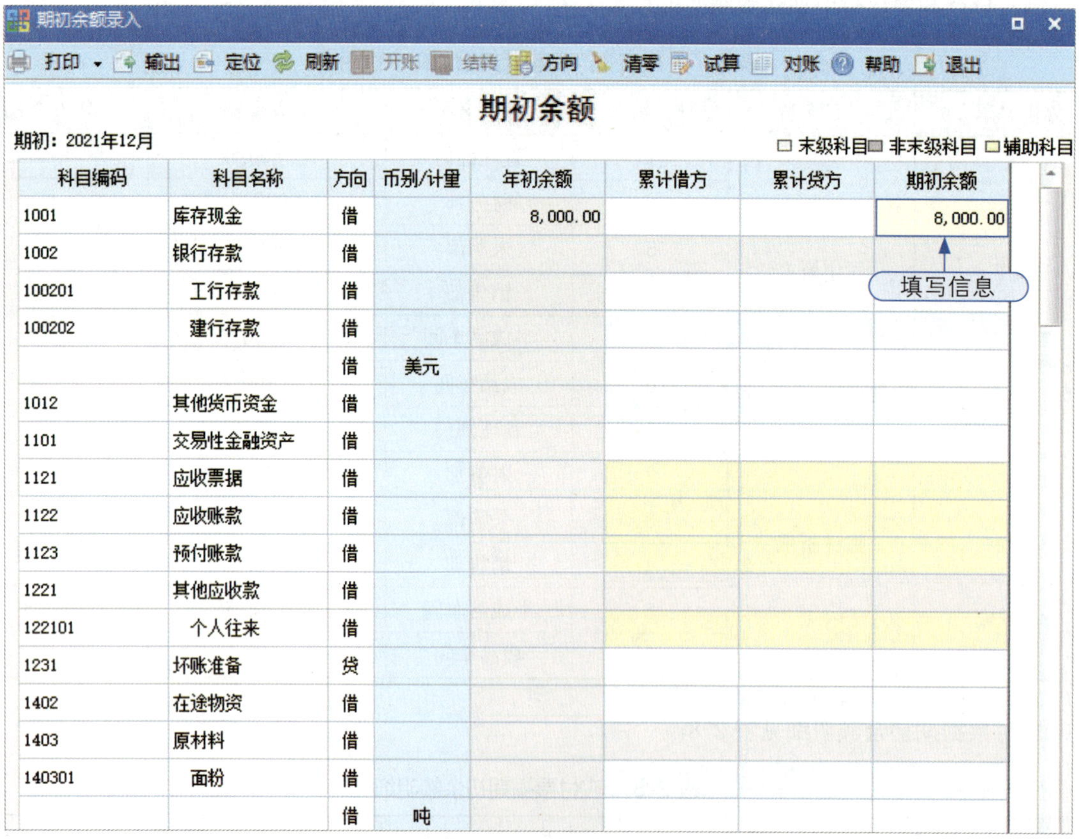

图2-5　录入期初余额页面

其他不带辅助核算的会计科目按以上操作方法直接录入。

（4）根据表 2-3 至表 2-10 录入辅助核算期初余额。

①在图 2-5 所示页面双击【应收票据】按钮进入辅助期初余额页面，具体操作过程如图 2-6 至图 2-8 所示。

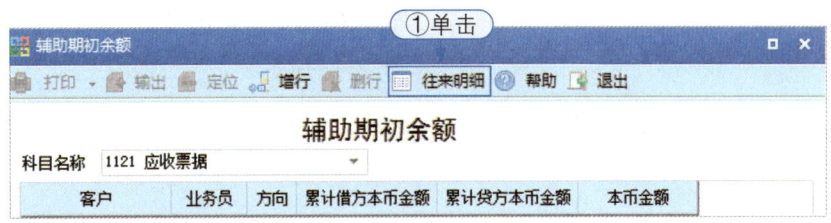

图 2-6　录入应收票据辅助期初余额页面

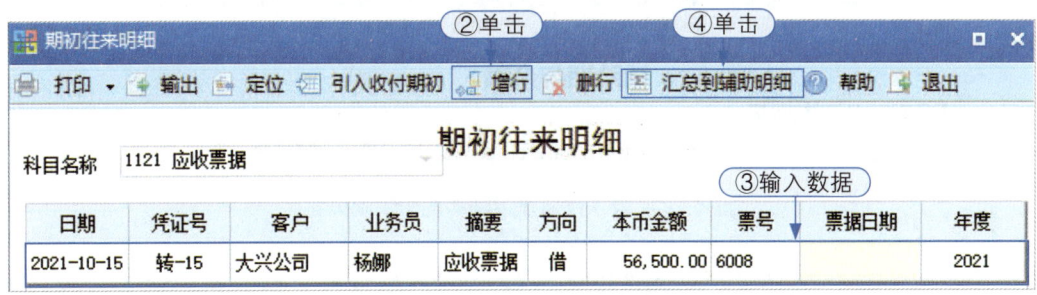

图 2-7　应收票据期初往来明细页面

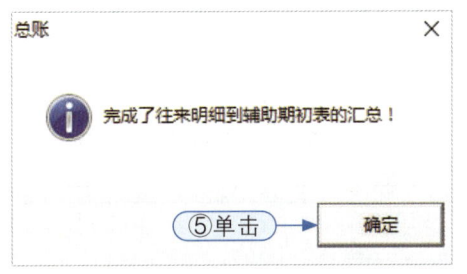

图 2-8　汇总完成提示

②在期初余额录入页面双击【应收账款】按钮进入辅助期初余额页面，具体操作过程如图 2-9 至图 2-11 所示。

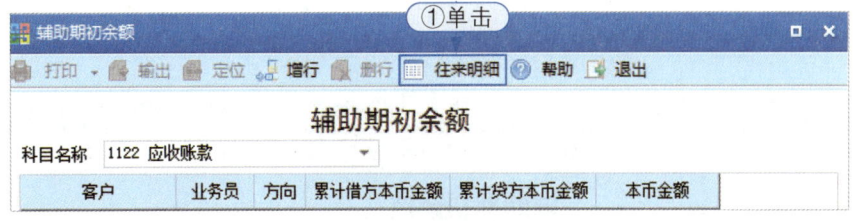

图 2-9　录入应收账款辅助期初余额页面

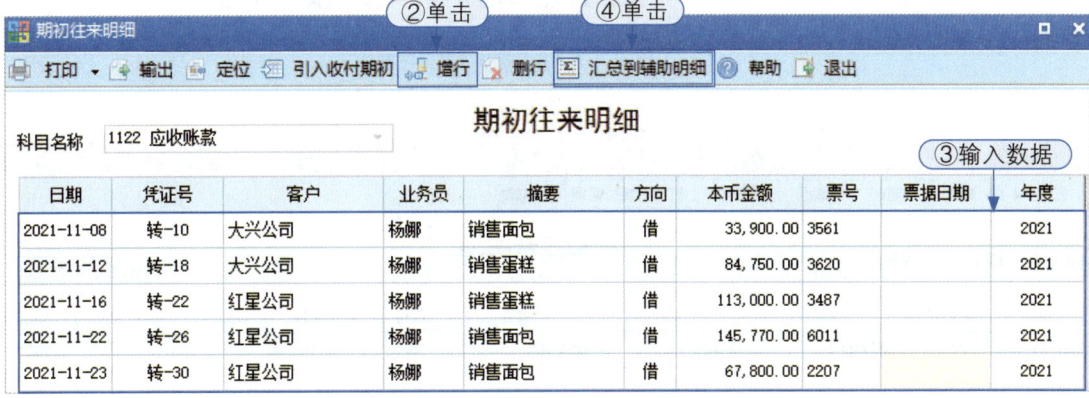

图 2-10　应收账款期初往来明细页面

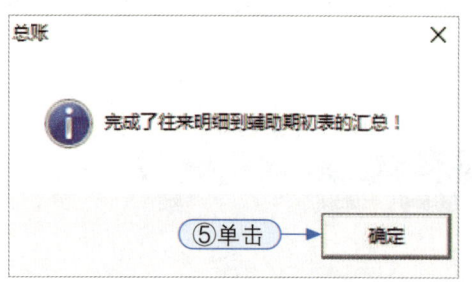

图 2-11　汇总完成提示

③在期初余额录入页面双击【预付账款】按钮进入辅助期初余额页面，具体操作过程如图2-12、图2-13所示。

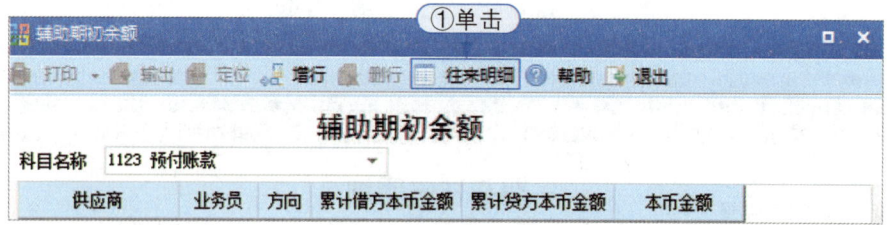

图 2-12　录入预付账款辅助期初余额页面

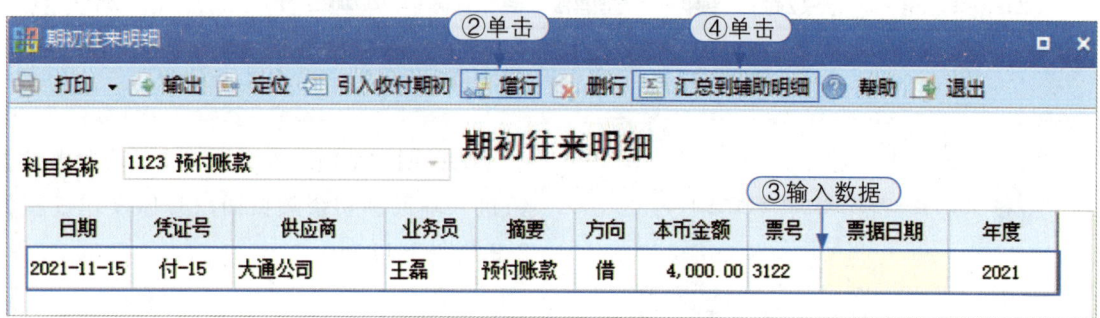

图 2-13　预付账款期初往来明细页面

④在期初余额录入页面双击【其他应收款】→【个人往来】按钮进入辅助期初余额页面，具体操作过程如图2-14、图2-15所示。

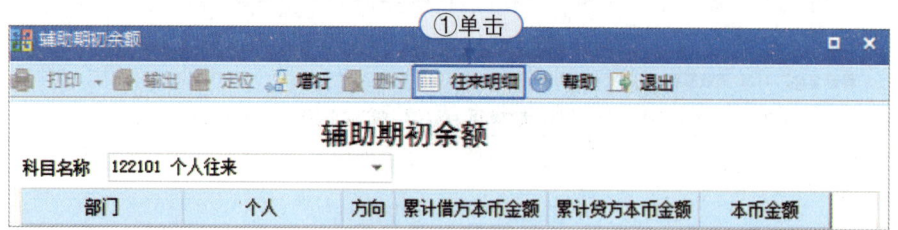

图 2-14　录入个人往来辅助期初余额页面

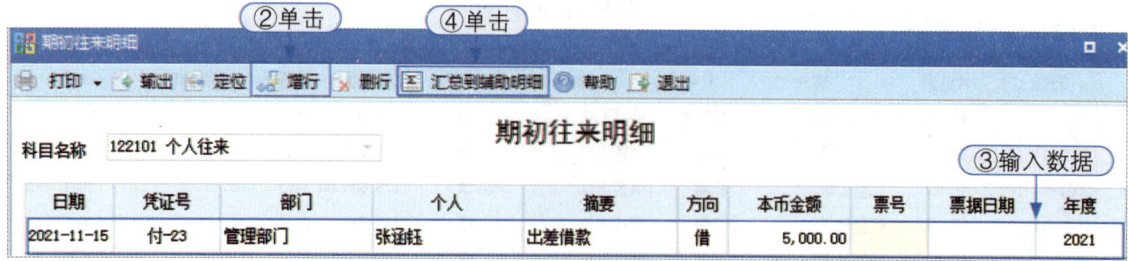

图 2-15　个人往来期初往来明细页面

⑤在期初余额录入页面双击【固定资产】按钮进入辅助期初余额页面，具体操作过程如图 2-16 所示。

部门	方向	累计借方本币金额	累计贷方本币金额	本币金额
管理部门	借			12,800.00
财务部	借			4,000.00
采购部	借			5,800.00
销售部	借			5,800.00
半成品车间	借			635,800.00
成品车间	借			785,800.00

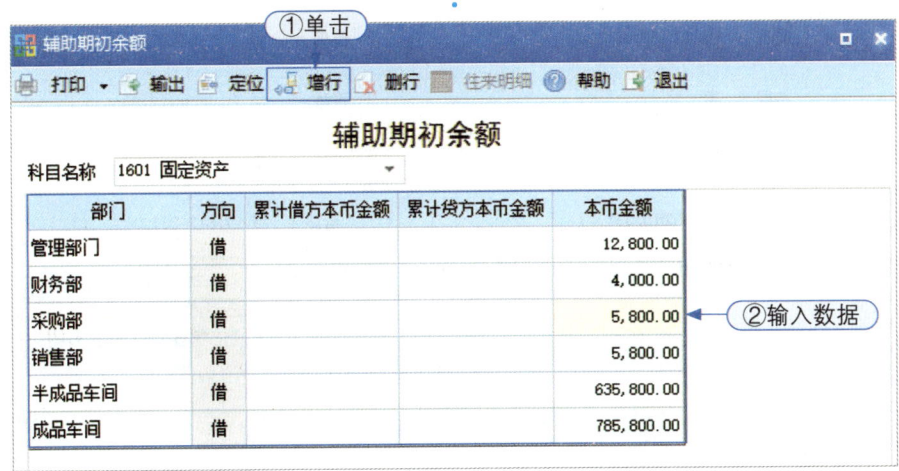

图 2-16　录入固定资产辅助期初余额页面

⑥“累计折旧”辅助核算期初余额与“固定资产”的操作过程相同。“应付票据”“应付账款”“预收账款”辅助核算录入与“应收票据”“应收账款”“预付账款”的操作过程相同。

（5）期初余额录入完成后，在期初余额录入页面单击【试算】按钮进行试算平衡，以此检查借贷是否平衡。具体操作过程如图 2-17、图 2-18 所示。

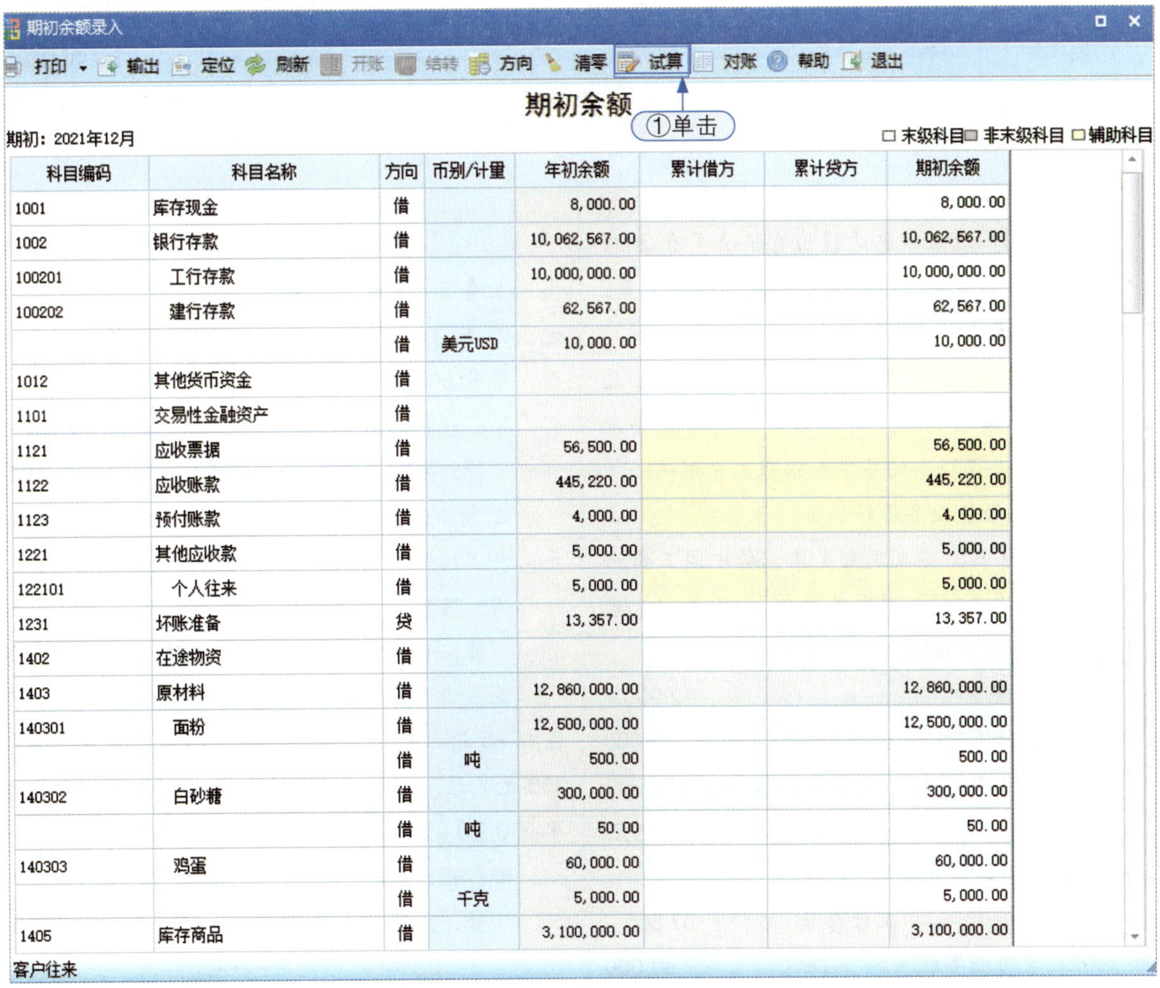

科目编码	科目名称	方向	币别/计量	年初余额	累计借方	累计贷方	期初余额
1001	库存现金	借		8,000.00			8,000.00
1002	银行存款	借		10,062,567.00			10,062,567.00
100201	工行存款	借		10,000,000.00			10,000,000.00
100202	建行存款	借		62,567.00			62,567.00
		借	美元USD	10,000.00			10,000.00
1012	其他货币资金	借					
1101	交易性金融资产	借					
1121	应收票据	借		56,500.00			56,500.00
1122	应收账款	借		445,220.00			445,220.00
1123	预付账款	借		4,000.00			4,000.00
1221	其他应收款	借		5,000.00			5,000.00
122101	个人往来	借		5,000.00			5,000.00
1231	坏账准备	贷		13,357.00			13,357.00
1402	在途物资	借					
1403	原材料	借		12,860,000.00			12,860,000.00
140301	面粉	借		12,500,000.00			12,500,000.00
		借	吨	500.00			500.00
140302	白砂糖	借		300,000.00			300,000.00
		借	吨	50.00			50.00
140303	鸡蛋	借		60,000.00			60,000.00
		借	千克	5,000.00			5,000.00
1405	库存商品	借		3,100,000.00			3,100,000.00

图 2-17　试算页面

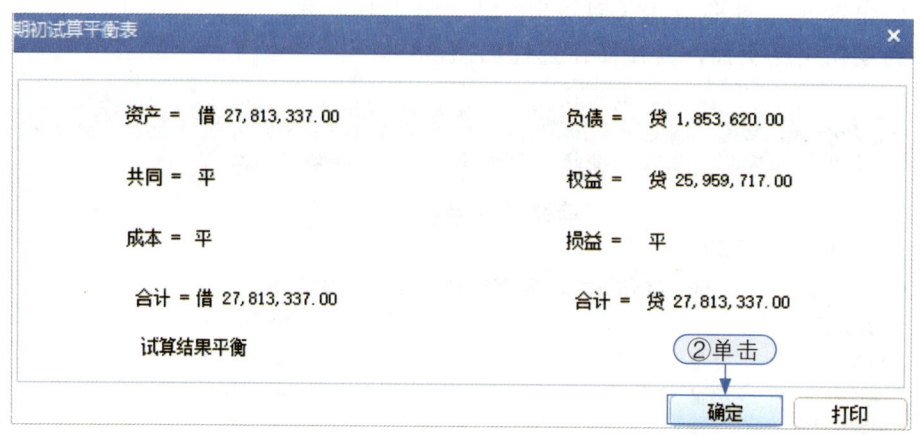

图 2-18　期初试算平衡表页面

任务 2.2　总账系统日常业务处理

1. 填制凭证

【情景 2-3】北京市惠达股份有限公司在 2021 年 12 月 1 日已经完成了总账管理系统初始化设置，可以进行如下操作。

根据 2021 年 12 月发生的经济业务，由王磊在总账系统中填制凭证，要求制单日期与业务发生日期一致，并须经出纳签字和账套主管审核。

12 月具体经济业务资料如下。

业务 1：1 日，签发现金支票，从中国工商银行（以下简称"工行"）提取备用金 2 000 元（支票号 1901，附单据 1 张）。

借：库存现金　　　　　　　　　　2 000
　　贷：银行存款——工行存款　　　2 000

业务 2：1 日，向大兴公司销售面包 200 箱，无税单价为 300 元，增值税税率 13%，收到电汇（票号 3160，附单据 4 张）。

借：银行存款——工行存款　　　67 800
　　贷：主营业务收入——面包　　60 000

　　　应交税费——应交增值税
　　　　　　　——销项税额　　　7 800

业务 3：2 日，收到外商投资资金 120 000 美元，汇率为 6.2567，已存入银行（结算方式：外币，票号 5022，附单据 2 张）。

借：银行存款——工行存款　　　750 804
　　贷：实收资本　　　　　　　750 804

业务 4：3 日，向银行申请银行汇票 190 000 元，开出转账支票（支票号 1820，附单据 2 张）。

借：其他货币资金——银行汇票　190 000
　　贷：银行存款——工行存款　　190 000

业务 5：3 日，销售商品给大兴公司，其中蛋糕 65 箱，单价 500 元/箱；面包 120 箱，单价 300 元/箱，以电汇方式支付价款（票号 3050，附单据 3 张）。

借：银行存款　　　　　　　　　77 405
　　贷：主营业务收入——蛋糕　　32 500
　　　　　　　　　　——面包　　36 000

应交税费——应交增值税
　　　　　　——销项税额　　　　8 905

业务6：3日，开出转账支票85 000元，发放上月职工工资（票号1902，附单据2张）。
　　借：应付职工薪酬——工资　　85 000
　　　　贷：银行存款——工行存款　　85 000

业务7：3日，企业使用电汇进行材料采购，购买面粉300吨，单价2 500元/吨，材料验收入库（票号3010，附单据3张）。
　　借：原材料——面粉　　750 000
　　　　应交税费——应交增值税
　　　　　　　　——进项税额　　97 500
　　　　贷：银行存款——工行存款　　847 500

业务8：4日，购入一项专利权，金额28 000元（不含税）。用转账支票支付价款（票号1821，附凭证3张）。
　　借：无形资产——专利权　　28 000
　　　　应交税费——应交增值税
　　　　　　　　——进项税额　　1 680
　　　　贷：银行存款——工行存款　　29 680

业务9：4日，向鼎旺公司购买白砂糖55吨，单价6 000元/吨，电汇付款（票号3030，附凭证单数3张）。
　　借：原材料——白砂糖　　330 000
　　　　应交税费——应交增值税
　　　　　　　　——进项税额　　42 900
　　　　贷：银行存款——工行存款　　372 900

业务10：5日，销售商品给红星公司，其中面包300箱，单价300元/箱；蛋糕300箱，单价500元/箱，收到电汇付款（票号3040，附凭证3张）。
　　借：银行存款——工行存款　　271 200
　　　　贷：主营业务收入——面包　　90 000
　　　　　　　　　　　　——蛋糕　　150 000
　　　　　　应交税费——应交增值税
　　　　　　　　　　——销项税额　　31 200

业务11：6日，半成品车间领用材料如下（附单据1张）。

表2-11　材料领用表

产品	面粉/吨	白砂糖/吨	鸡蛋/千克
面包	200	43	3 500
蛋糕	250	20	1 400

　　借：生产成本——直接材料
　　　　　　　　——面包　　　800 000
　　　　　　　　——蛋糕　　　761 800
　　　　贷：原材料——面粉　　1 125 000
　　　　　　　　　——白砂糖　　378 000
　　　　　　　　　——鸡蛋　　　588 000

业务12：6日，业务部门支付广告费4 500元，以转账支票支付（票号1822，附凭证2张）。
　　借：销售费用——广告费　　4 500
　　　　贷：银行存款——工行存款　　4 500

业务13：6日，支付职工困难补助3 200元，以转账支票支付（票号1903，附凭证2张）。
　　借：应付职工薪酬——职工困难补助　3 200
　　　　贷：银行存款——工行存款　　3 200

业务14：7日，维修固定资产，支付维修费4 600元，以转账支票支付（票号1823，附凭证2张）。
　　借：管理费用——其他　　4 600
　　　　贷：银行存款——工行存款　　4 600

业务15：8日，以转账支票支付业务招待费600元（票号1823，附凭证2张）。
　　借：管理费用——业务招待费　　600
　　　　贷：银行存款——工行存款　　600

操作方法如下：

（1）业务1。

①填制凭证。在用友U8⁺企业应用平台，依次选择【业务导航】→【财务会计】→【总账】→【凭证】→【填制凭证】选项。具体操作过程如图2-19所示。

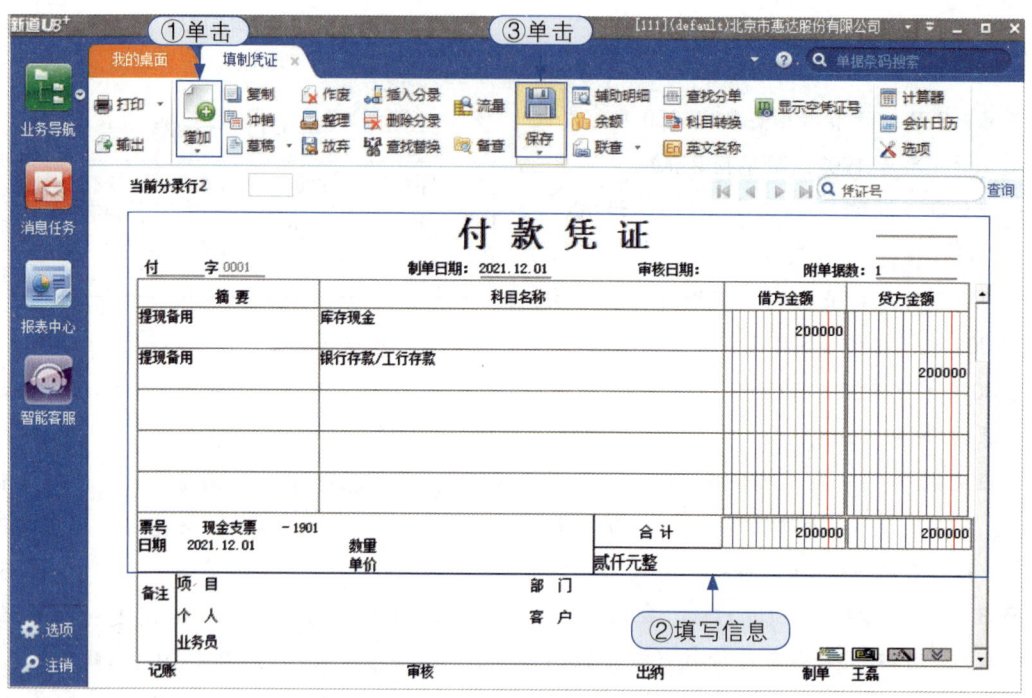

图 2-19　填制付款凭证页面

②出纳签字。以出纳员的身份进入用友 U8⁺ 企业应用平台，依次选择【业务导航】→【财务会计】→【总账】→【凭证】→【出纳签字】选项。具体操作过程如图 2-20 至图 2-23 所示。

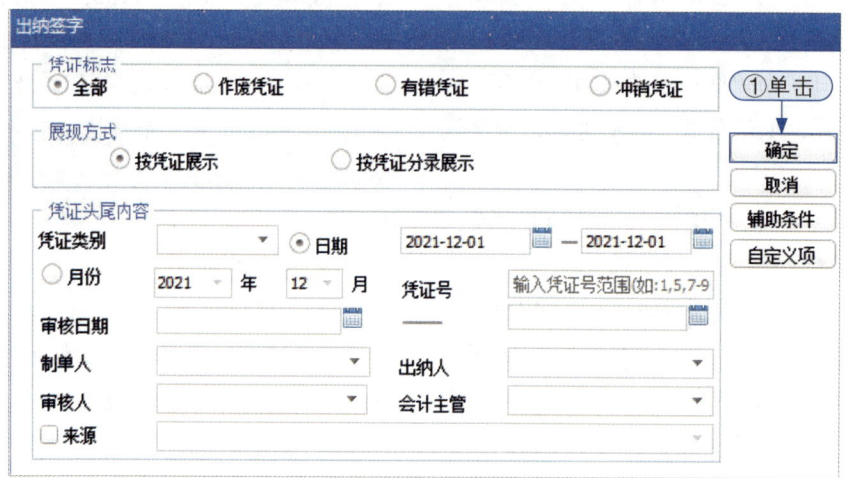

图 2-20　出纳签字页面

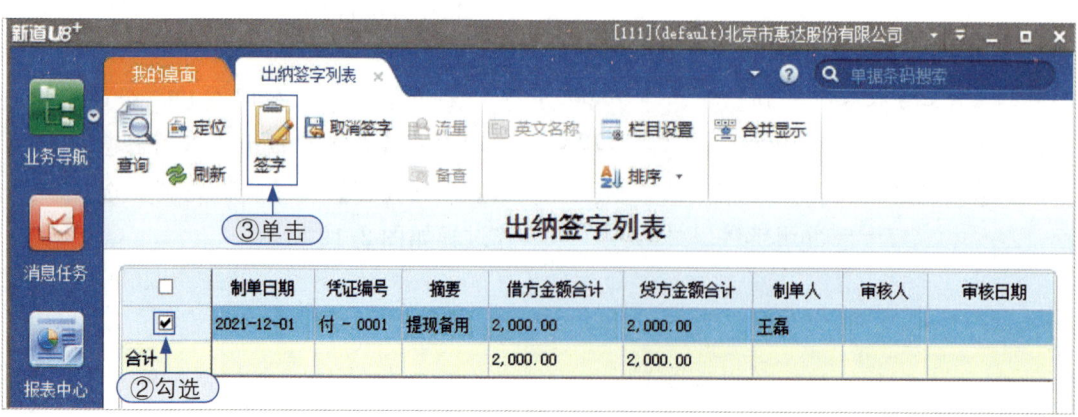

图 2-21　出纳签字列表页面

图 2-22　显示出纳签字成功页面

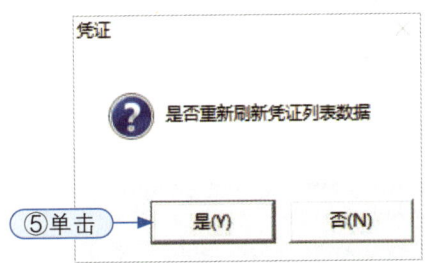

图 2-23　刷新凭证列表数据提示

刷新完成后，出纳签字列表页面的"出纳签字人"位置就会显示出纳员的名字，代表其签字完成。

③审核凭证。以账套主管身份进入用友 U8+ 企业应用平台，依次选择【业务导航】→【财务会计】→【总账】→【凭证】→【审核凭证】选项。具体操作过程如图 2-24 至图 2-28 所示。

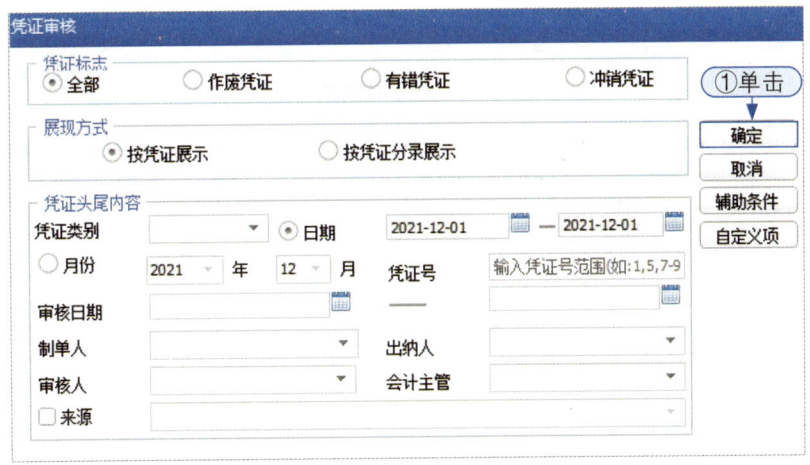

图 2-24　凭证审核页面

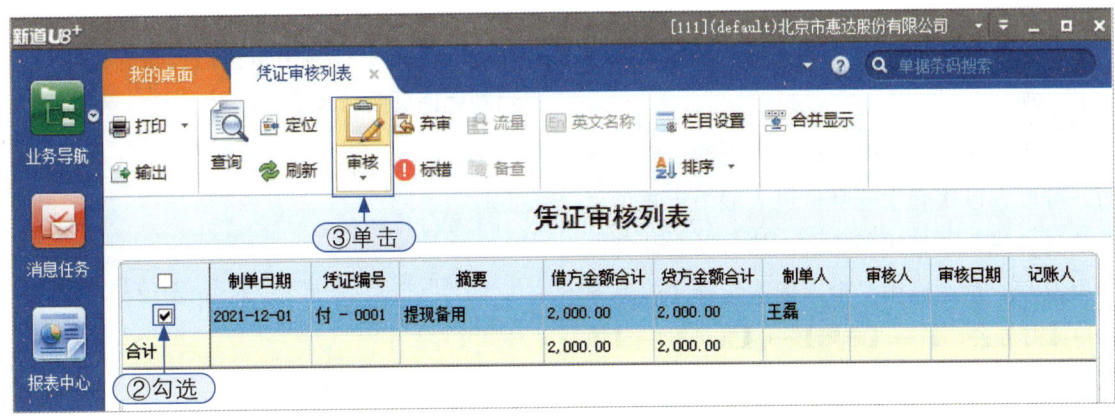

图 2-25　凭证审列表页面

图 2-26　显示审核凭证成功页面

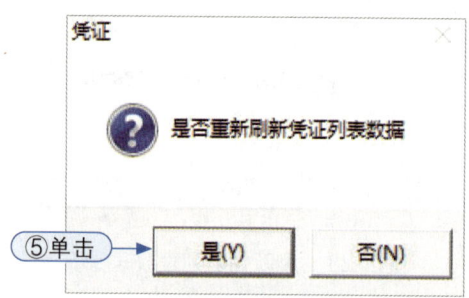

图 2-27　刷新凭证列表数据提示

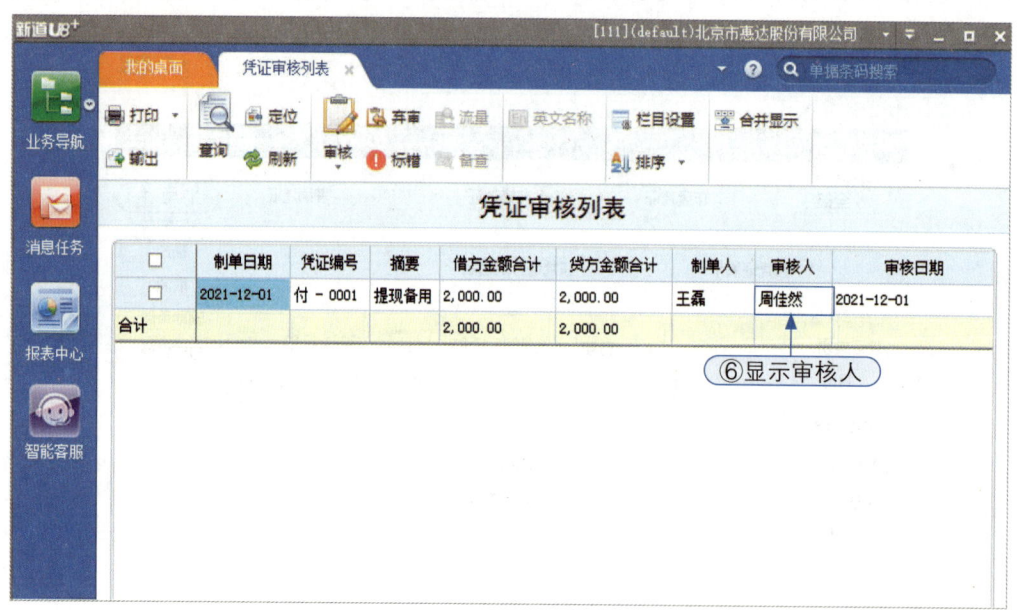

图 2-28　凭证审核完成页面

（2）业务 2 至业务 15 填制凭证的操作方法同业务 1 一致。

（3）凭证填写错误但已经进行出纳签字和审核的，可以先以账套主管身份进入取消审核，再以出纳身份进入取消出纳签字，然后以会计身份进入用友 U8⁺ 企业应用平台，依次选择【业务导航】→【财务会计】→【总账】→【凭证】→【填制凭证】选项，在填制凭证页面找到错误凭证进行修改。还未进行签字审核但已保存的可以直接在填制凭证页面修改。

> **注意**
>
> 审核的弃审只能由本人操作，出纳签字的取消也只能由本人取消。

项目小结

本项目主要讲述了总账系统初始化和总账系统日常业务处理，包括总账系统概述，设置总账系统参数，设置总账系统初始期初余额，以及总账系统日常业务处理的各种操作。

思考与练习

一、单项选择题

1. 下列（ ）不是总账系统初始设置的内容。
 A. 期初余额的录入　　B. 参数设置
 C. 凭证输入　　　　　D. 凭证类别的设置
2. 总账系统日常业务处理不包括（ ）。
 A. 凭证管理　　　　　B. 月末清算
 C. 出纳管理　　　　　D. 账簿查询
3. 总账系统的初始设置不包括（ ）。
 A. 凭证设置　　　　　B. 权限设置
 C. 结算方式　　　　　D. 其他设置
4. 总账系统参数设置不包括（ ）。
 A. 凭证控制　　　　　B. 凭证编号方式
 C. 外币汇率方式　　　D. 凭证类型设置
5. 期初余额录入完成后，在期初余额录入页面单击（ ）按钮进行试算平衡。
 A.【试算】　　　　　B.【对账】
 C.【查询】　　　　　D.【结账】

二、多项选择题

1. 总账系统初始设置包括（ ）。
 A. 定义系统参数　　　B. 录入期初余额
 C. 建立账套　　　　　D. 增加操作员
2. 总账子系统的初始设置包括（ ）。
 A. 总账参数设置　　　B. 会计科目设置
 C. 期初余额输入　　　D. 凭证类别设置
3. 总账系统参数设置包括（ ）。
 A. 会计编码方案　　　B. 权限
 C. 凭证　　　　　　　D. 账簿
4. 总账系统参数设置的内容包括（ ）。
 A. 制单凭证　　　　　B. 凭证控制
 C. 账簿控制　　　　　D. 编码方案设置
5. 总账系统的日常业务处理包括（ ）。
 A. 结账　　　　　　　B. 记账
 C. 填制凭证　　　　　D. 审核凭证

三、判断题

1. 进入总账系统后先进行选项参数设置。（ ）
2. 总账系统参数设置将决定后面总账工作的所有操作。（ ）
3. 总账系统参数设置后一般不能随意修改。（ ）
4. 总账系统期初余额的录入由系统管理员操作。（ ）
5. 在财务账套期初设置中录入总账期初数据应通过财务会计模板下总账期初余额实现。（ ）

四、简答题

1. 简述总账系统的初始设置。
2. 简述总账系统凭证参数设置的内容。
3. 总账系统日常业务处理操作的主要内容有哪些？

项目 3　应收款管理系统

知识目标

◎ 了解应收款管理系统的基本功能；
◎ 掌握应收款管理系统参数的设置；
◎ 掌握应收款管理系统的初始设置；
◎ 理解应收款管理系统日常业务处理的方法。

技能目标

◎ 掌握应收单据的录入、审核与制单；
◎ 掌握转账、确认坏账和生成凭证的处理；
◎ 掌握应收单据、销售专用发票和红字销售专用发票的录入及审核。

案例导入

应收款管理系统主要应用于核算和管理客户往来款项。财务部李某根据相关数据对应收款管理系统进行初始设置，并根据设定业务进行日常业务处理。

案例评析

根据前述资料李某是如何进行应收单据录入、红字销售专用发票录入、收款处理、票据管理、核销、转账处理、确认坏账等操作的？

本章导语

应收款管理系统是会计电算化的重要内容之一，也是重要的操作方法。应收款管理系统与总账管理系统、应付款管理系统联系密切。在本项目的学习过程中，应与报表管理系统的学习相结合，从整体上对用友 U8⁺软件的操作流程有一个全面的认识。

任务 3.1　应收款管理系统的初始设置

3.1.1　应收款管理系统概述

应收款管理系统流程如图 3-1 所示。

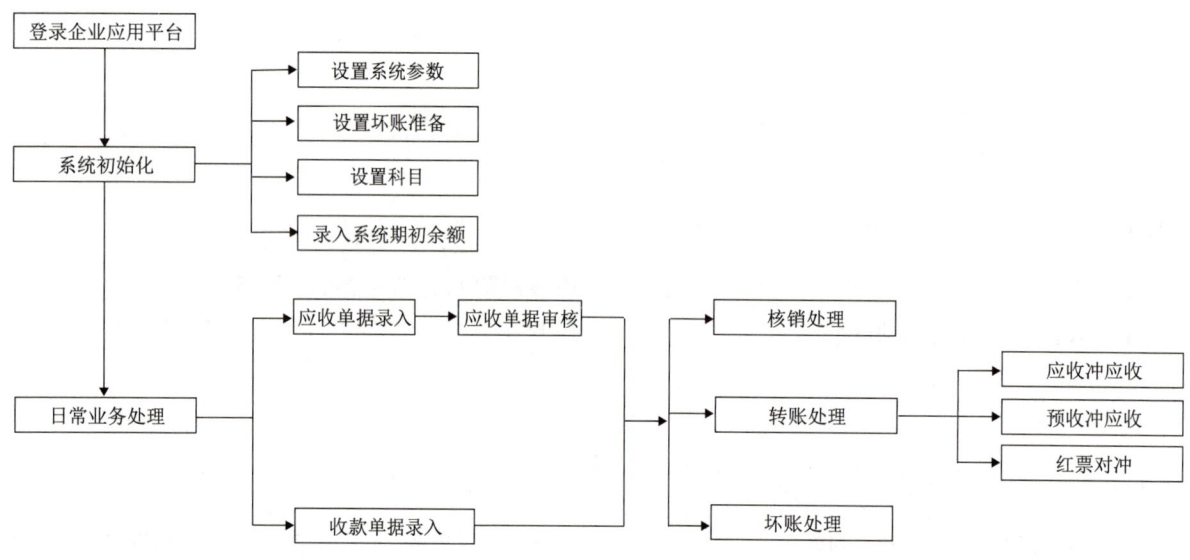

图 3-1　应收款管理系统流程

应收款管理系统主要用于核算管理单位与客户之间的往来款项。在应收款管理系统中，以销售发票、其他应收单、收款单等原始单据为依据，对企业的往来账款进行综合管理，及时、准确地提供客户的往来账款余额资料，提供各种分析报表，如账龄分析表、周转分析表、欠款分析表、坏账分析表、回款分析表、情况分析表等。通过各种分析报表，可以帮助软件使用者合理地进行资金的调配，提高资金的利用效率。

3.1.2　应收款管理系统参数设置

【情景 3-1】根据表 3-1 的信息设置应收款管理系统参数。

表 3-1　应收款管理系统参数

项目	参数设置	
常规	应收单据审核日期	业务日期
	坏账处理方式	应收余额百分比法
	自动计算现金折扣	是
	其他采用系统默认值	
凭证	受控科目制单方式	明细到客户
	月结前全部生成凭证	否
	核销生成凭证	是

续表

项目	参数设置	
凭证	其他采用系统默认值	
权限与预警	控制操作员权限	否
	其他采用系统默认值	
核销设置	应收款核销方式	按单据
	其他采用系统默认值	

在用友 U8⁺企业应用平台，依次选择【业务导航】→【财务会计】→【应收款管理】→【设置】进入账套参数设置选项。设置应收账款参数的具体操作过程如图 3-2 至图 3-5 所示。

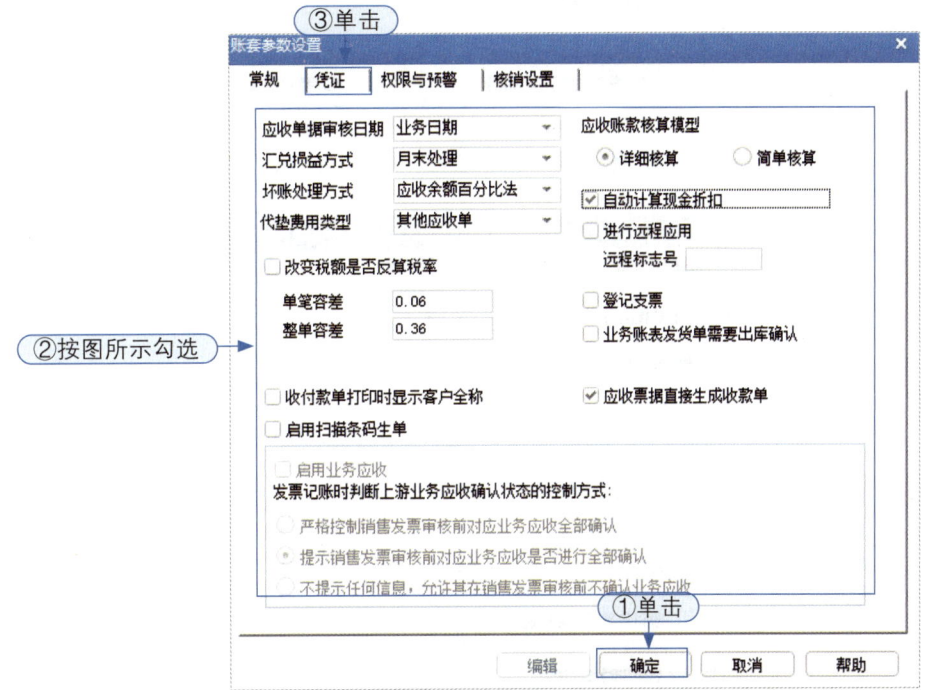

图 3-2　常规设置页面

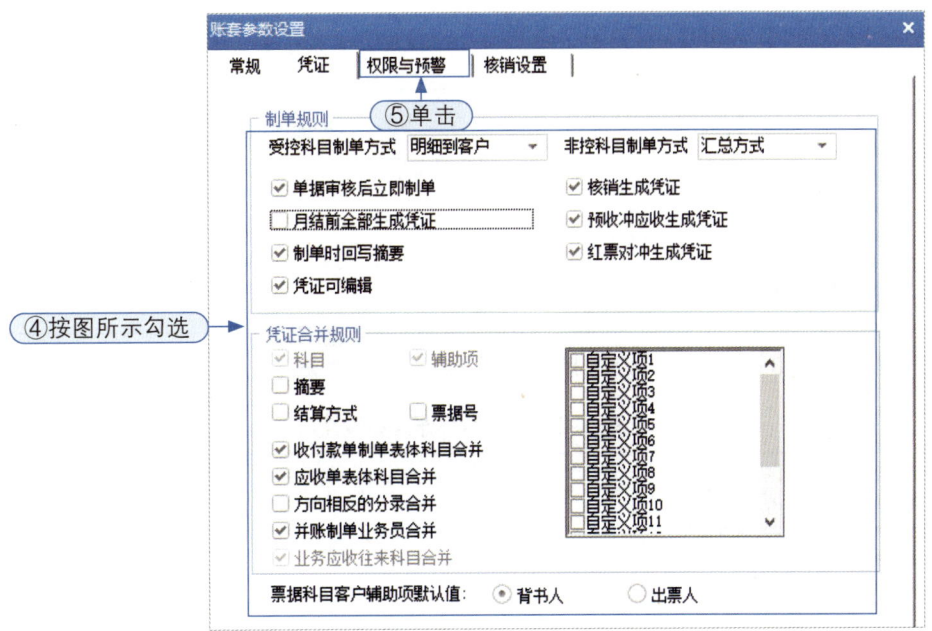

图 3-3　凭证设置页面

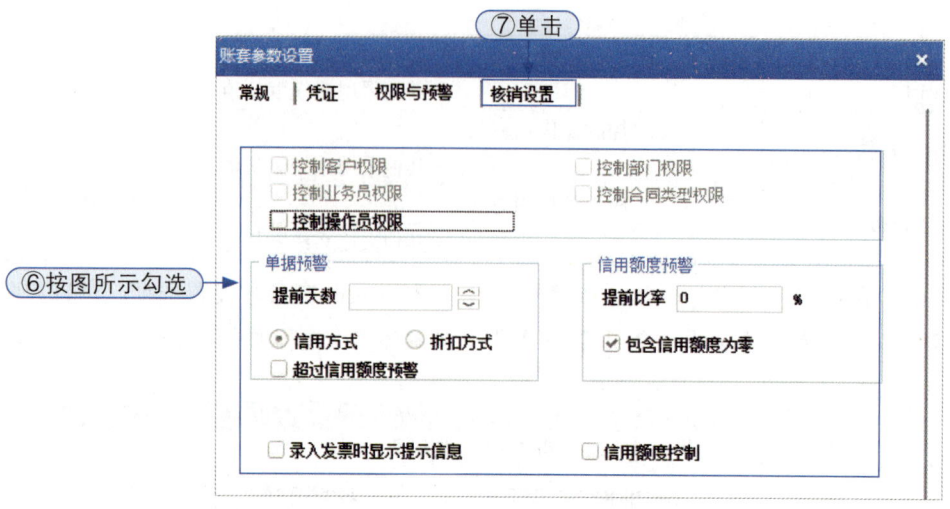

图 3-4　权限与预警设置页面

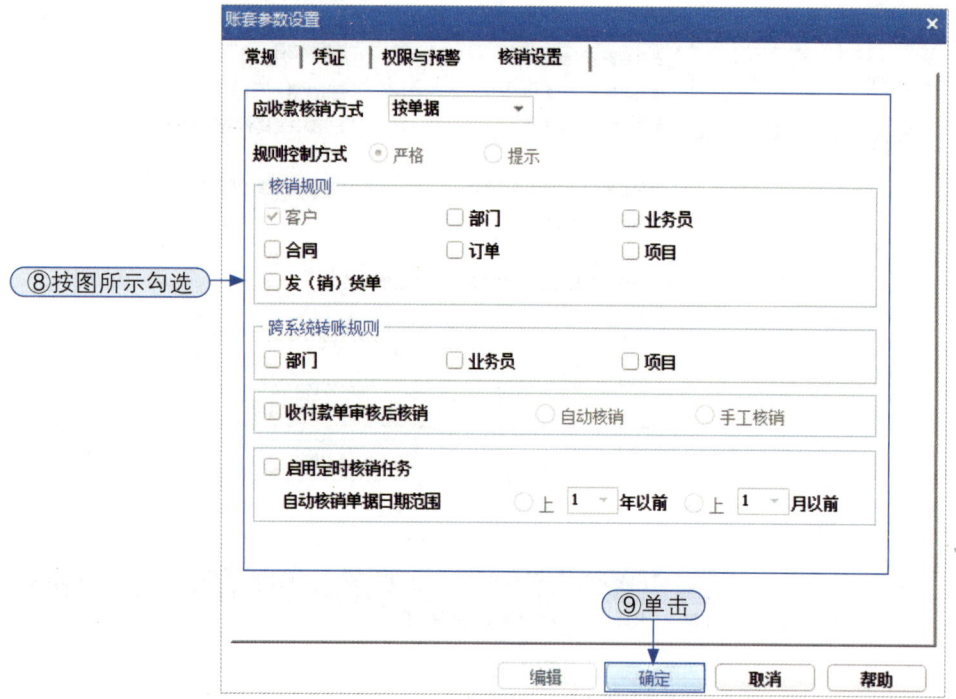

图 3-5　核销设置页面

3.1.3　坏账准备初始设置

【情景 3-2】根据表 3-2 的信息对应收款坏账准备进行初始设置。

表 3-2　应收款坏账准备设置

选项卡	初始设置
提取比率	3%
坏账准备期初余额	1000
坏账准备科目	坏账准备
对方科目	信用减值损失

在用友 U8⁺企业应用平台，依次选择【业务导航】→【财务会计】→【应收款管理】→【设置】→【初设设置】选项。坏账准备初始设置的具体操作过程如图 3-6 所示。

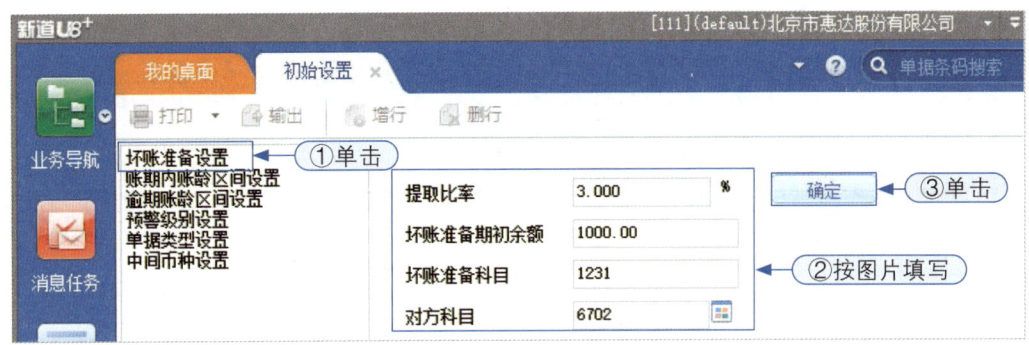

图 3-6　坏账准备设置页面

3.1.4　应收款科目的设置

【情景 3-3】根据表 3-3 至表 3-5 的信息设置应收款科目。

表 3-3　基本科目设置

	基本科目种类	科目	币种
基本科目	应收科目	1122	人民币
	预收科目	2203	人民币
	税金科目	22210105	人民币
	银行承兑科目	1121	人民币
	商业承兑科目	1121	人民币
	现金折扣科目	660303	人民币
	票据利息科目	660301	人民币

表 3-4　对方科目设置

	存货名称	销售收入、退回科目	应交增值税科目
对方科目	面包	600101	22210105
	蛋糕	600102	22210105

表 3-5　结算方式科目设置

	结算方式	币种	科目
结算方式科目	现金支票	人民币	100201
	转账支票	人民币	100201
	电汇	人民币	100201

操作方法如下：

（1）设置应收基本科目。

在用友 U8⁺企业应用平台，依次选择【业务导航】→【财务会计】→【应收款管理】→【科目设置】→【应收基本科目】选项。设置应收基本科目的具体操作过程如图 3-7 所示。

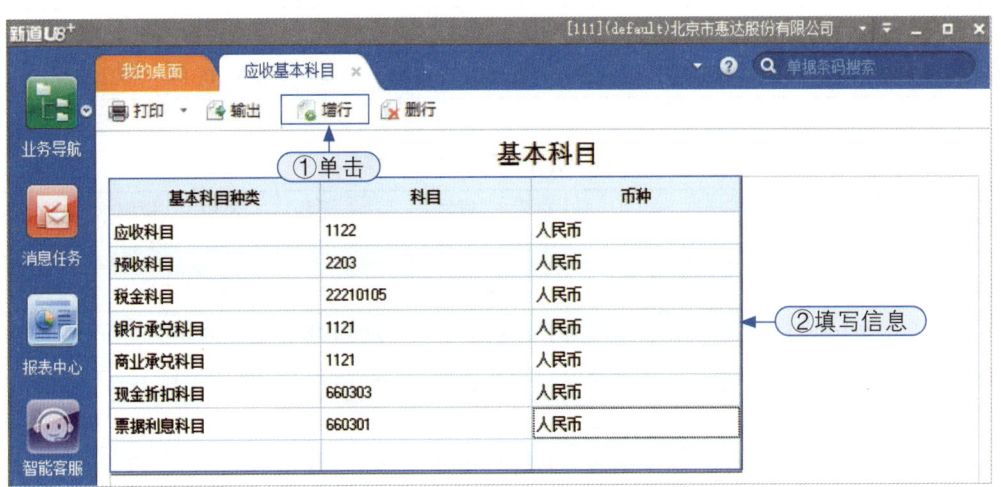

图 3-7　设置应收基本科目页面

(2) 设置应收对方科目。

在 U8⁺企业应用平台，依次选择【业务导航】→【财务会计】→【应收款管理】→【科目设置】→【对方科目】选项。设置应收对方科目的具体操作过程如图 3-8 所示。

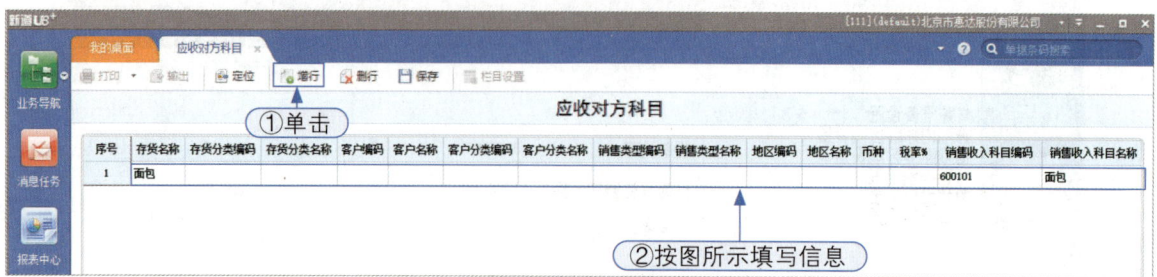

图 3-8　设置应收对方科目页面

(3) 设置应收结算科目。

在用友 U8⁺企业应用平台，依次选择【业务导航】→【财务会计】→【应收款管理】→【科目设置】→【结算科目】选项。设置应收结算科目的具体操作过程如图 3-9 所示。

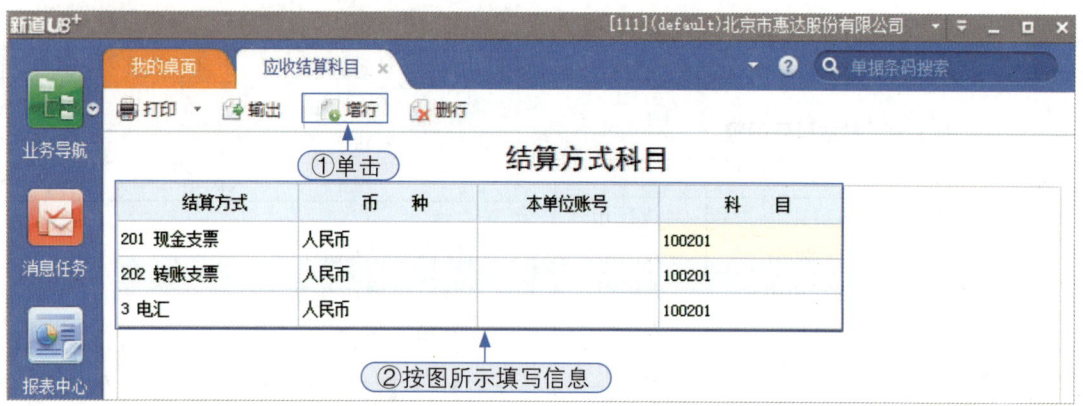

图 3-9　设置应收结算科目页面

3.1.5　应收款期初余额的设置

【情景 3-4】根据表 3-6 至表 3-8 的信息设置应收款期初余额。

表 3-6　应收票据期初余额资料

单据类型	票据编号	摘要	客户	业务员	票据面值	签发日期	收到日期	到期日	科目
商业汇票	6008	应收票据	大兴公司	杨娜	56 500.0	2021-10-14	2021-10-14	2021-12-13	1121

表 3-7　应收款期初余额资料

单据名称	开票日期	客户名称	业务员	科目编码	货物名称	数量	无税单价	无税金额	税率(%)	价税合计	发票号
销售专用发票	2021-11-08	大兴公司	杨娜	1122	面包	100	300.0	30 000.0	13	33 900.0	3561
销售专用发票	2021-11-12	大兴公司	杨娜	1122	蛋糕	150	500.0	75 000.0	13	84 750.0	3620
销售专用发票	2021-11-16	红星公司	杨娜	1122	蛋糕	200	500.0	100 000.0	13	113 000.0	3487
销售专用发票	2021-11-22	红星公司	杨娜	1122	面包	430	300.0	129 000.0	13	145 770.0	6011
销售专用发票	2021-11-23	红星公司	杨娜	1122	面包	200	300.0	60 000.0	13	67 800.0	2207

表 3-8　预收账款期初余额资料

单据名称	单据类型	方向	日期	客户	业务员	结算方式	票据号	金额
预收款	收款单	正向	2021-11-01	红星公司	杨娜	电汇	3680	5 000.0

操作方法如下：

（1）应收票据期初余额。

在用友 U8⁺ 企业应用平台，依次选择【业务导航】→【财务会计】→【应收款管理】→【期初余额】选项。在查询页面单击【确定】按钮进入期初余额设置。应收票据期初余额设置的具体操作过程如图 3-10 至图 3-12 所示。

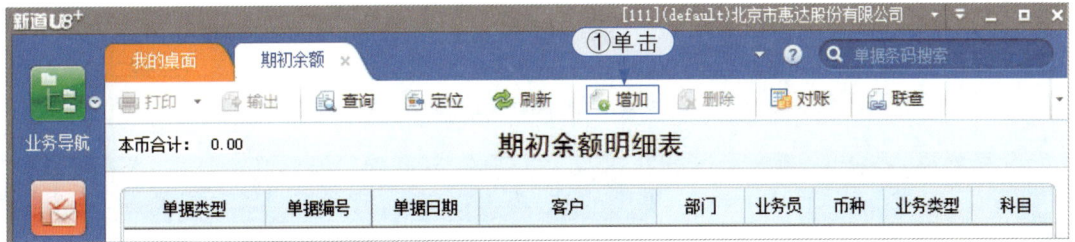

图 3-10　增加期初余额页面

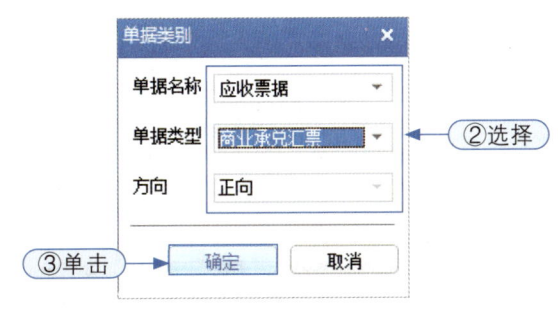

图 3-11　单据类别提示

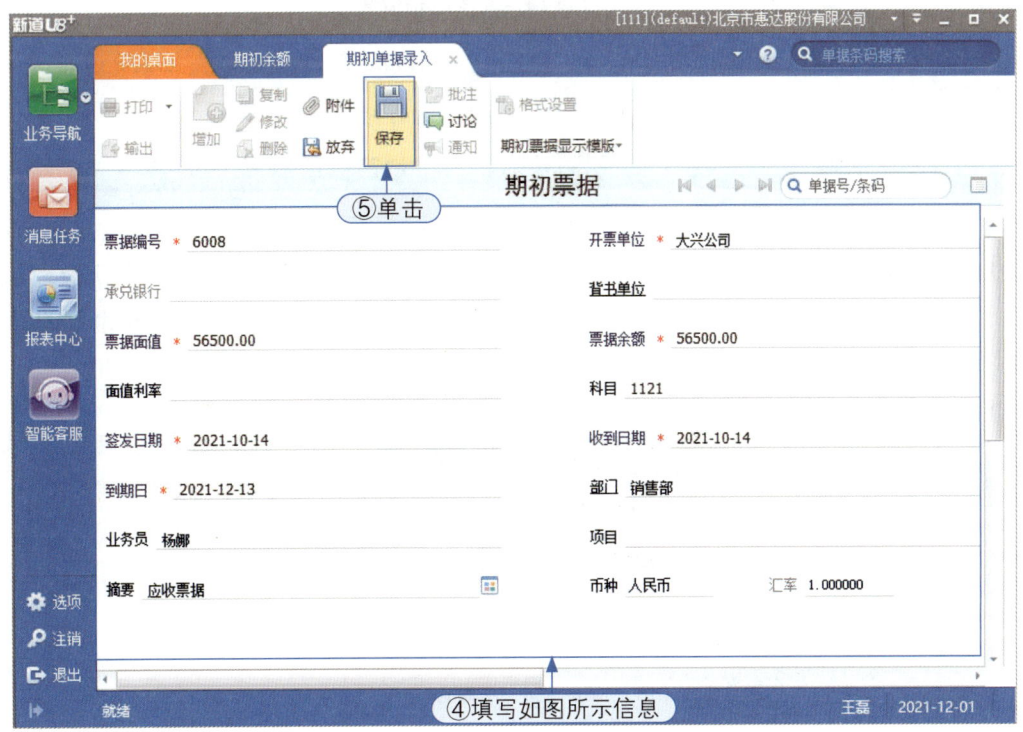

图 3-12　期初单据设置页面

(2)应收款期初余额。

在用友 U8⁺ 企业应用平台,依次选择【业务导航】→【财务会计】→【应收款管理】→【期初余额】选项。设置应收款期初余额的具体操作过程如图 3-13、图 3-14 所示。

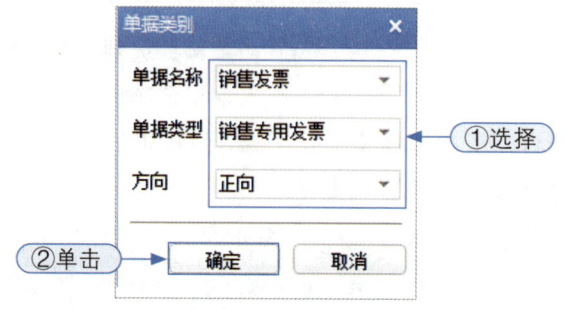

图 3-13　单据类别提示

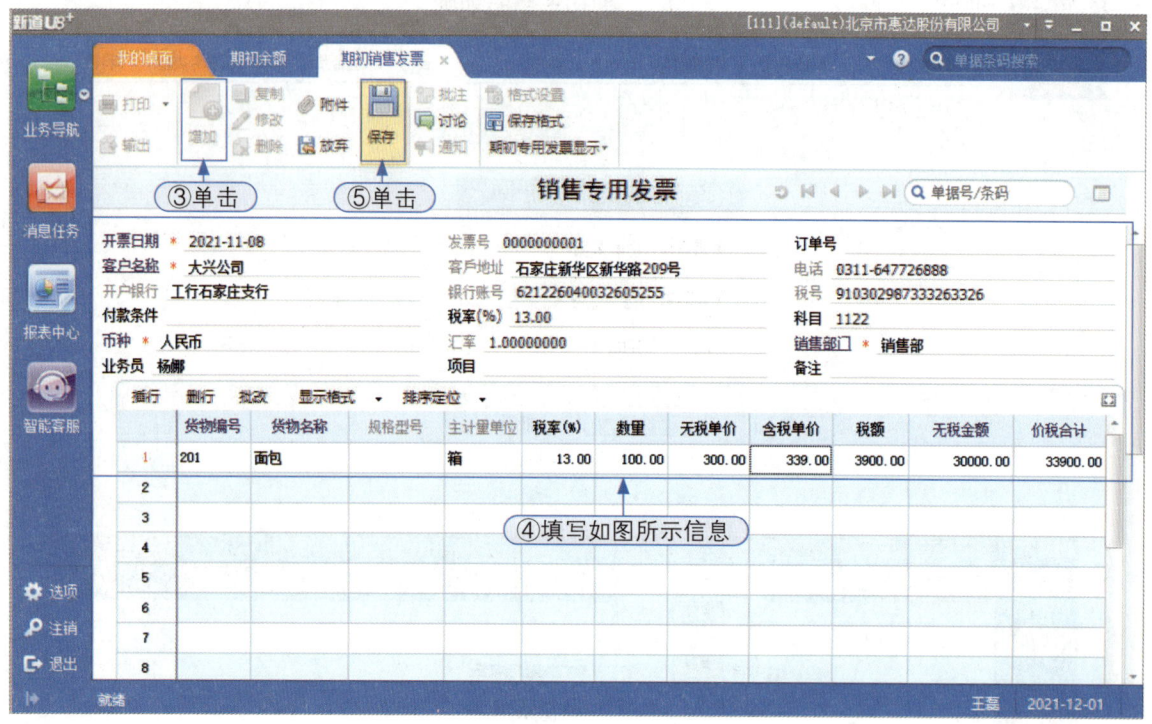

图 3-14　销售专用发票设置页面

其他应收款期初余额设置的具体操作过程同上。

(3)预收款期初余额。

在用友 U8⁺ 企业应用平台,依次选择【业务导航】→【财务会计】→【应收款管理】→【期初余额】选项。设置预收款期初余额的具体操作过程如图 3-15、图 3-16 所示。

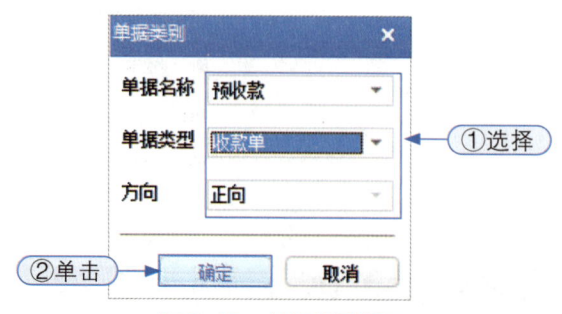

图 3-15　单据类别提示

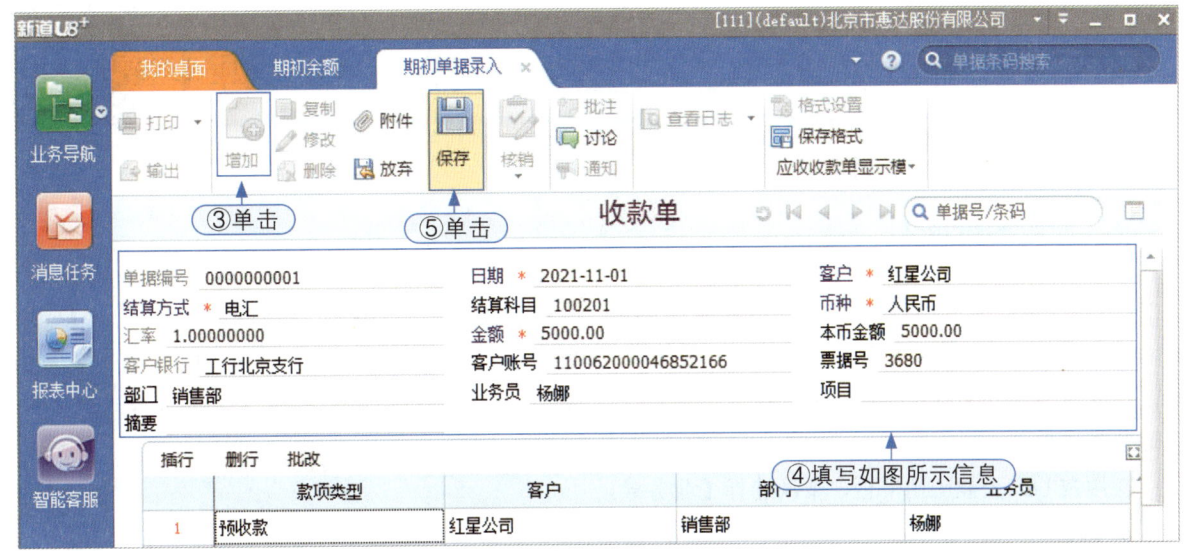

图 3-16 收款单设置页面

(4) 与总账对账。

在用友 U8⁺企业应用平台，依次选择【业务导航】→【财务会计】→【应收款管理】→【期初余额】选项。在菜单栏单击【对账】按钮，与总账对账的具体操作过程如图 3-17、图 3-18 所示。

图 3-17 期初余额明细页面

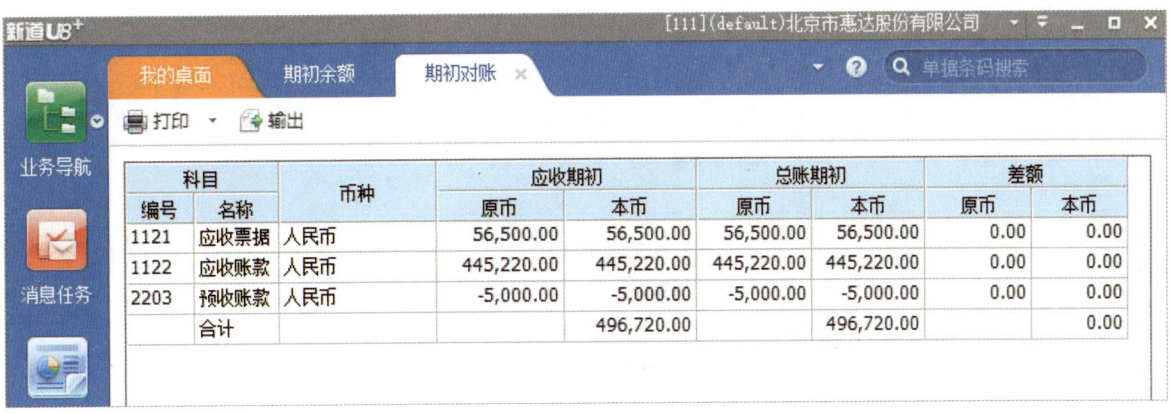

图 3-18 与总账对账页面

任务 3.2 应收款管理系统日常业务处理

3.2.1 应收单据录入

【情景 3-5】11 日，向大兴公司销售面包 500 箱，无税单价 300 元，增值税税率 13%，货已发出，以现金代垫运费 1 000 元，款未收回。填写代垫运费的应收单。

在用友 U8+企业应用平台，依次选择【业务导航】→【财务会计】→【应收款管理】→【应收处理】→【应收单录入】选项。应收单录入及审核的具体操作过程如图 3-19 至图 3-21 所示。

图 3-19　应收单录入页面

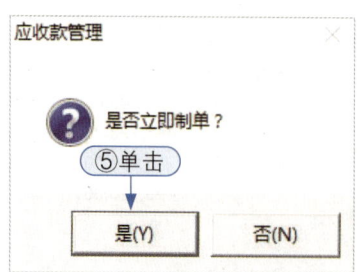

图 3-20　是否立即制单提示

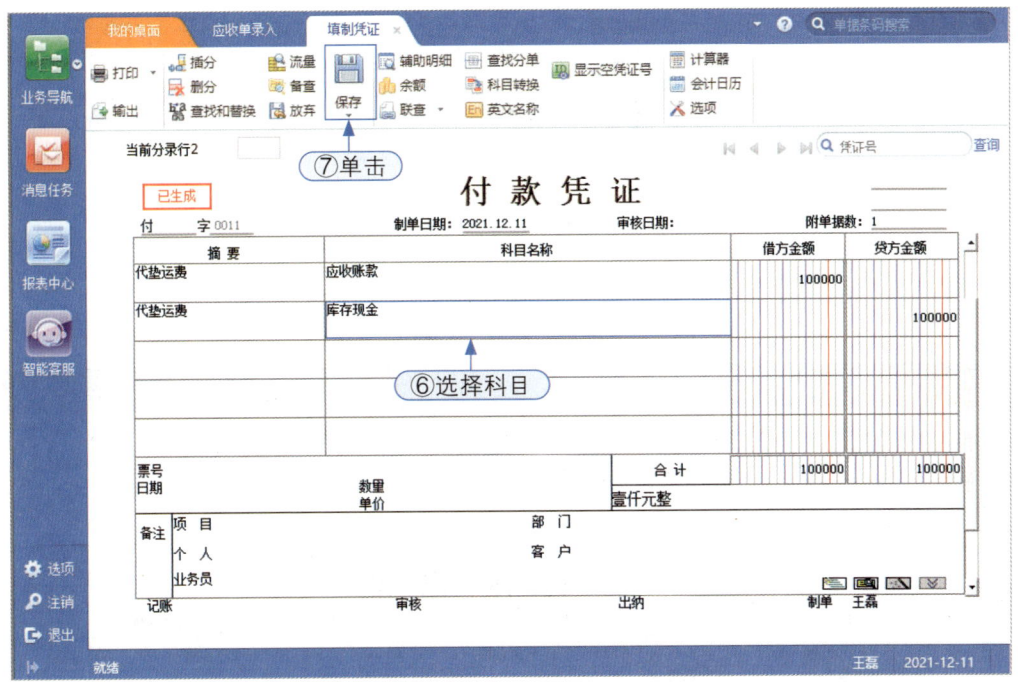

图 3-21　付款凭证生成页面

应收款生成凭证的操作方法有两种，上述操作运用的是直接审核生成凭证。还有一种方法是在用友 U8⁺企业应用平台，依次选择【业务导航】→【财务会计】→【应收款管理】→【凭证处理】→【生成凭证】选项，进行凭证的生成。

3.2.2　销售专用发票录入

【情景 3-6】接【情景 3-5】所示内容填写销售专用发票。

在用友 U8⁺企业应用平台，依次选择【业务导航】→【财务会计】→【应收款管理】→【销售发票】→【销售专用发票录入】选项。录入销售专用发票信息的具体操作过程如图 3-22 至图 3-24 所示。

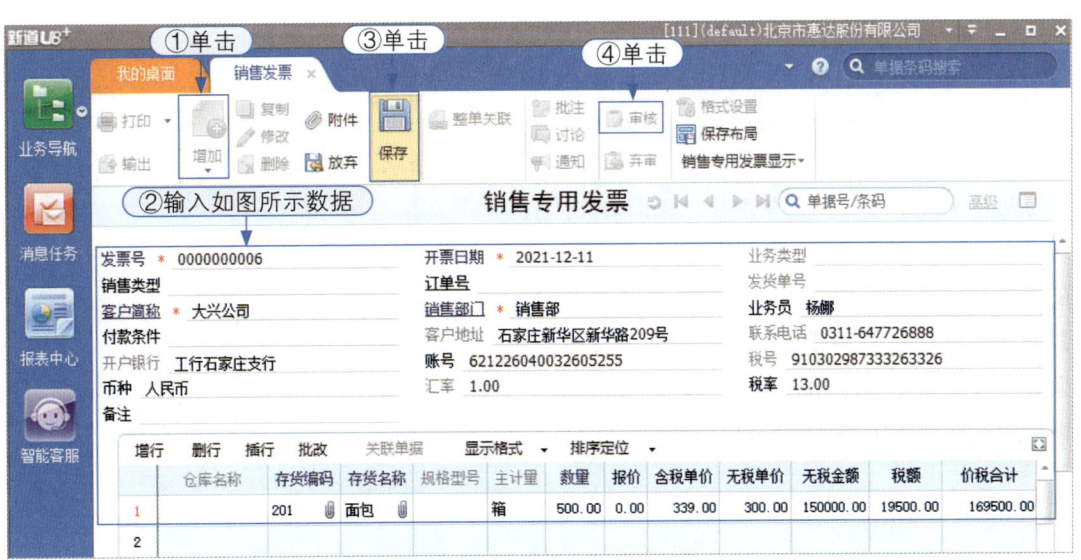

图 3-22　销售专用发票录入页面

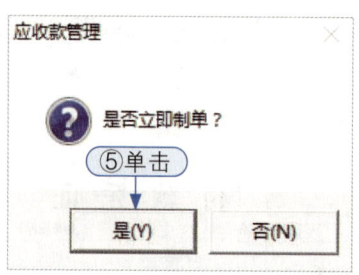

图 3-23 是否立即制单提示

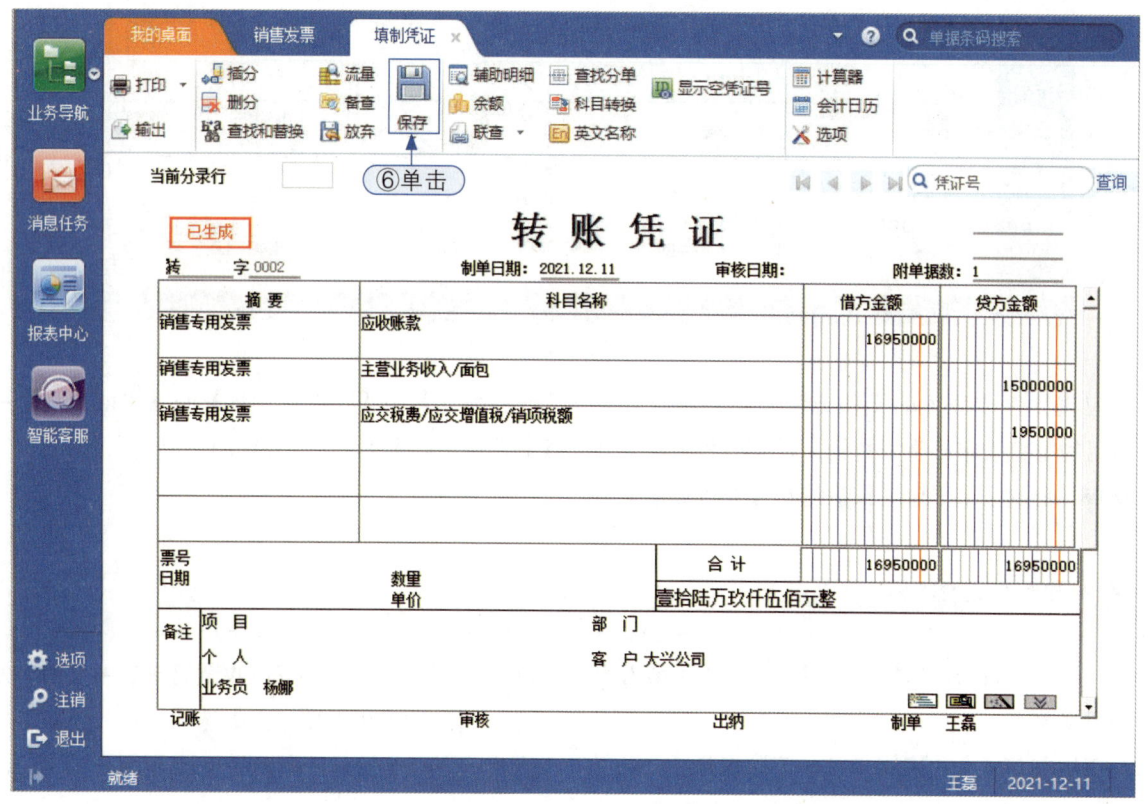

图 3-24 转账凭证生成页面

3.2.3 红字销售专用发票录入

【情景 3-7】12 日，大兴公司发现 11 月 8 日购买的面包质量要求与实际货物不符，提出退货，开具红字专用发票。

在用友 U8⁺ 企业应用平台，依次选择【业务导航】→【财务会计】→【应收款管理】→【销售发票】→【红字销售专用发票录入】选项。红字销售专用发票录入的具体操作过程如图 3-25 至图 3-27 所示。

> **注意**
>
> 在红字销售专用发票录入时，数量需要用负数表示，其他正常填写即可。

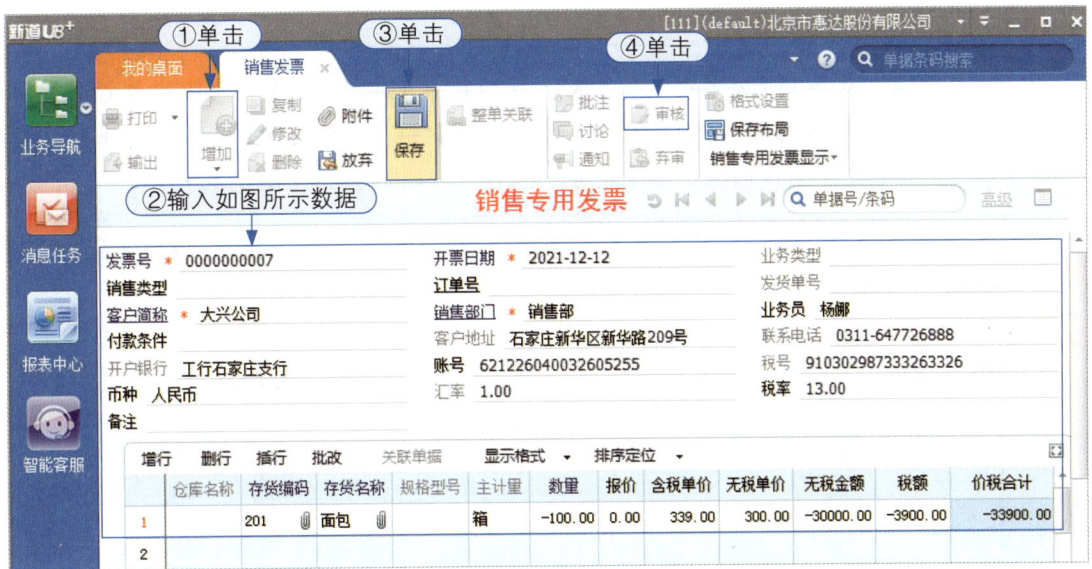

图 3-25　红字销售专用发票录入页面

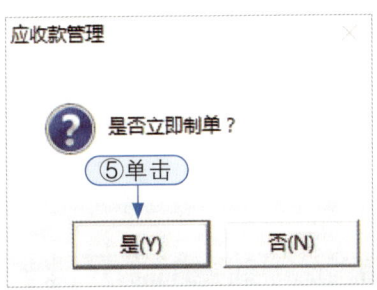

图 3-26　是否立即制单提示

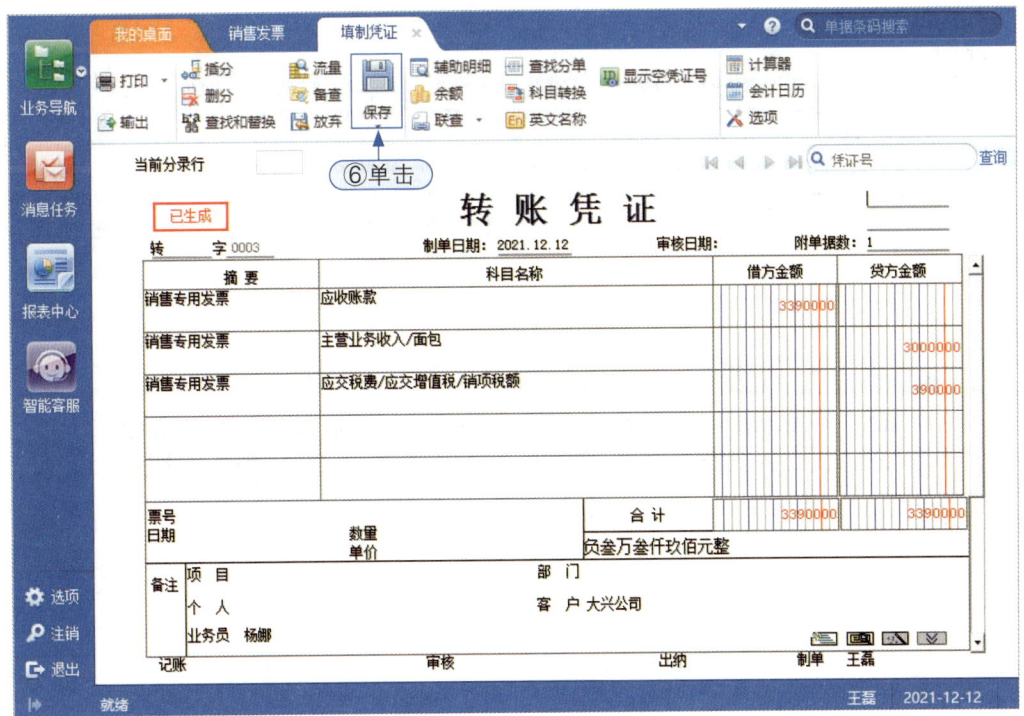

图 3-27　转账凭证生成页面

3.2.4 选择收款

【情景3-8】12日，收到大兴公司以电汇方式（票号：3250）支付的11日销售款169 500元。

在用友U8⁺企业应用平台，依次选择【业务导航】→【财务会计】→【应收款管理】→【收款处理】→【选择收款】选项。选择收款的具体操作过程如图3-28至图3-30所示。

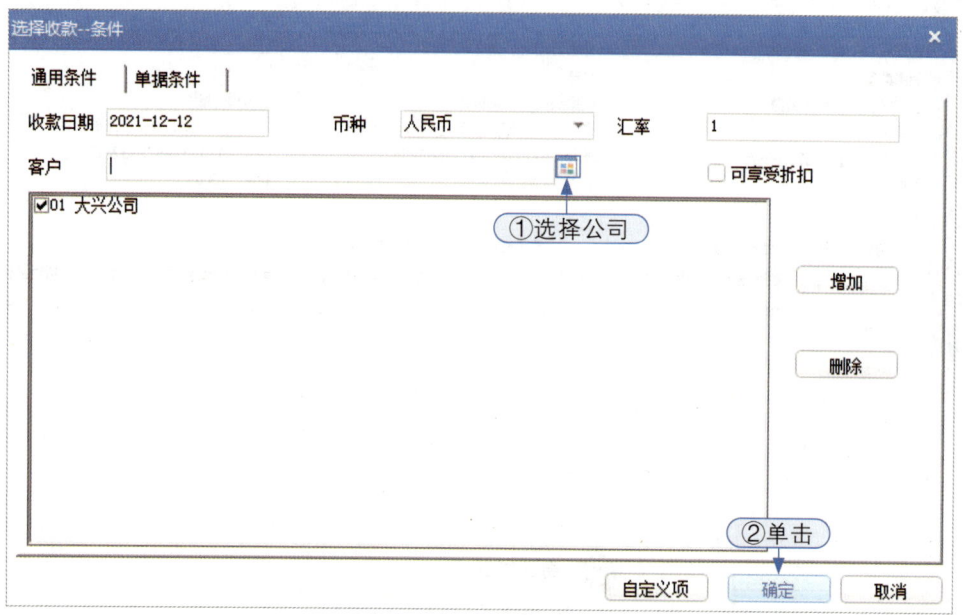

图3-28 选择收款条件页面

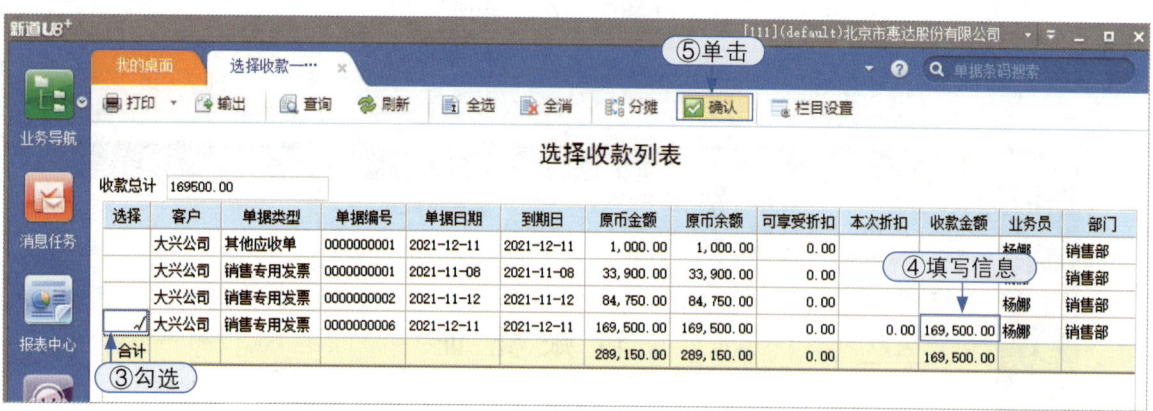

图3-29 选择收款列表页面

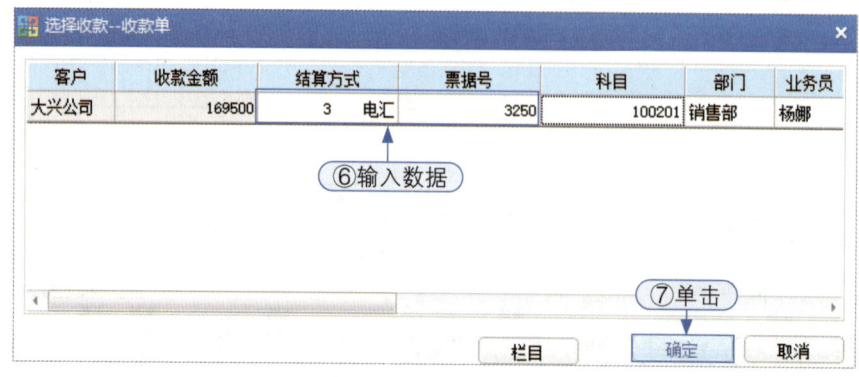

图3-30 填写收款单页面

收款单填写完成后,在用友 U8⁺企业应用平台,依次选择【业务导航】→【财务会计】→【应收款管理】→【凭证处理】→【生成凭证】选项。生成凭证的具体操作过程如图 3-31 至图 3-33 所示。

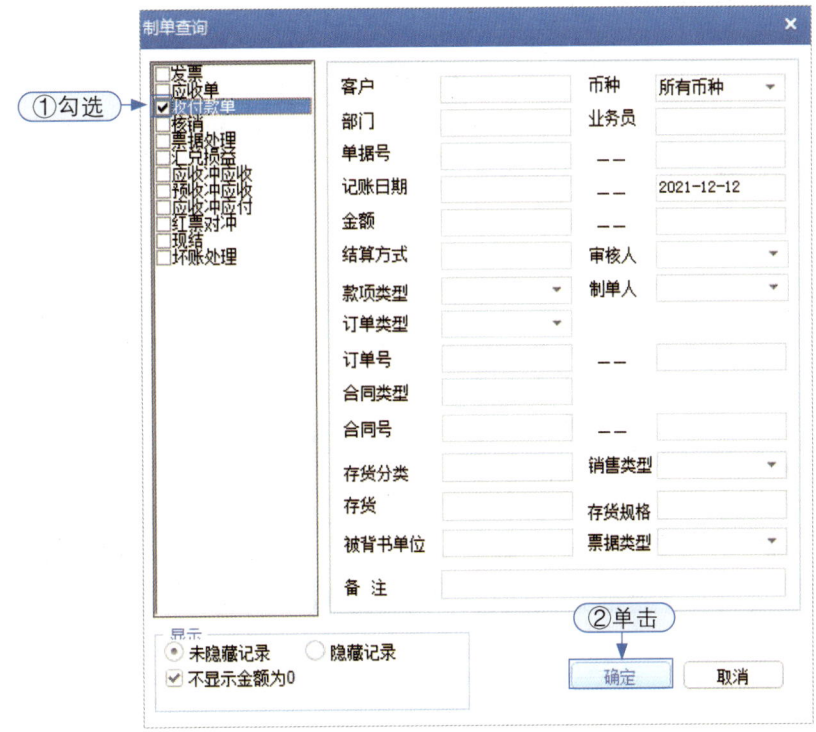

图 3-31　制单查询页面

图 3-32　收付款单列表页面

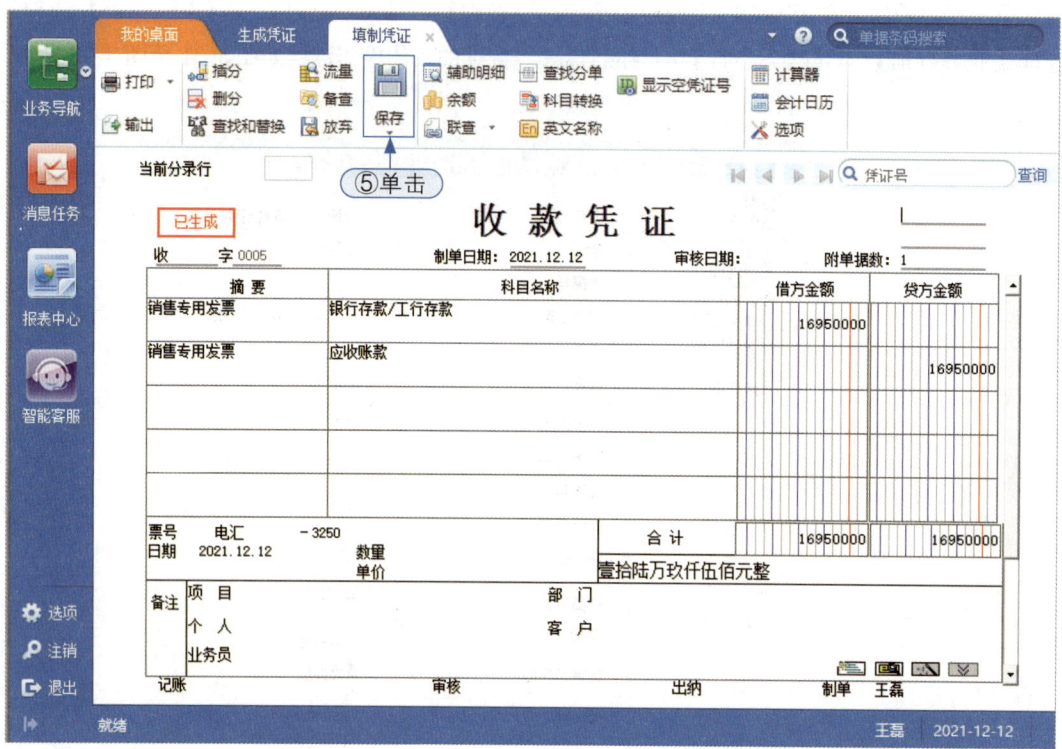

图 3-33 收款凭证生成页面

3.2.5 收款单据录入

【情景 3-9】13 日，填写 11 日代垫运费收款单。

在用友 U8⁺企业应用平台，依次选择【业务导航】→【财务会计】→【应收款管理】→【收款处理】→【收款单据录入】选项。录入收款单据的具体操作过程如图 3-34 至图 3-36 所示。

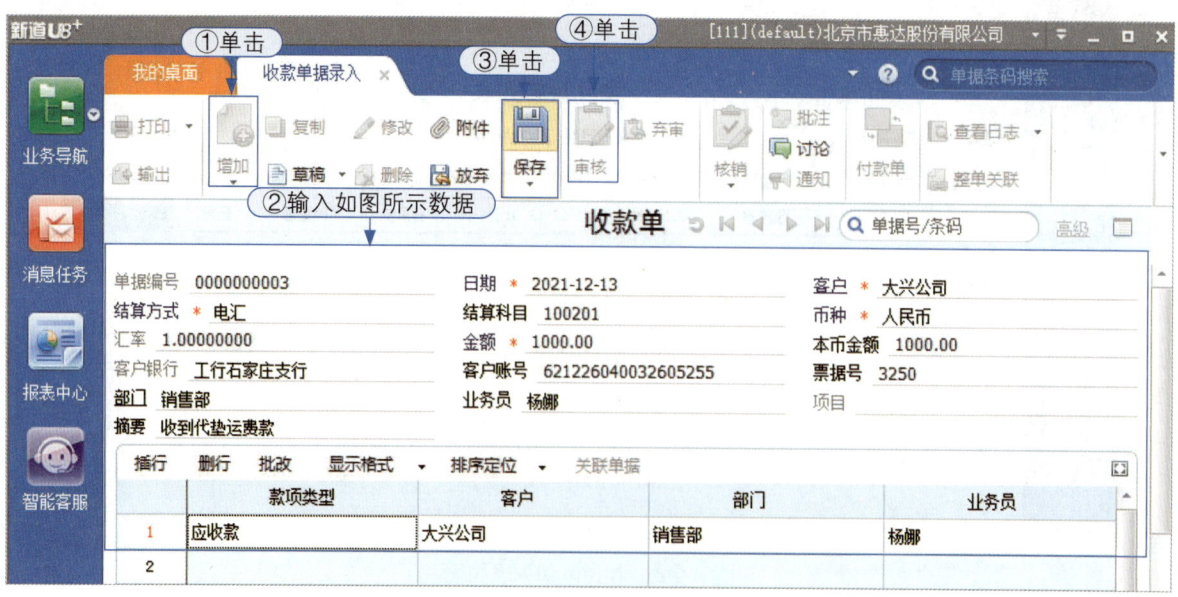

图 3-34 收款单据录入页面

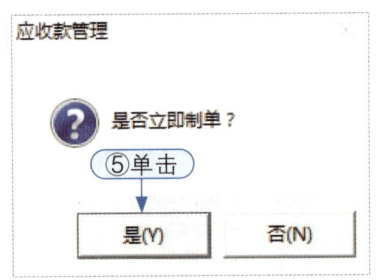

图 3-35　是否立即制单提示

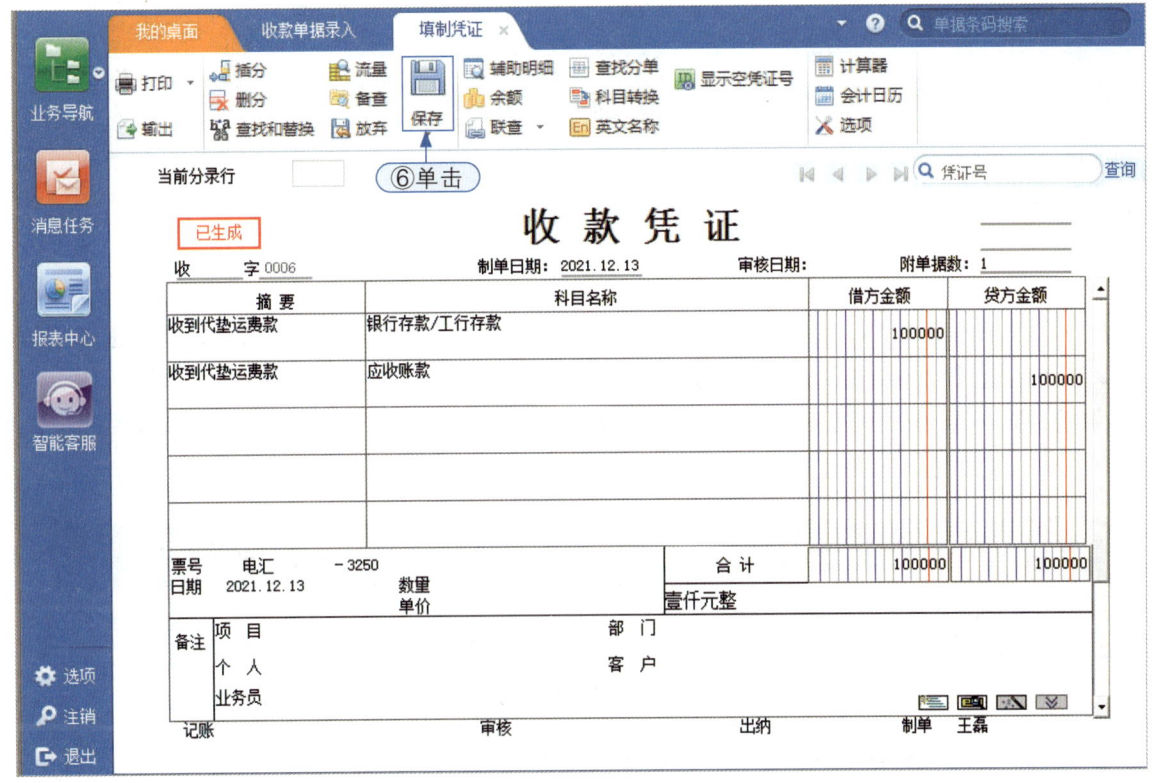

图 3-36　收款凭证生成页面

3.2.6　票据管理

【情景 3-10】13 日，收到大兴公司签发并承兑的商业承兑汇票一张（汇票号：6350），票面价值为 82 750 元，到期日为 2022 年 2 月 12 日，用以抵付 11 月 12 日大兴公司应收款，结算方式为电汇。

在用友 U8⁺ 企业应用平台，依次选择【业务导航】→【财务会计】→【应收款管理】→【票据管理】→【应收票据录入】选项。录入商业汇票的具体操作过程如图 3-37 所示。

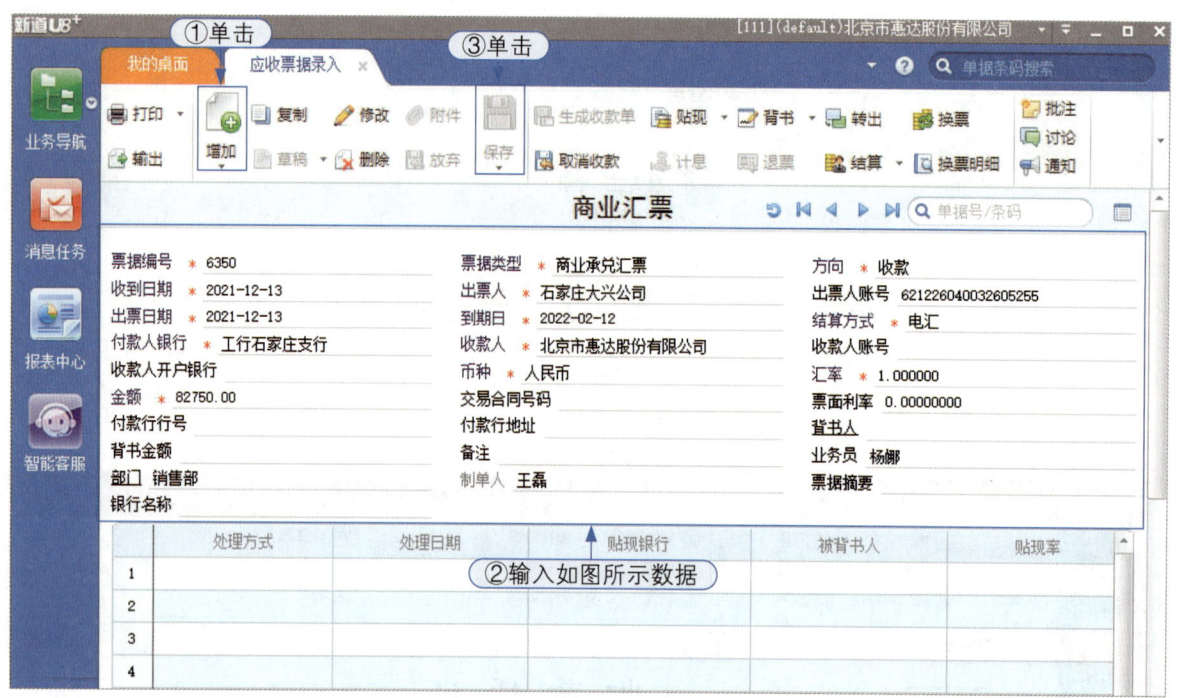

图 3-37　商业汇票录入页面

商业汇票录入完成后，在用友 U8⁺企业应用平台，依次选择【业务导航】→【财务会计】→【应收款管理】→【收款处理】→【收款单据审核】选项。在弹出的页面，单击【查询】按钮，在查询页面直接单击【确定】按钮，就会出现刚填制的商业汇票。

对商业汇票进行审核，具体操作过程如图 3-38 至图 3-41 所示。

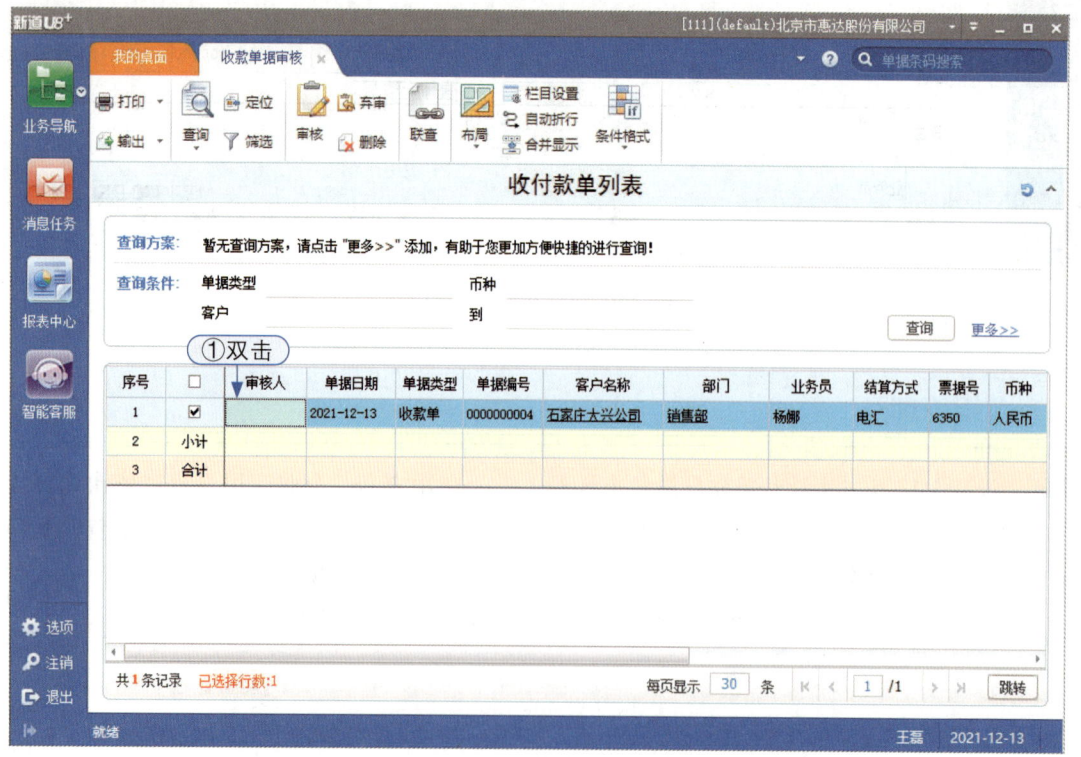

图 3-38　收付款单列表页面

项目 3　应收款管理系统

图 3-39　收款单审核页面

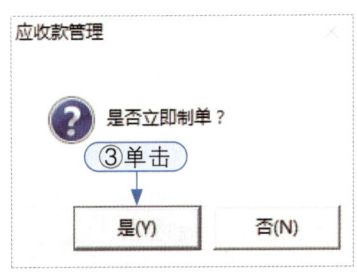

图 3-40　是否立即制单提示

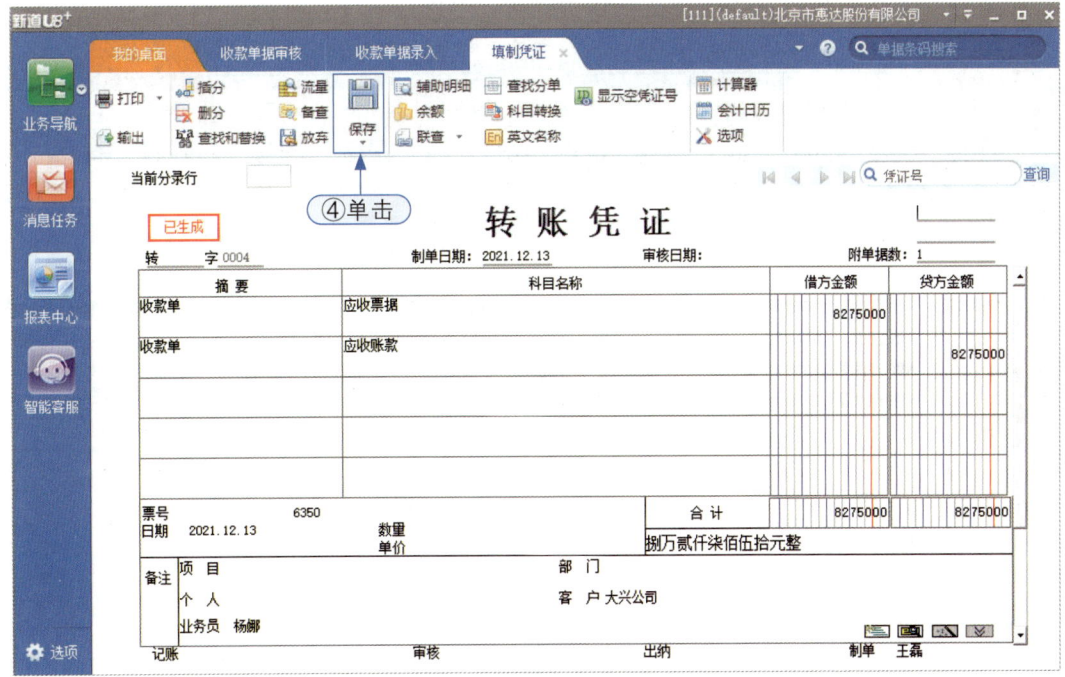

图 3-41　转账凭证生成页面

3.2.7　核销

【情景 3-11】13 日，对 11 日大兴公司代垫运费进行核销。

在用友 U8+ 企业应用平台，依次选择【业务导航】→【财务会计】→【应收款管理】→【核销处理】→【手工核销】选项。核销运费具体的操作过程如图 3-42、图 3-43 所示。

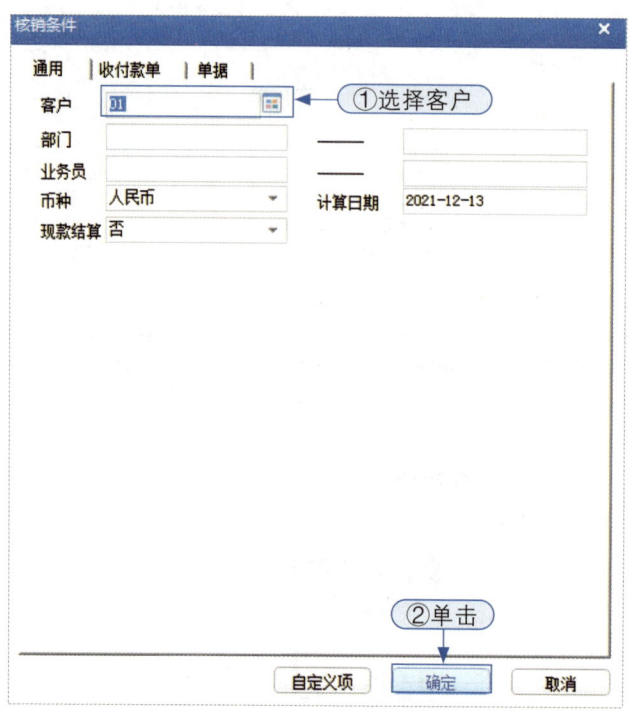

图 3-42　核销条件页面

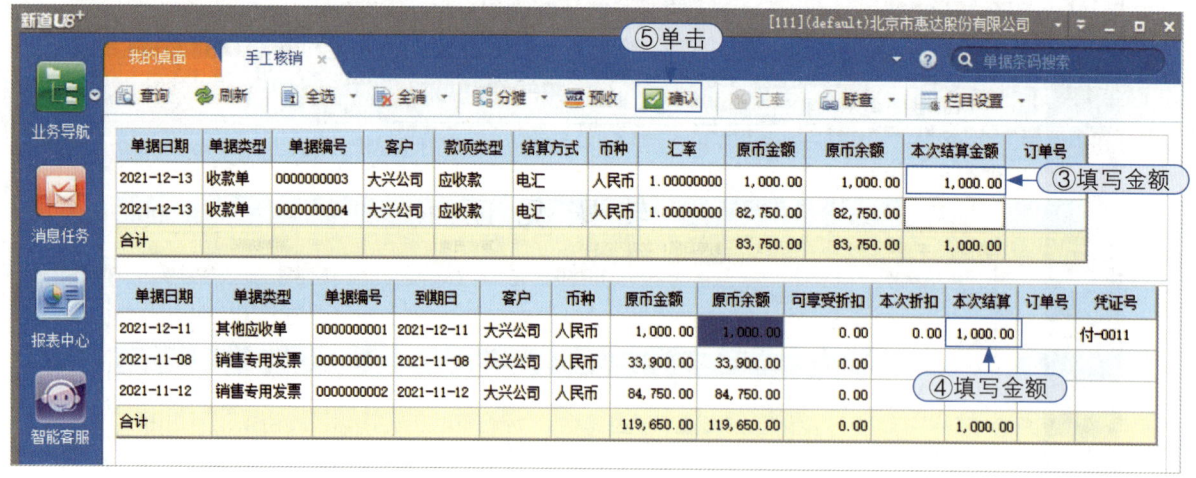

图 3-43　填写核销金额页面

3.2.8　转账处理

操作方法如下。

（1）应收冲应收。

【情景 3-12】14 日，经协商将期初 16 日红星公司的应收账款转给大兴公司。

在用友 U8+ 企业应用平台，依次选择【业务导航】→【财务会计】→【应收款管理】→【转账】→【应收冲应收】选项。应收冲应收的具体操作步骤如图 3-44 至图 3-46 所示。

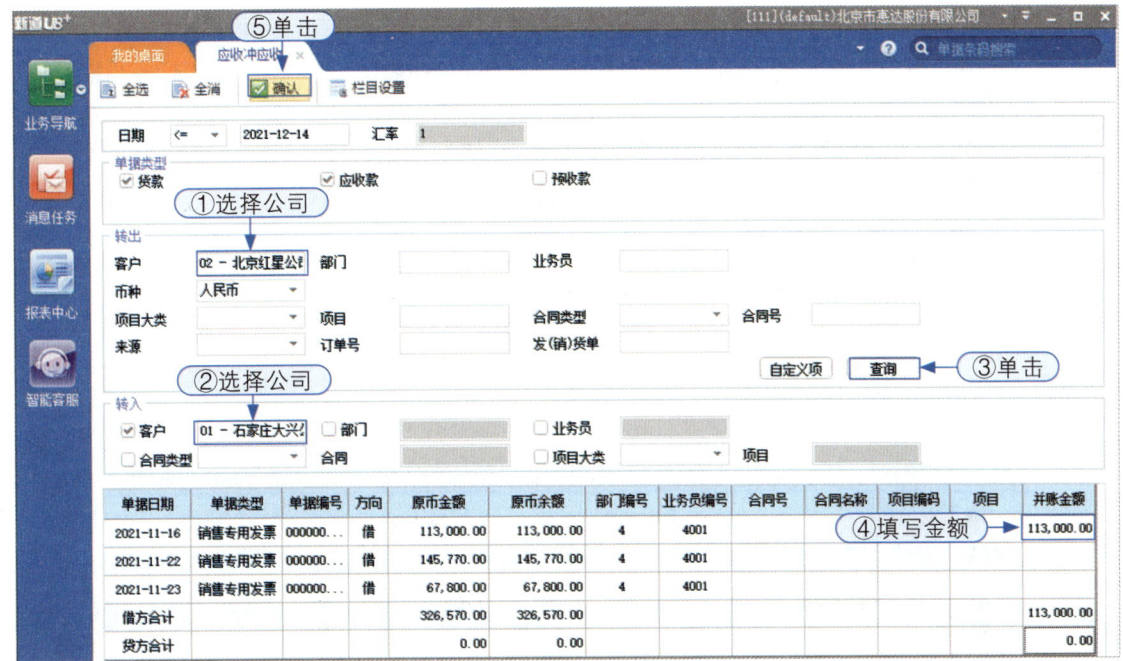

图 3-44 应收冲应收业务页面

在弹出的"是否立即制单"提示框单击【是】按钮。

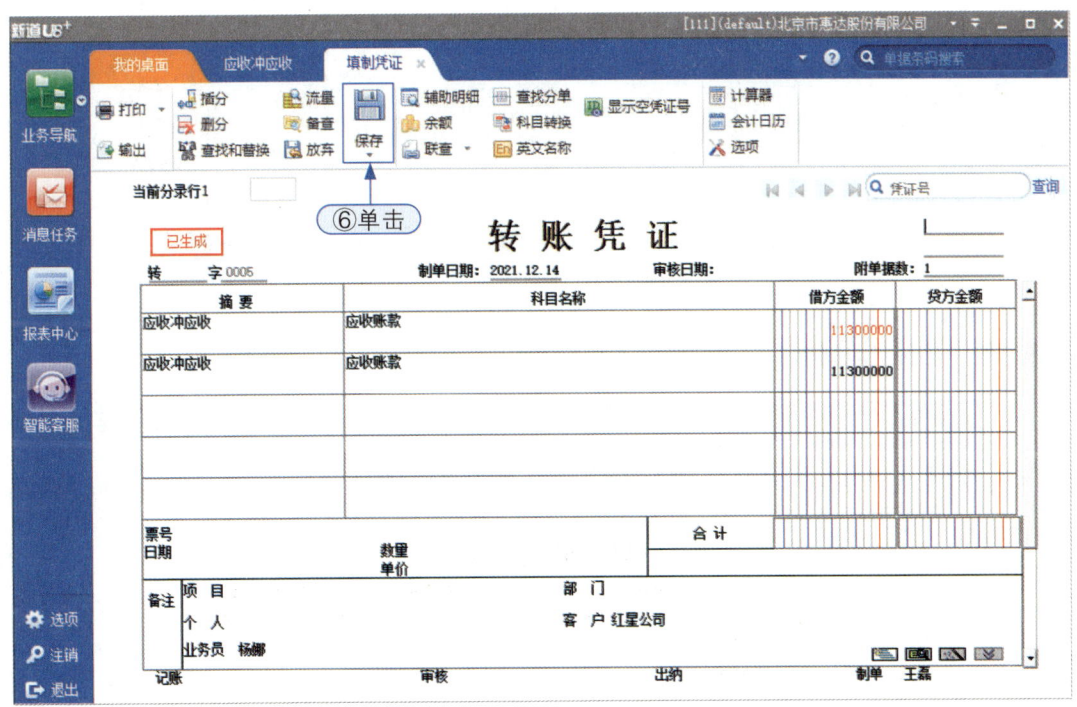

图 3-45 转账凭证生成页面

（2）预收冲应收。

【情景 3-13】14 日，红星公司销售蛋糕发货，共 200 箱，售价 500 元/箱。已预收 5 000 元，填写销售专用发票，将红星公司的应收款和预收款对冲。

①根据上述资料，先填写一张销售专用发票，具体操作过程如【情景 3-6】所示。

②预收冲应收，在用友 U8⁺企业应用平台，依次选择【业务导航】→【财务会计】→【应收款管理】→【转账】→【预收冲应收】选项。预收冲应收的具体操作过程如图 3-46 至图 3-49 所示。

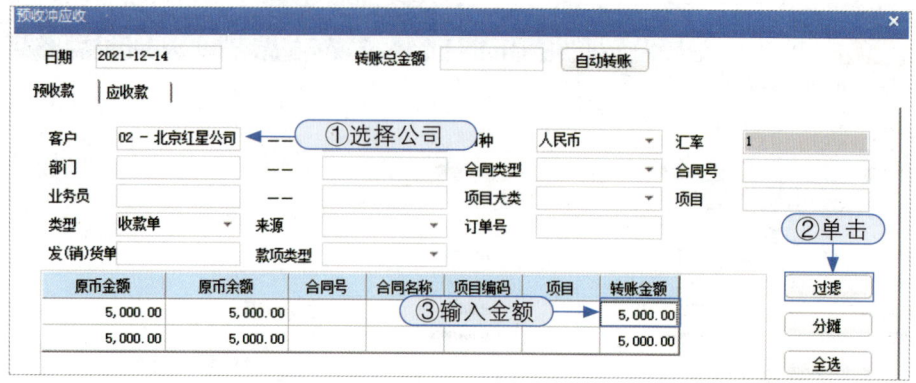

图 3-46 预收冲应收输入金额页面

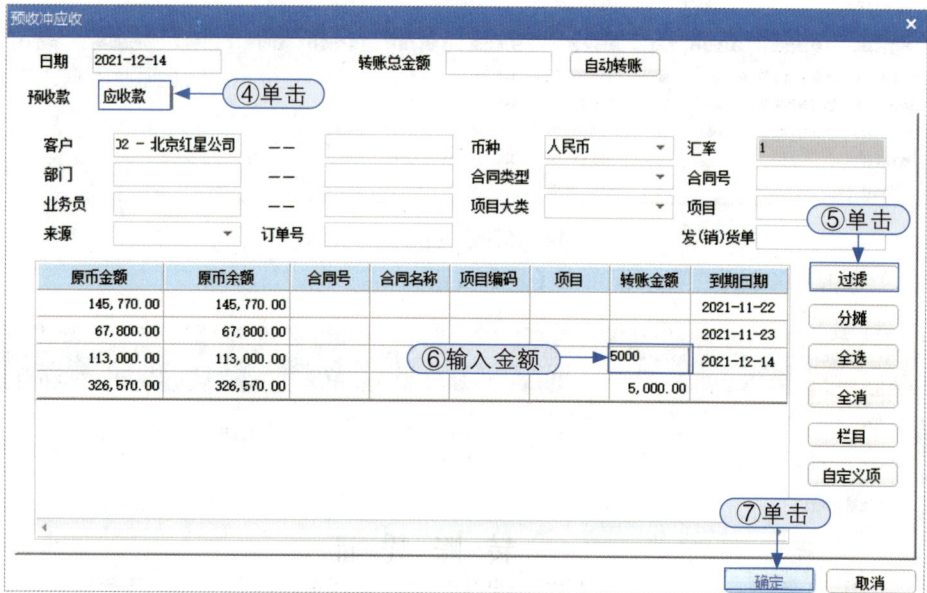

图 3-47 预收冲应收的应收款页面

在弹出的"是否立即制单"提示框单击【是】按钮。

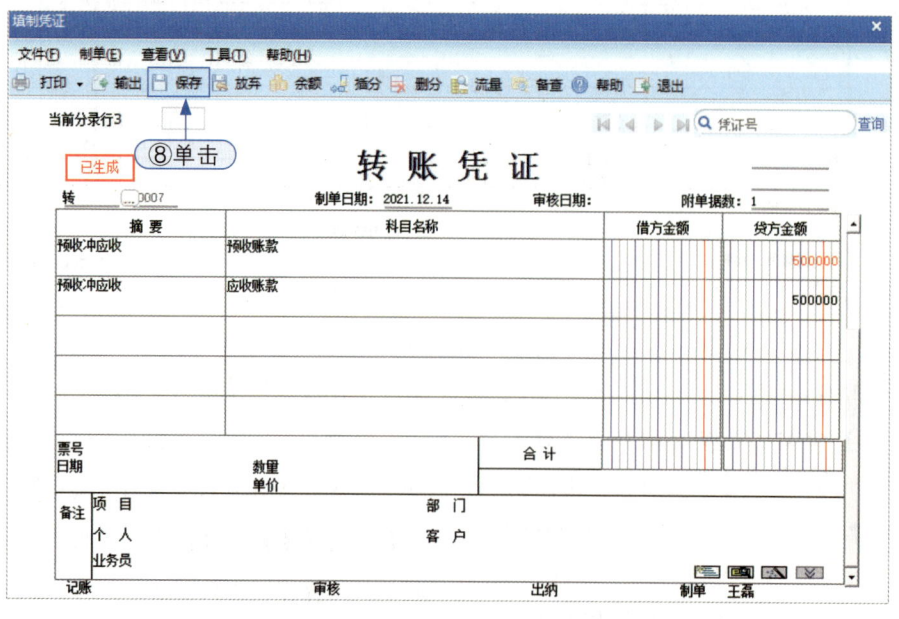

图 3-48 转账凭证生成页面

（3）应收冲应付。

【情景3-14】14日，将期初11月23日红星公司的应收款与11月14日唐山市鼎旺公司的应付款对冲。

在用友U8⁺企业应用平台，依次选择【业务导航】→【财务会计】→【应收款管理】→【转账】→【应收冲应付】选项。应收冲应付的具体操作过程如图3-49至图3-52所示。

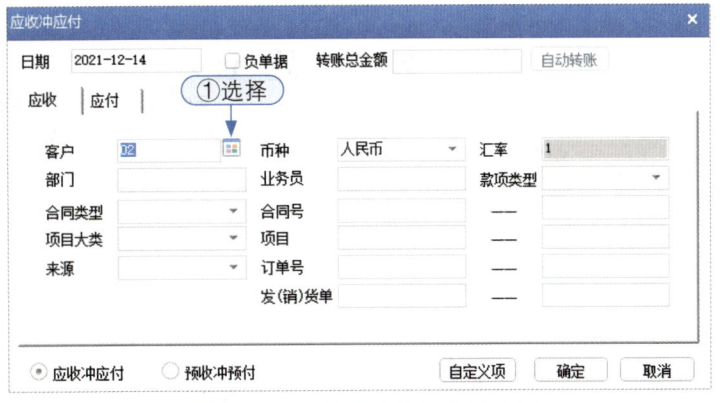

图3-49　应收冲应付的应收页面

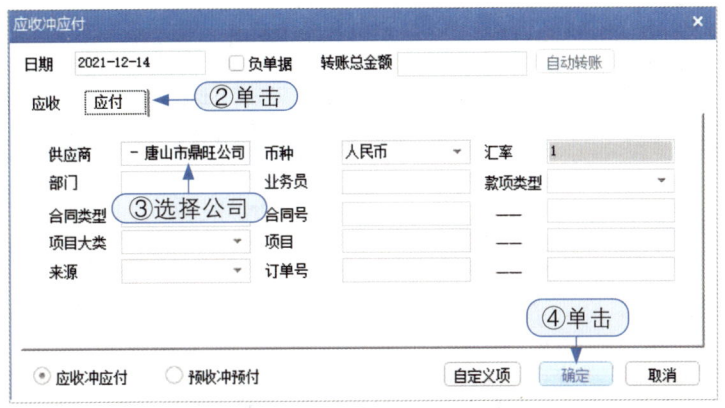

图3-50　应收冲应付的应付页面

图3-51　填写核销金额页面

在弹出的"是否立即制单"提示框单击【是】按钮。

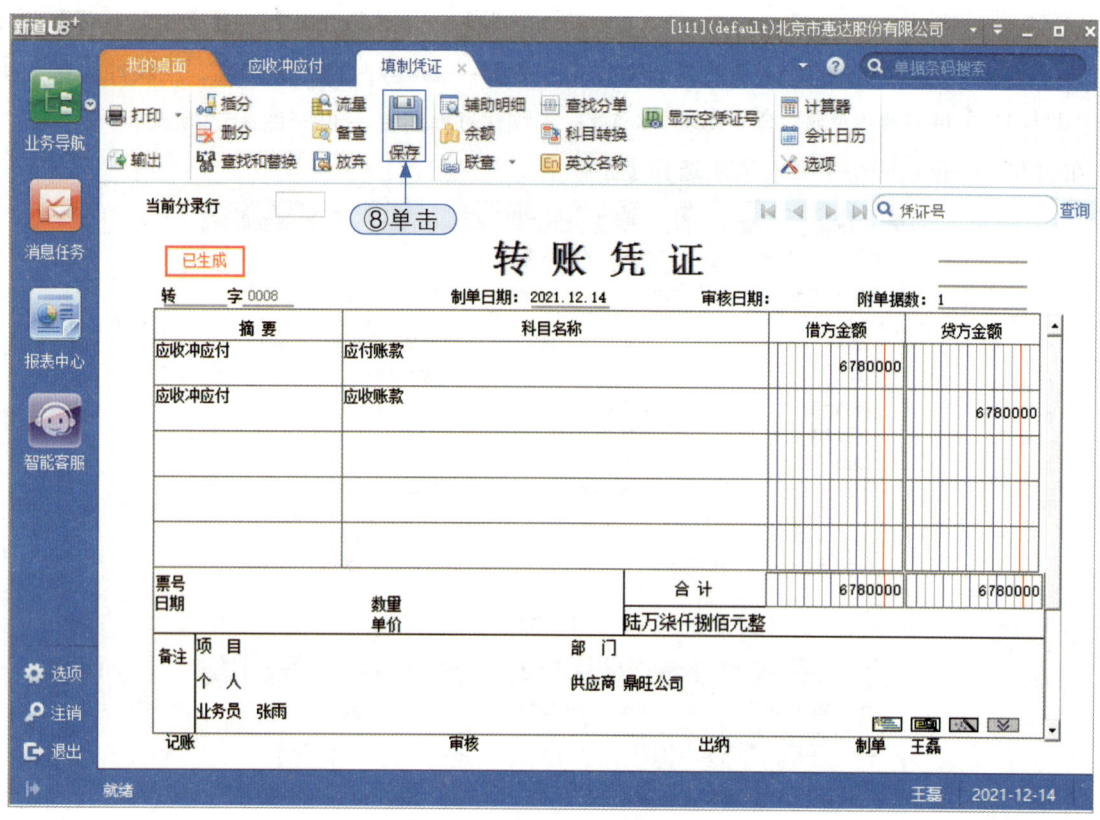

图 3-52　转账凭证生成页面

3.2.9　红票对冲

【情景3-15】14日，将大兴公司的红票对冲。

在用友 U8⁺企业应用平台，依次选择【业务导航】→【财务会计】→【应收款管理】→【转账】→【红票对冲】→【手工对冲】选项。红票对冲的具体操作过程如图3-53、图3-54所示。

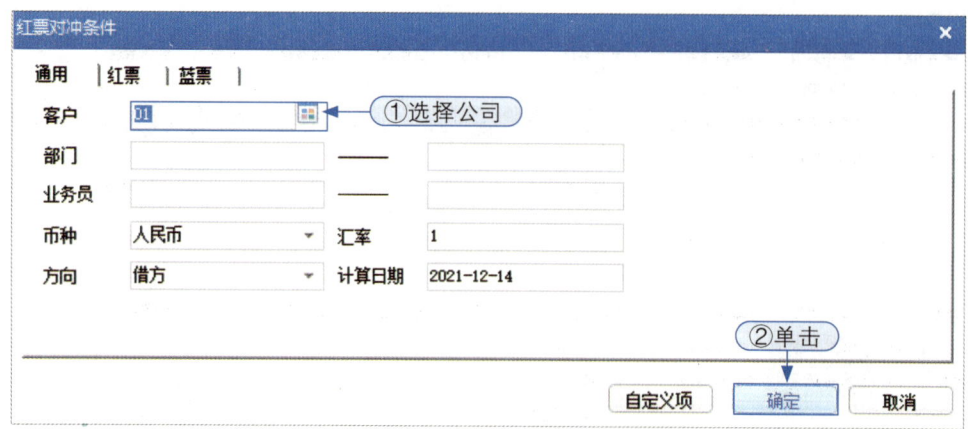

图 3-53　红票对冲条件页面

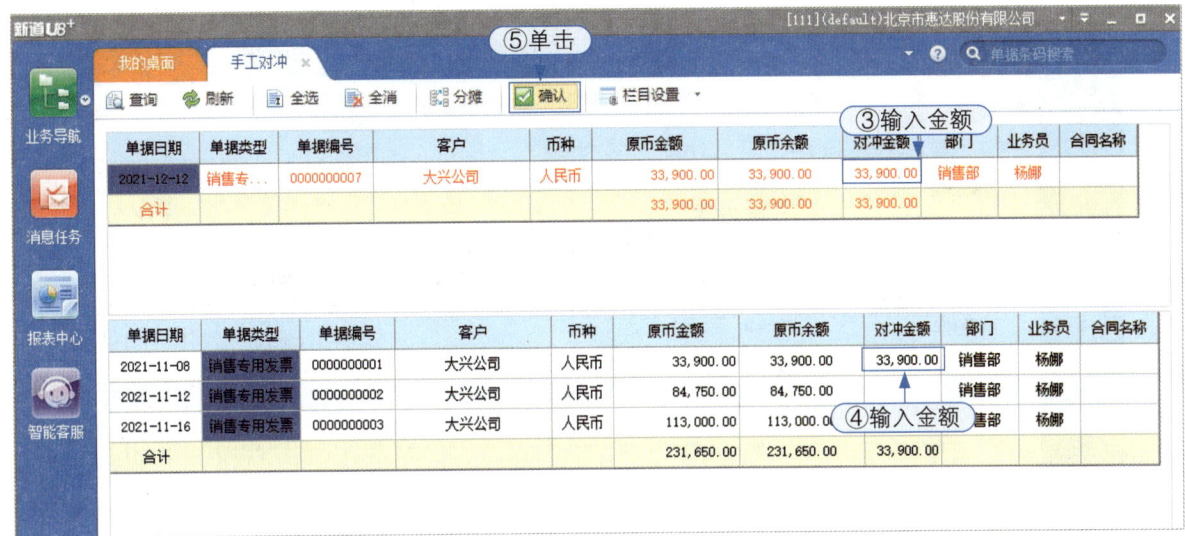

图 3-54　手工对冲页面

3.2.10　确认坏账

【情景 3-16】15 日，将 13 日大兴公司签发并承兑的商业承兑汇票确认坏账 2 000 元。

在 U8⁺企业应用平台，依次选择【业务导航】→【财务会计】→【应收款管理】→【坏账处理】→【坏账发生】选项。确认坏账的具体操作过程如图 3-55、图 3-57 所示。

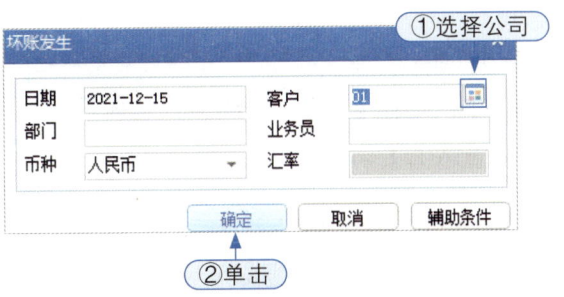

图 3-55　坏账发生条件提示

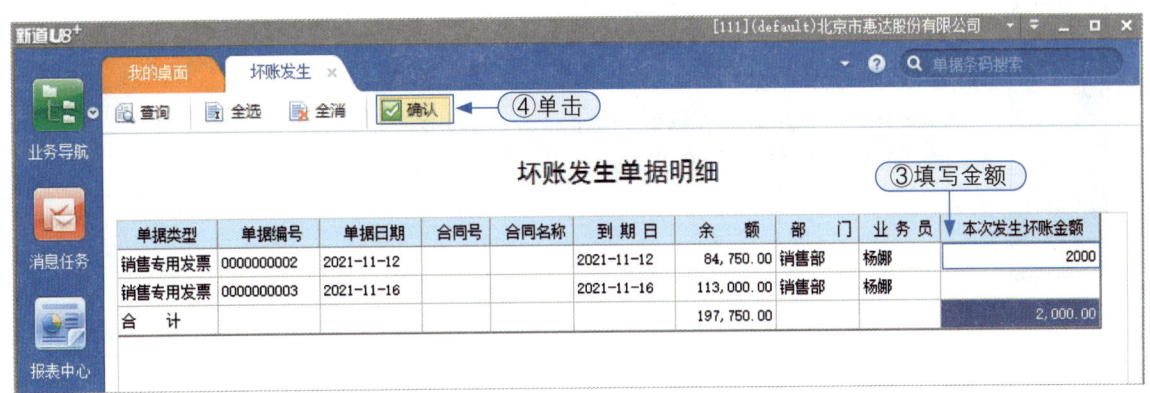

图 3-56　坏账发生单据明细页面

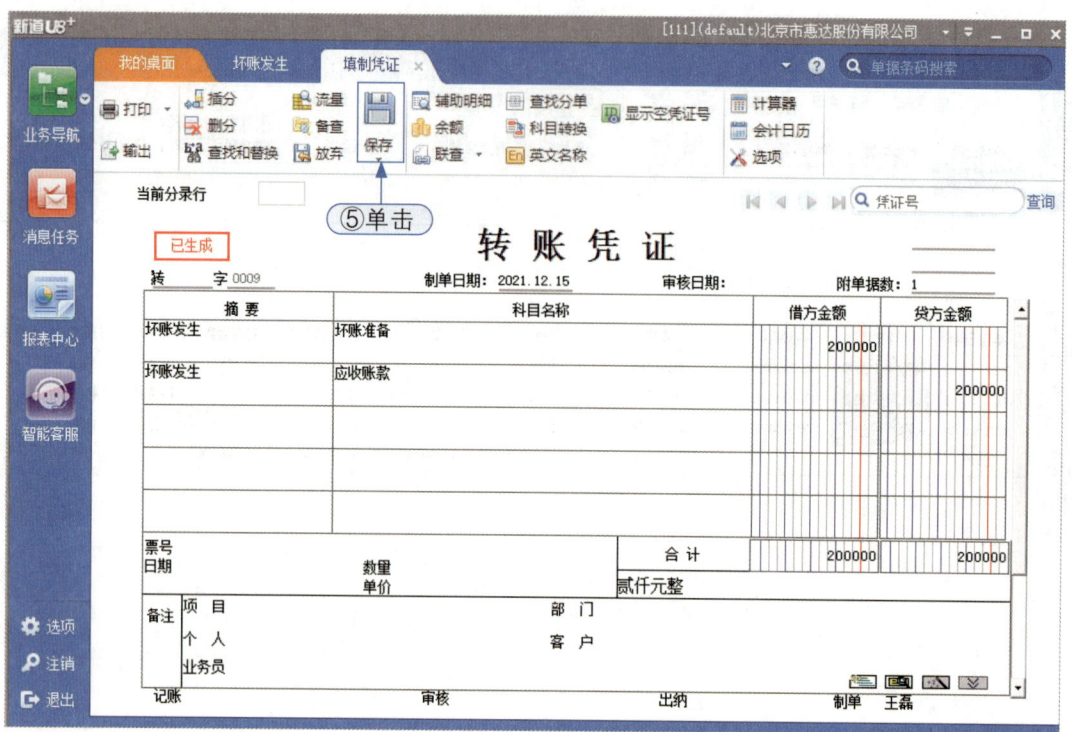

图 3-57　转账凭证生成页面

3.2.11　计提坏账

【情景3-17】31 日，计提本月坏账。

在用友 U8⁺ 企业应用平台，依次选择【业务导航】→【财务会计】→【应收款管理】→【坏账处理】→【计提坏账准备】选项。计提坏账的具体操作过程如图 3-58、图 3-59 所示。

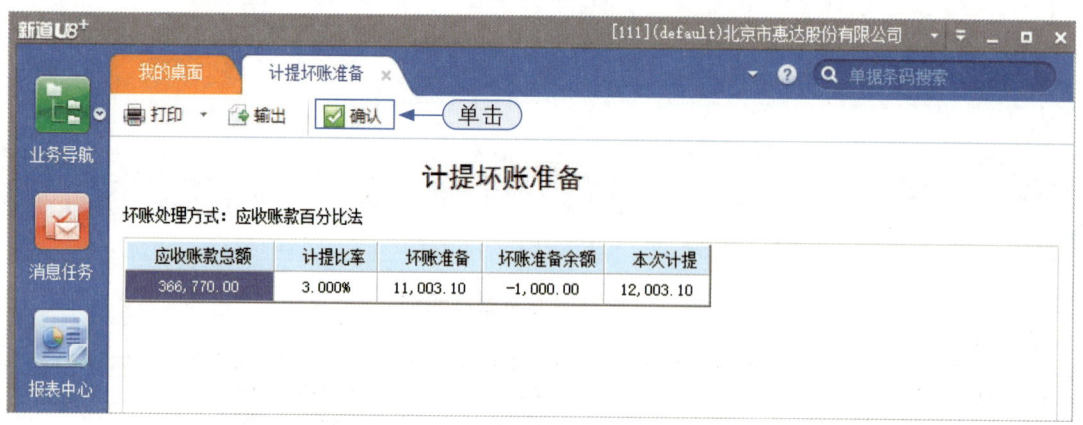

图 3-58　坏账发生明细页面

在弹出的"是否立即制单"提示框单击【是】按钮。

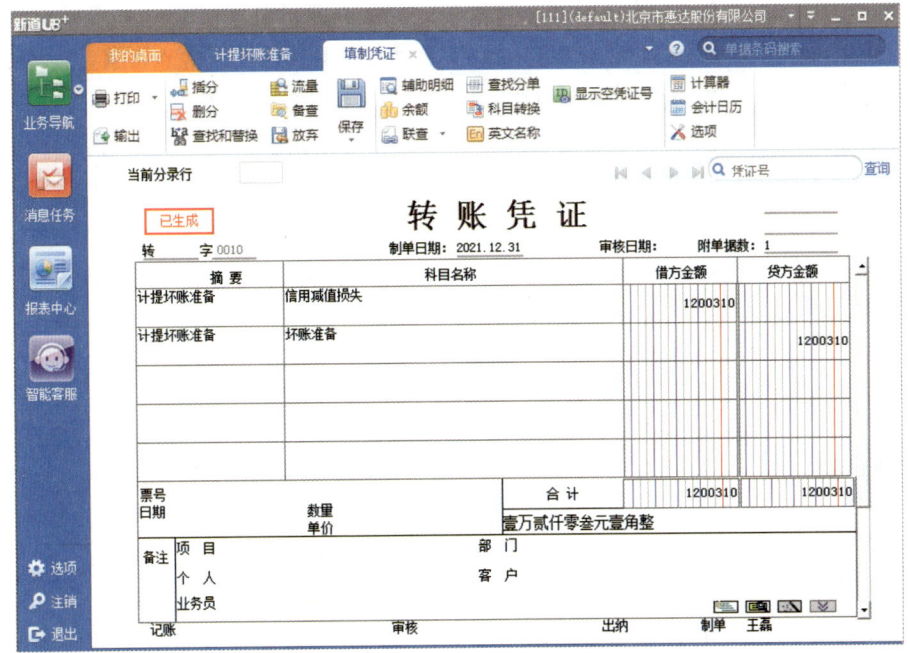

图 3-59　转账凭证生成页面

项目小结

本项目主要讲述了应收款管理系统的初始设置和应收款管理系统日常单据处理。应收款管理系统的初始设置主要包括应收款系统参数的设置，坏账准备初始的设置，科目的设置，应收款期初余额的设置，是运用应收款管理系统的基础。应收款管理系统日常业务处理包括应收单据录入、销售专用发票录入、红字销售专用发票录入、选择收款、收款单录入、票据管理、核销、转账处理、红票对冲、确认坏账和计提坏账等内容，这些是本项目的重点。

思考与练习

一、单项选择题

1. 应收款管理系统的初始设置不包括（　　）。　　A. 设置系统参数　　B. 设置基础信息

C. 录入期初余额　　D. 核销

2. 应收款管理系统中需要设置的参数有（　）。

A. 客户档案信息　　B. 企业基本信息

C. 业务控制参数　　D. 供应商档案信息

3. 应收款管理系统的参数设置是在（　）完成的。

A. 设置选项　　B. 初始设置

C. 项目设置　　D. 自定义项目设置

4. 在应收款管理系统账套参数设置页面，想要进行参数的修改，需点击（　）按钮。

A.【确定】　　B.【编辑】

C.【取消】　　D.【帮助】

5. 不在应收款管理系统中录入的单据是（　）。

A. 销售增值税发票　　B. 入库单

C. 收款单　　D. 应收票据

二、多项选择题

1. 应收款管理系统的初始设置有（　）。

A. 凭证科目的设置　　B. 单据类型的设置

C. 账龄区间设置　　D. 坏账初始设置

2. 应收款管理系统初始化的基本科目设置包括（　）。

A. 应收科目　　B. 预收科目

C. 税金科目　　D. 销售收入科目

3. 应收款管理系统中，凭证科目的设置包括（　）。

A. 基本科目的设置

B. 控制科目的设置

C. 产品科目的设置

D. 结算方式科目的设置

4. 在应收款管理系统日常业务中，生成或填写的单据包括（　）。

A. 销售发票　　B. 收款单

C. 采购单　　D. 退款单

5. 应收款管理系统转账处理包括（　）。

A. 应收冲应收　　B. 应收冲应付

C. 预收冲应收　　D. 应付冲应付

三、判断题

1. 应收款管理系统初始化基本科目设置的应收科目是应收账款。（　）

2. 在应收款管理系统日常业务处理的基本科目设置中，应将"应收科目"科目设置为"1122——应收账款"。（　）

3. 应收款管理系统的初始设置操作一般由账套主管来执行。（　）

4. 应收款管理系统的初始设置操作中，坏账准备设置操作完成后会自动保存。（　）

5. 应收款系统的初始设置主要包括设置企业基本信息、账套参数、规则选项、基础设置，以及录入客户档案和初始数据。（　）

四、简答题

1. 应收款管理系统的初始设置一般包括哪些内容？

2. 应收款管理子系统的主要功能有哪些？

3. 应收款管理系统设置基本科目有何作用？

项目 4 应付款管理系统

知识目标

◎ 了解应付款管理系统的基本功能；
◎ 掌握应付款管理系统参数设置；
◎ 掌握应付款管理系统日常业务处理的方法。

技能目标

◎ 掌握应付单据的录入、审核及制单；
◎ 掌握核销、转账和票据管理；
◎ 掌握采用专用、普通发票的录入及审核。

案例导入

本项目为每一类型的收款、付款业务编制了相应的记账凭证，并将记账凭证传递到账务处理中。

财务部李某根据相关数据对应付款进行初始设置，并根据设定业务进行日常业务处理。

案例评析

根据前述资料李某是如何进行日常业务处理的，包括应付单据录入及审核，采购专用、普通发票录入及审核，红字采购专用发票录入及审核，选择付款，付款单据录入，票据管理，核销，转账处理，生成凭证等操作？

本章导语

应付款管理系统在会计电算化账务处理系统中，对辅助核算具有重要的意义，能起到良好的管理作用。它不仅简化了企业账目的科目结构与数量，还能够进行横向、纵向统计，并且不需要软件使用者频繁地录入信息。

任务 4.1 应付款管理系统初始化

4.1.1 应付款管理系统概述

应付款管理系统流程如图 4-1 所示。

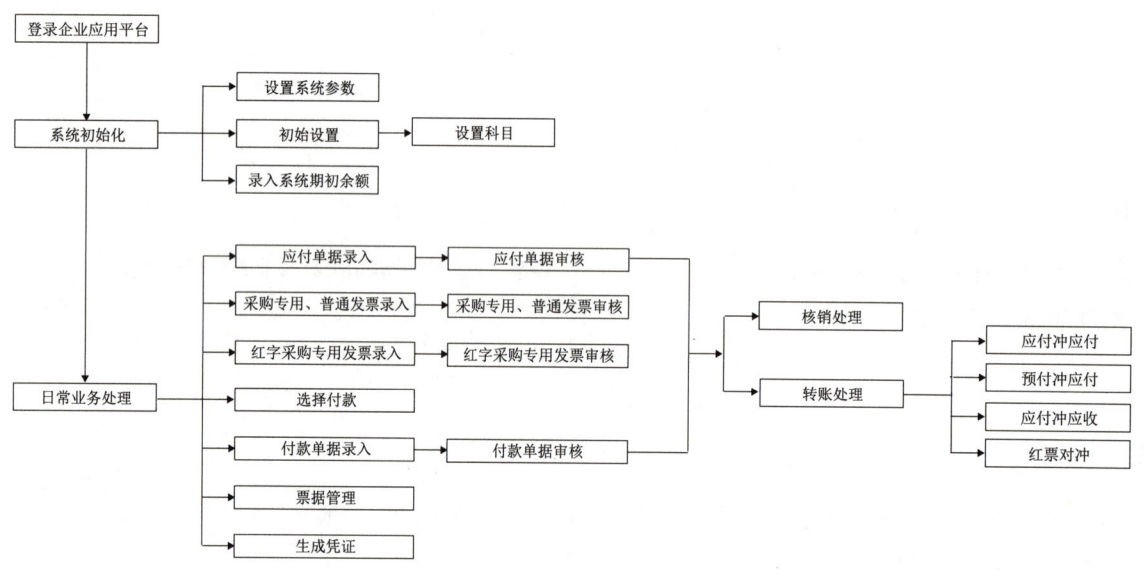

图 4-1 应付款管理系统流程

应付款管理系统通过发票、其他应付单、付款单等的录入，对企业的往来账款进行综合管理，及时、准确地提供供应商的往来账款余额资料，提供各种分析报表，可以帮助软件使用者合理地进行资金的调配，提高资金的利用效率。

4.1.2 应付款管理系统参数的设置

【情景 4-1】根据表 4-1 的信息设置应付款管理系统参数。

表 4-1 应付款管理系统参数

项目	参数设置	
常规	自动计算现金折扣	是
	其他采用系统默认值	
凭证	受控科目制单方式	明细到供应商
	月结前全部生成凭证	不选
	核销生成凭证	是
	其他采用系统默认值	
权限与预警	控制操作员权限	否
	其他采用系统默认值	

在用友 U8⁺企业应用平台，依次选择【业务导航】→【财务会计】→【应付款管理】→【设置】→【选项】。应付款初始设置的具体操作过程如图 4-2 至图 4-4 所示。

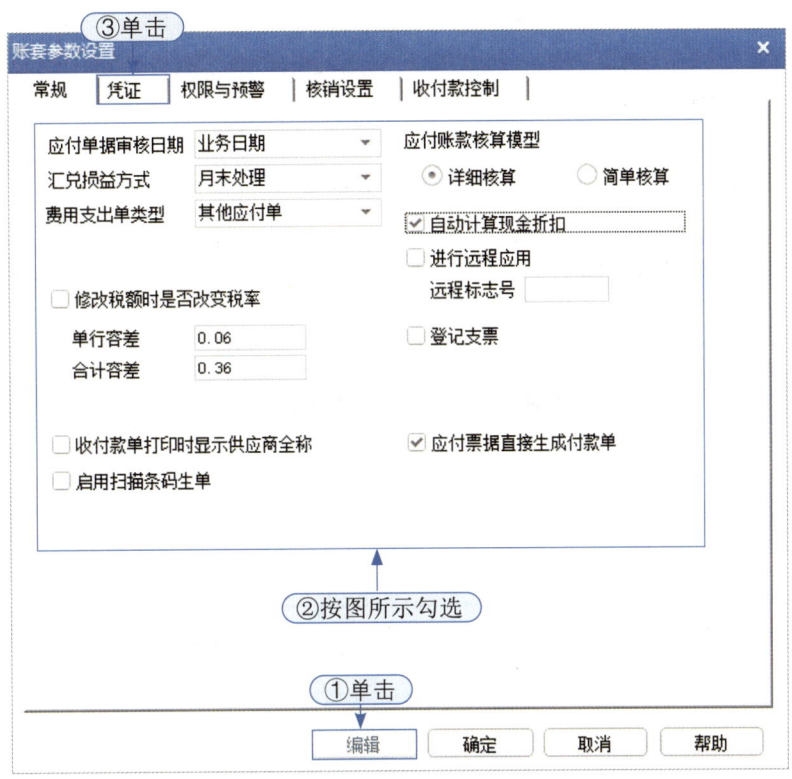

图 4-2　常规设置页面

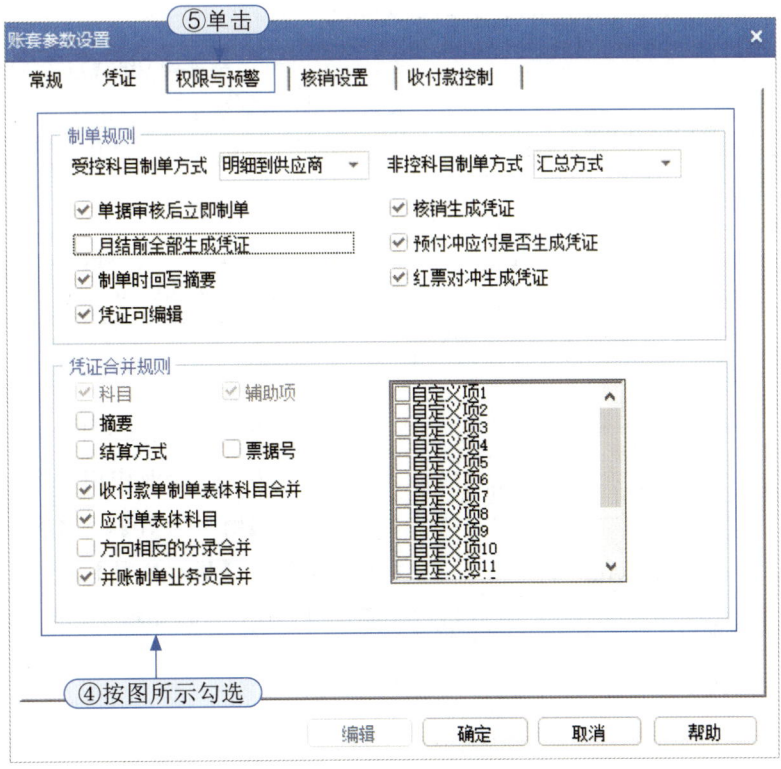

图 4-3　凭证设置页面

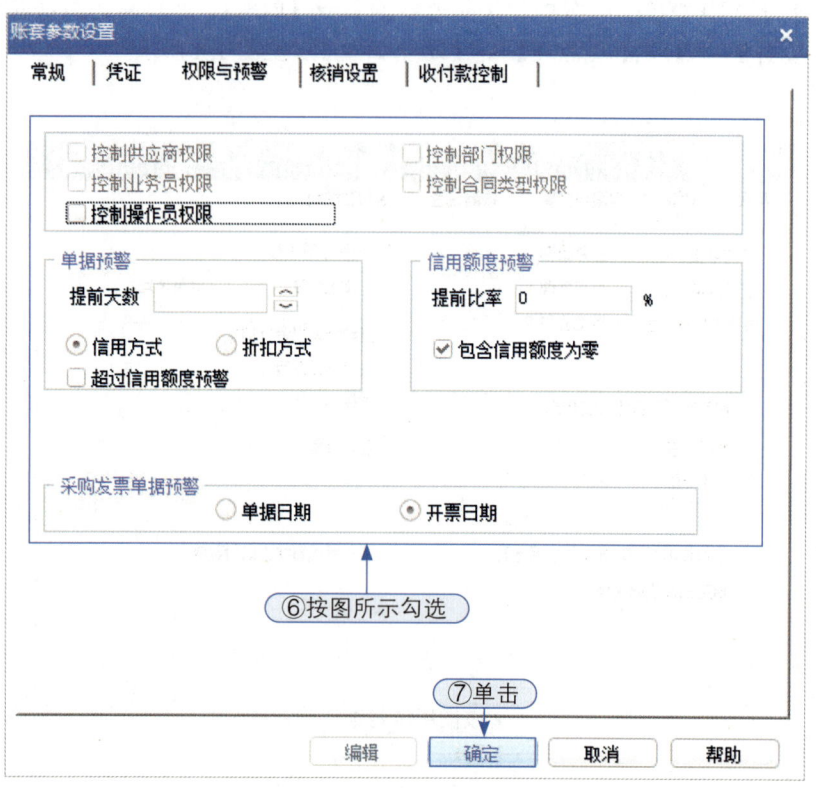

图 4-4 权限与预警设置页面

4.1.3 应付款科目的设置

【情景 4-2】根据表 4-2 至 4-4 的信息设置应付款科目。

表 4-2 基本科目设置

	基本科目种类	科目	币种
基本科目	应付科目	2202	人民币
	预付科目	1123	人民币
	税金科目	22210101	人民币
	银行承兑科目	2201	人民币
	商业承兑科目	2201	人民币
	现金折扣科目	660303	人民币
	票据利息科目	660301	人民币

表 4-3 对方科目设置

	存货名称	采购科目	产品采购税金科目
对方科目	面粉	140301	
	白砂糖	140302	22210101
	鸡蛋	140303	

表 4-4 结算方式科目设置

	结算方式	币种	科目
结算方式科目	现金支票	人民币	100201
	转账支票	人民币	100201
	电汇	人民币	100201
	商业汇票	人民币	100201

操作方法如下:

(1) 设置应付基本科目。

在用友 U8⁺ 企业应用平台,依次选择【业务导航】→【财务会计】→【应付款管理】→【科目设置】→【基本科目】选项。应付基本科目设置的具体操作过程如图 4-5 所示。

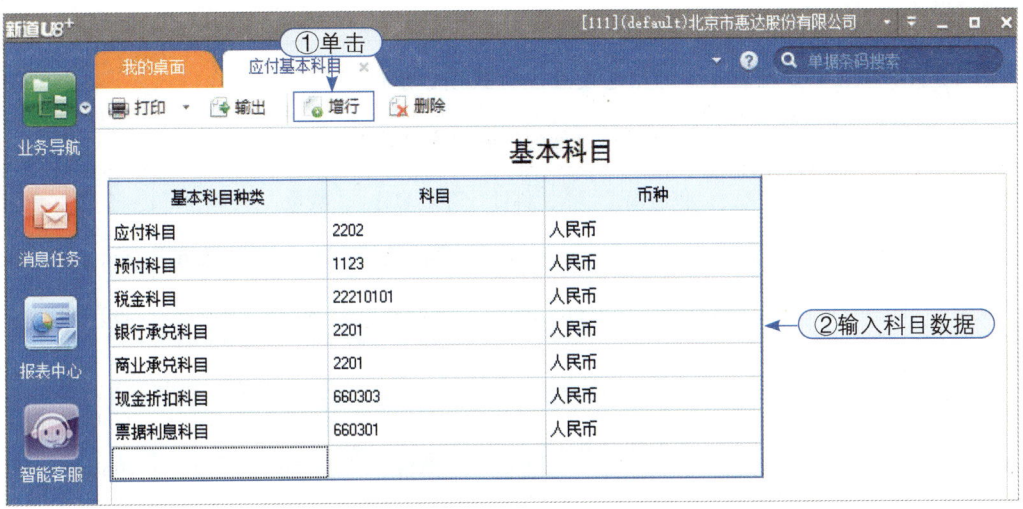

图4-5　设置应付基本科目页面

（2）设置应付对方科目。

在用友U8⁺企业应用平台，依次选择【业务导航】→【财务会计】→【应付款管理】→【科目设置】→【对方科目】选项。应付对方科目设置的具体操作过程如图4-6所示。

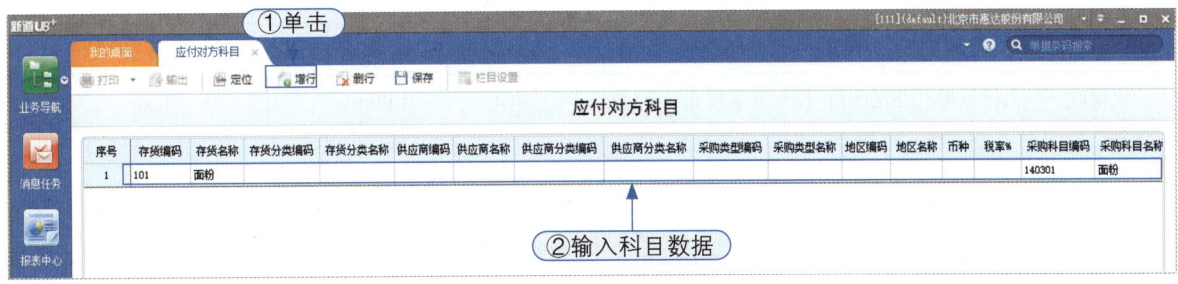

图4-6　设置应付对方科目页面

（3）设置应付结算科目。

在用友U8⁺企业应用平台，依次选择【业务导航】→【财务会计】→【应付款管理】→【科目设置】→【应付结算科目】选项。应付结算科目设置的具体操作过程如图4-7所示。

图4-7　设置应付 结算科目页面

4.1.4 应付款期初余额的设置

【情景4-3】根据表4-5至表4-7的信息设置应付款期初余额。

表4-5 应付款期初余额资料

单据类型	开票日期	供应商	科目	存货名称	数量	单价	金额	含税金额
采购专用发票	2021-11-10	石家庄市大通公司	2202	面粉	130	2 500	325 000	367 250
采购专用发票	2021-11-11	石家庄市大通公司	2202	白砂糖	60	6 000	360 000	406 800
采购专用发票	2021-11-12	石家庄市大通公司	2202	面粉	80	2 500	200 000	226 000
采购专用发票	2021-11-14	唐山市鼎旺公司	2202	鸡蛋	5000	12	60 000	67 800
采购专用发票	2021-11-18	唐山市鼎旺公司	2202	鸡蛋	10750	12	129 000	145 770

表4-6 应付票据期初余额资料

单据名称	单据类型	摘要	票据编号	收票单位	科目	业务员	票据面值	签发日期	到期日
应付票据	商业承兑汇票	应付票据	6208	唐山市鼎旺公司	2201	王磊	565 000	2021-11-19	2021-12-18

表4-7 预付账款期初余额资料

单据名称	单据类型	日期	供应商名称	结算方式	金额	票据号	业务员	科目
预付款	付款单	2021-11-15	石家庄市大通公司	电汇	4 000	3122	王磊	1123

操作方法如下：

（1）应付款期初余额。

在用友U8⁺企业应用平台，依次选择【业务导航】→【财务会计】→【应付款管理】→【期初余额】选项。应付款期初余额设置的具体操作过程如图4-8至图4-10所示。

查询完成后，进入页面单击【增加】按钮，增加采购专用发票。

图4-8 期初余额查询页面

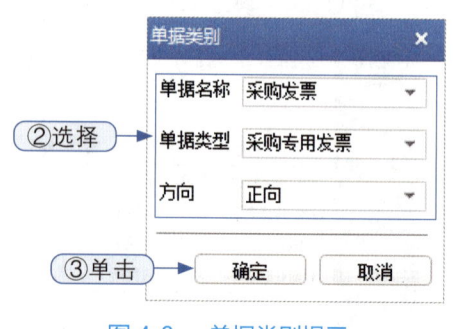

图4-9 单据类别提示

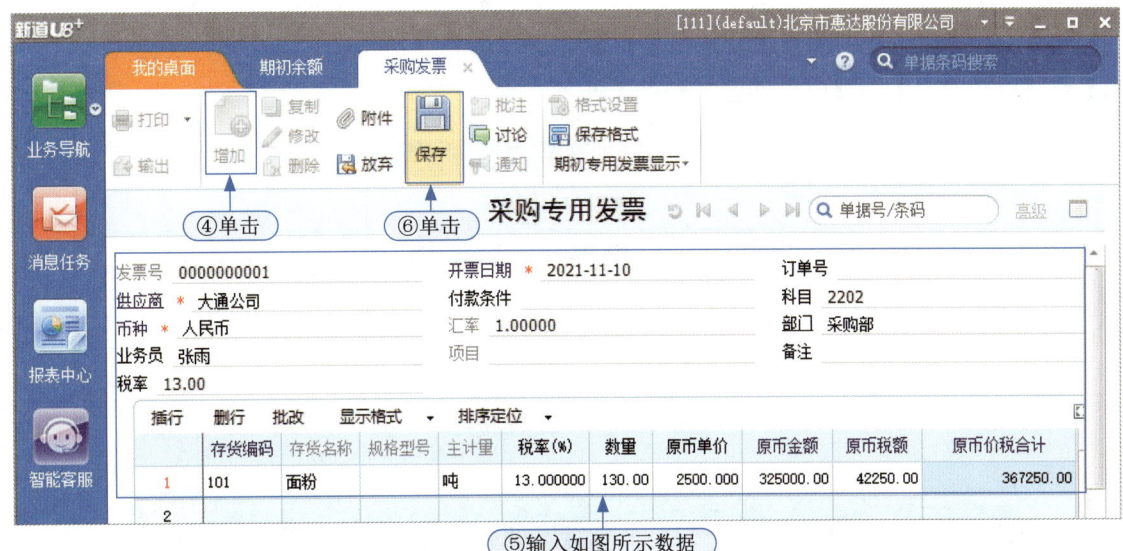

图 4-10 采购专用发票设置页面

其他应付款期初余额设置的具体操作过程同上。

（2）应付票据期初余额。

在用友 U8⁺ 企业应用平台，依次选择【业务导航】→【财务会计】→【应付款管理】→【期初余额】选项，在页面单击【增加】按钮。应付票据期初余额设置的具体操作过程如图 4-11、图 4-12 所示。

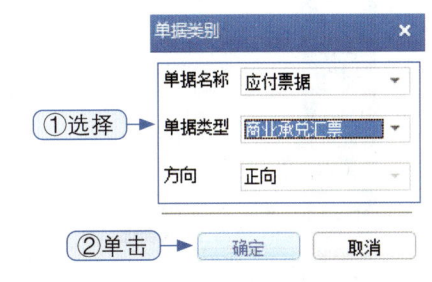

图 4-11 单据类别提示

图 4-12 期初票据设置页面

(3) 预付款期初余额。

在用友 U8⁺ 企业应用平台，依次选择【业务导航】→【财务会计】→【应付款管理】→【期初余额】选项。预付款期初余额设置的具体操作过程如图 4-13、图 4-14 所示。

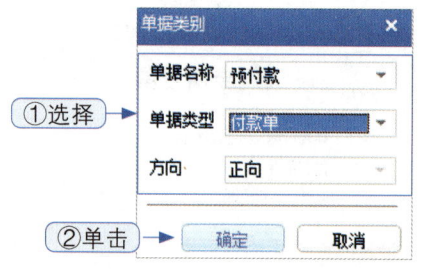

图 4-13　单据类别提示

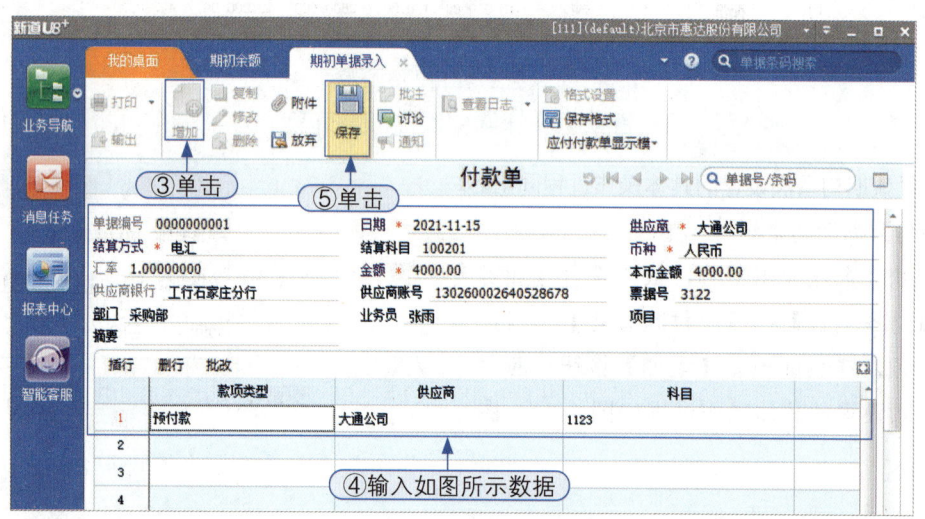

图 4-14　付款单设置页面

(4) 与总账对账。

在用友 U8⁺ 企业应用平台，依次选择【业务导航】→【财务会计】→【应付款管理】→【期初余额】选项，在菜单栏单击【对账】按钮，与总账对账具体操作过程如图 4-15、图 4-16 所示。

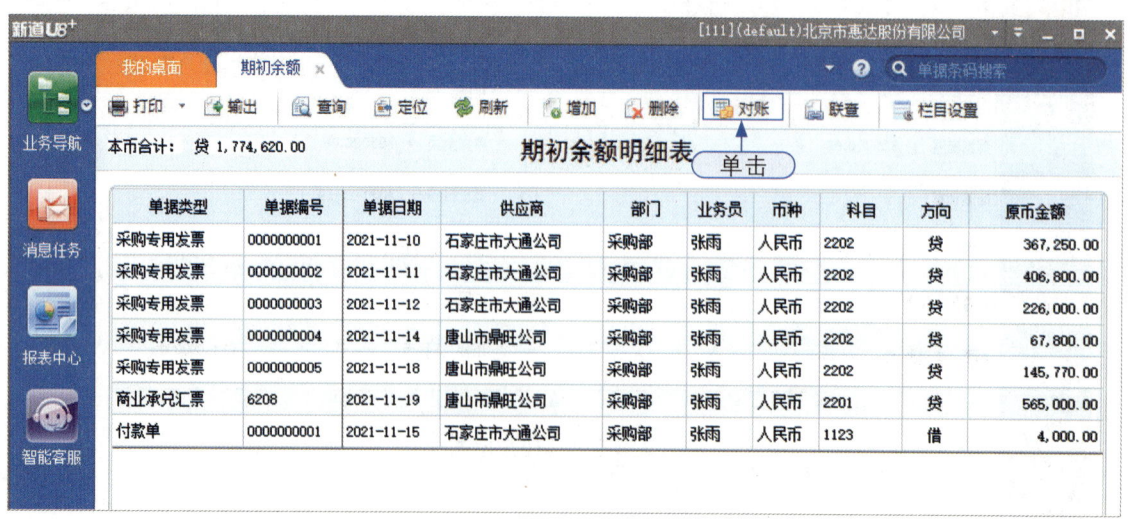

图 4-15　期初余额明细页面

图 4-16　与总账对账页面

任务 4.2　应付款管理系统日常单据处理

4.2.1　应付单据录入

【情景 4-4】16 日，从石家庄市大通公司购进面粉 320 吨，无税单价为 2 500 元/吨，增值税税率为 13%，货已收到并验收入库，对方代垫运费 2 200 元，填写代垫运费的应付单。

在用友 U8⁺企业应用平台，依次选择【业务导航】→【财务会计】→【应付款管理】→【应付处理】→【应付单】→【应付单录入】选项。录入及审核应付单的具体操作过程如图 4-17 至图 4-19 所示。

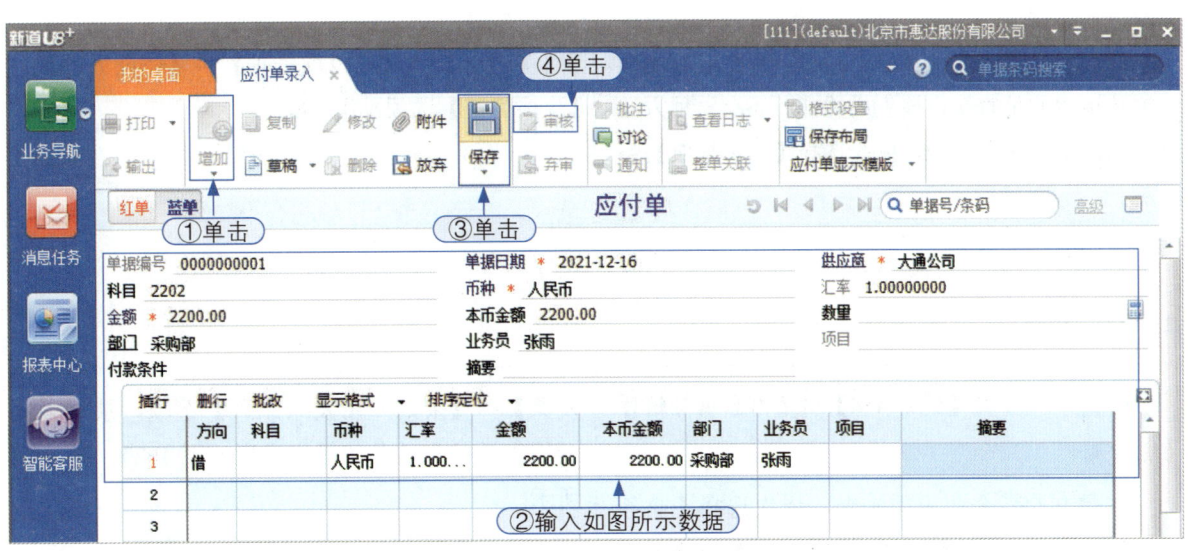

图 4-17　应付单录入页面

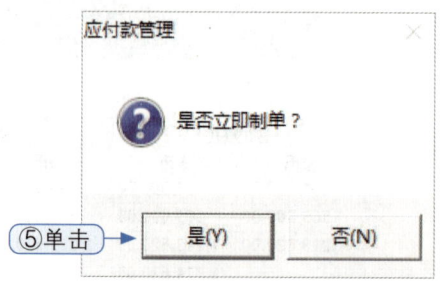

图 4-18　是否立即制单提示

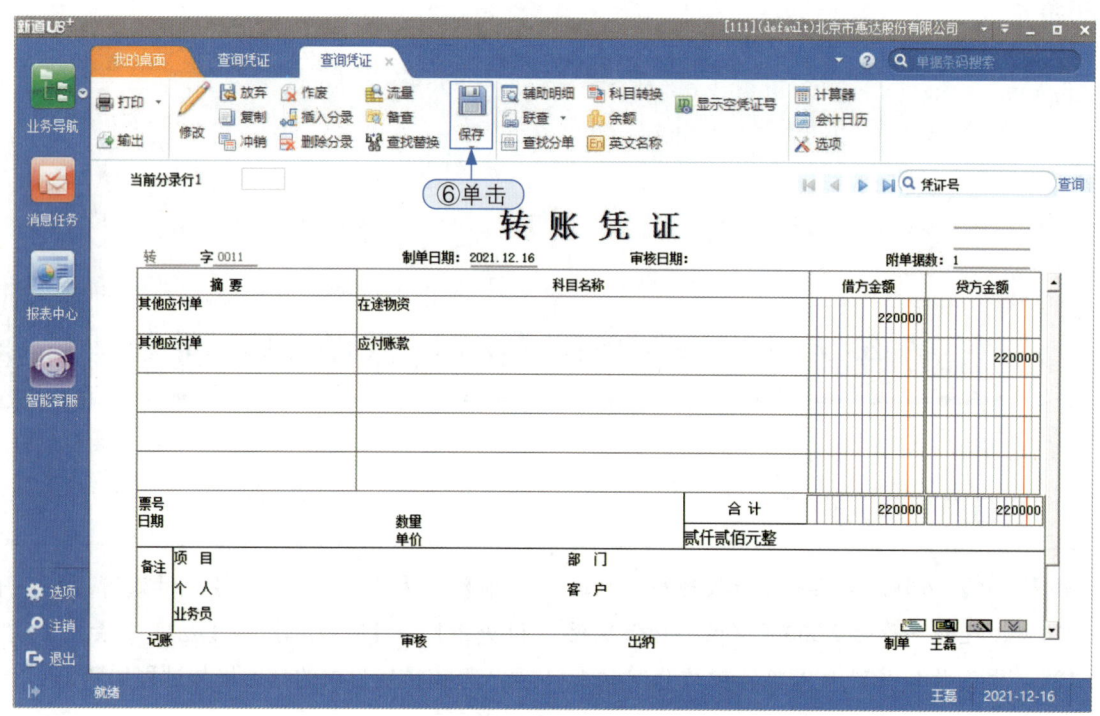

图 4-19　转账凭证生成页面

应付款生成凭证的操作方法有两种，上述操作方法运用的是直接审核生成凭证。还有一种方法是在U8⁺企业应用平台，依次选择【业务导航】→【财务会计】→【应付款管理】→【凭证处理】→【生成凭证】选项操作完成。

4.2.2　采购专用发票录入

【情景4-5】接【情景4-4】所示内容填写销售专用发票。

在用友U8⁺企业应用平台，依次选择【业务导航】→【财务会计】→【应付款管理】→【采购发票】→【采购专用发票录入】选项，录入采购专用发票信息的具体操作过程如图4-20、图4-21所示。

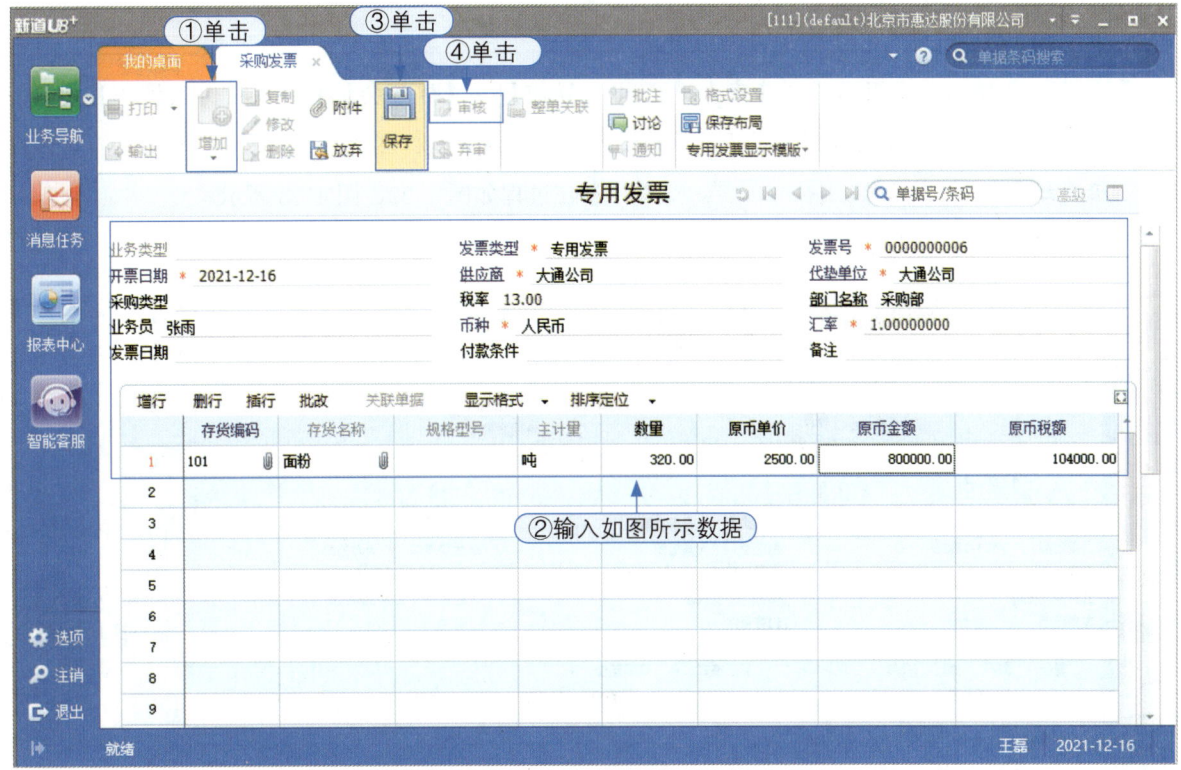

图 4-20 采购专用发票录入页面

在弹出的"是否立即制单"提示框单击【是】按钮。

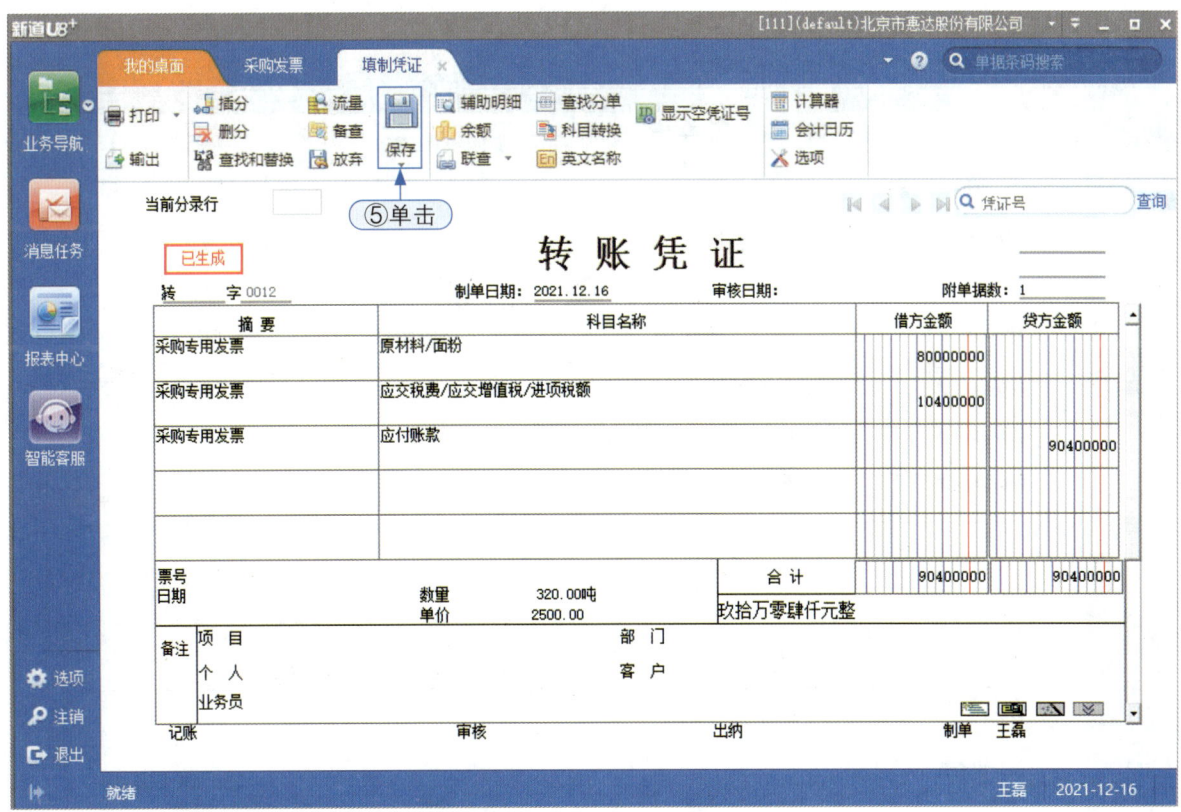

图 4-21 转账凭证生成页面

4.2.3 红字采购专用发票录入

【情景4-6】16日,发现从石家庄市大通公司11月10日购进的面粉质量与合同要求不符,提出退货,开具红字采购专用发票。

在用友U8⁺企业应用平台,依次选择【业务导航】→【财务会计】→【应付款管理】→【采购发票】选项。录入红字采购专用发票的具体操作过程如图4-22、图4-23所示。

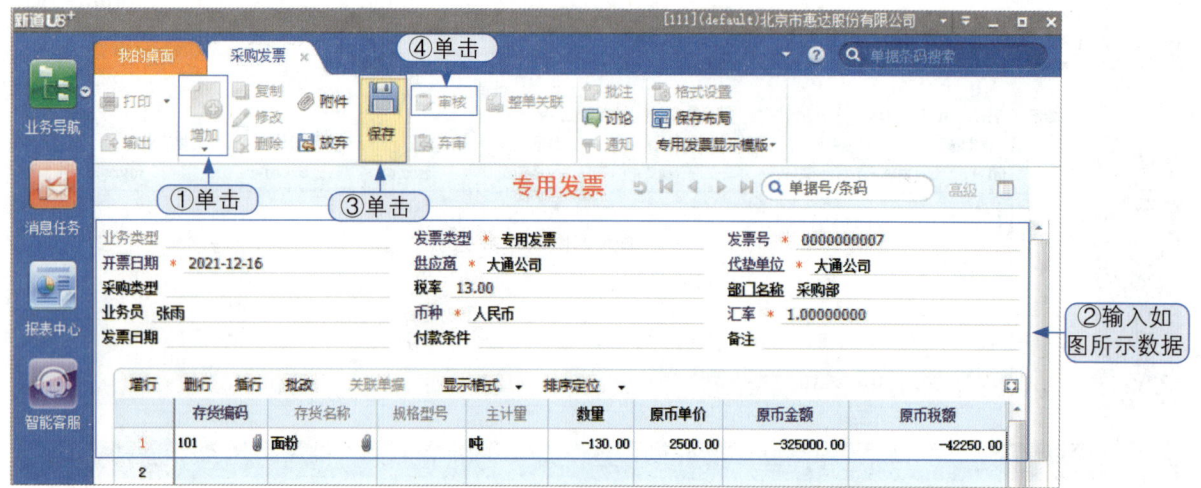

图4-22　红字采购专用发票录入页面

在弹出的"是否立即制单"提示框单击【是】按钮。

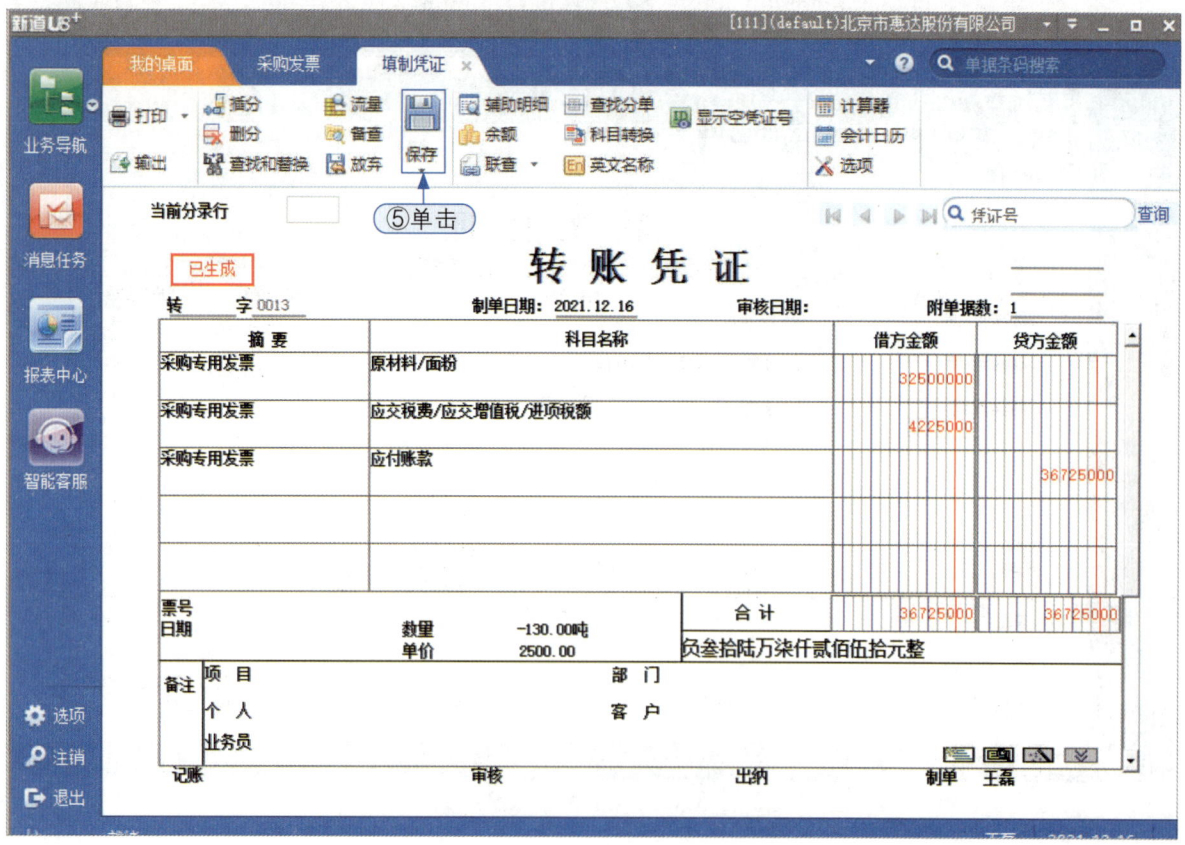

图4-23　转账凭证生成页面

4.2.4 选择付款

【情景4-7】17日，以电汇方式（票号：3690）支付16日石家庄市大通公司购货款。

在用友U8⁺企业应用平台，依次选择【业务导航】→【财务会计】→【应付款管理】→【付款处理】→【选择付款】选项。具体操作过程如图4-24至图4-26所示。

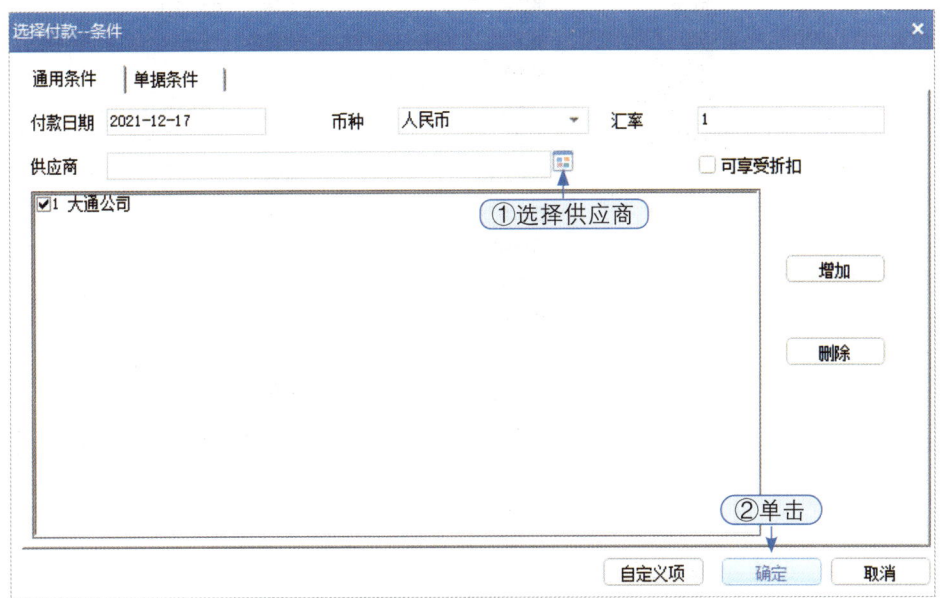

图4-24 选择付款条件页面

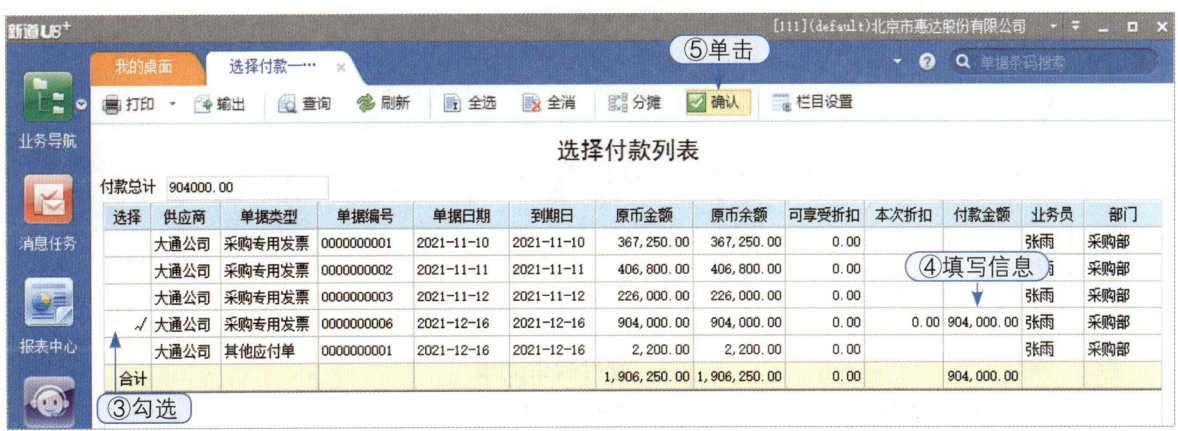

图4-25 选择付款列表页面

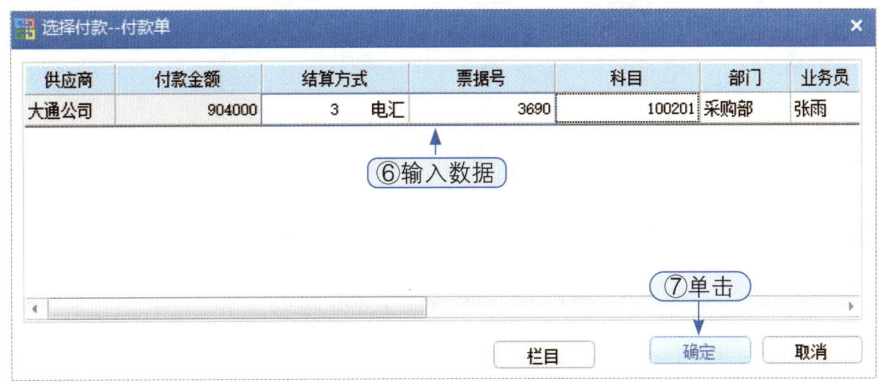

图4-26 填写选择付款付款单页面

付款单填写完成后,在用友U8⁺企业应用平台,依次选择【业务导航】→【财务会计】→【应付款管理】→【凭证处理】→【生成凭证】选项。具体操作过程如图4-27至图4-29所示。

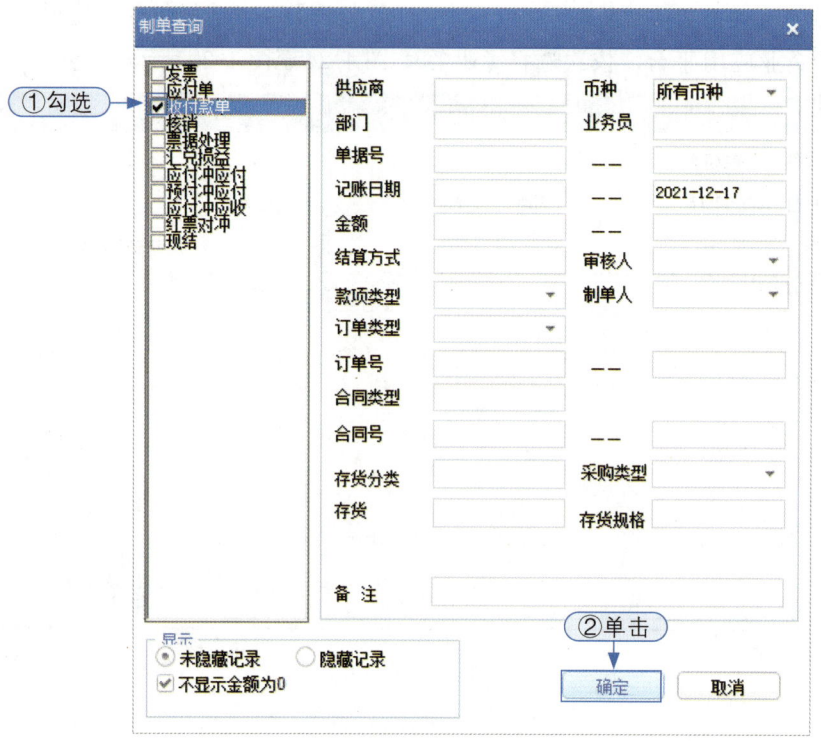

图4-27　制单查询页面

图4-28　收付款单列表页面

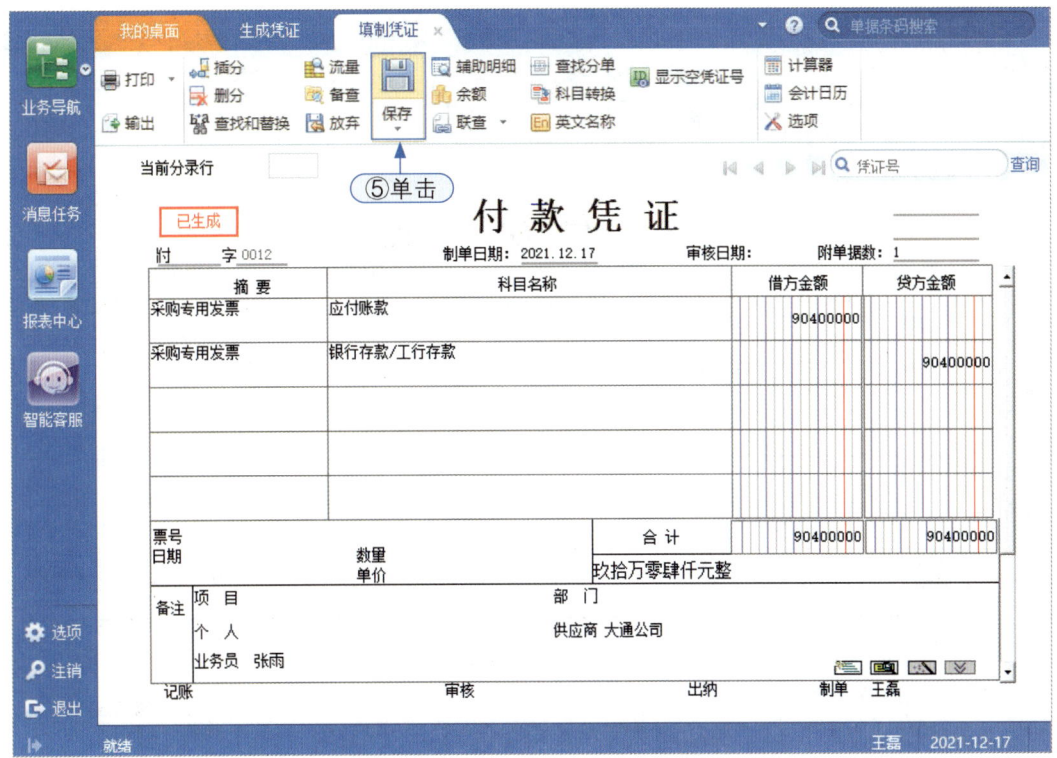

图 4-29　付款凭证生成页面

4.2.5　付款单据录入

【情景 4-8】17 日，以电汇方式（票号：3690）支付石家庄市大通公司 12 月 16 日运费 2 200 元。

在用友 U8⁺企业应用平台，依次选择【业务导航】→【财务会计】→【应付款管理】→【付款处理】→【付款单据录入】选项。付款单据录入的具体操作过程如图 4-30、图 4-31 所示。

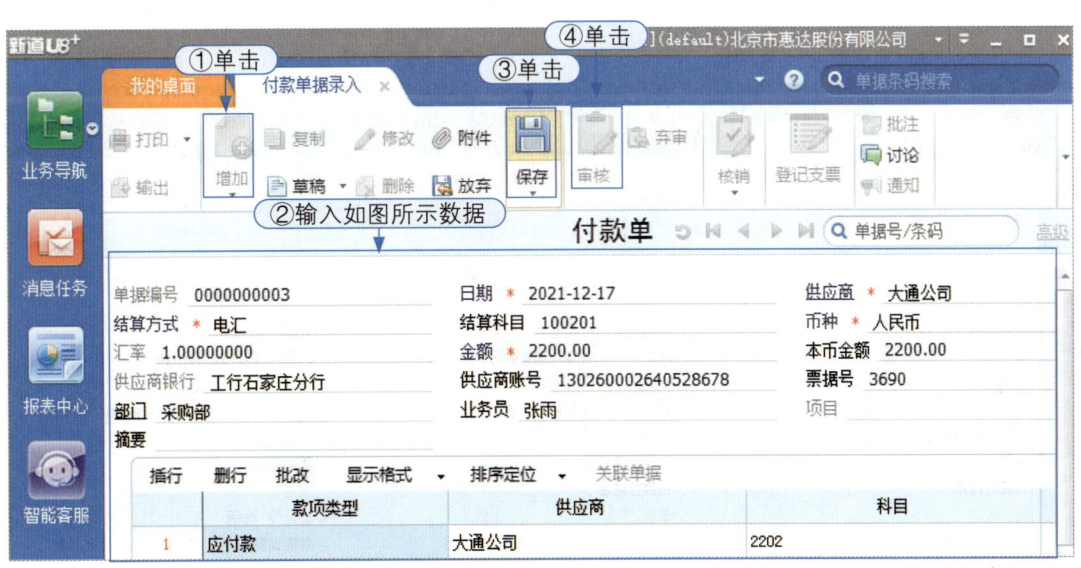

图 4-30　付款单据录入页面

在弹出的"是否立即制单"提示框单击【是】按钮。

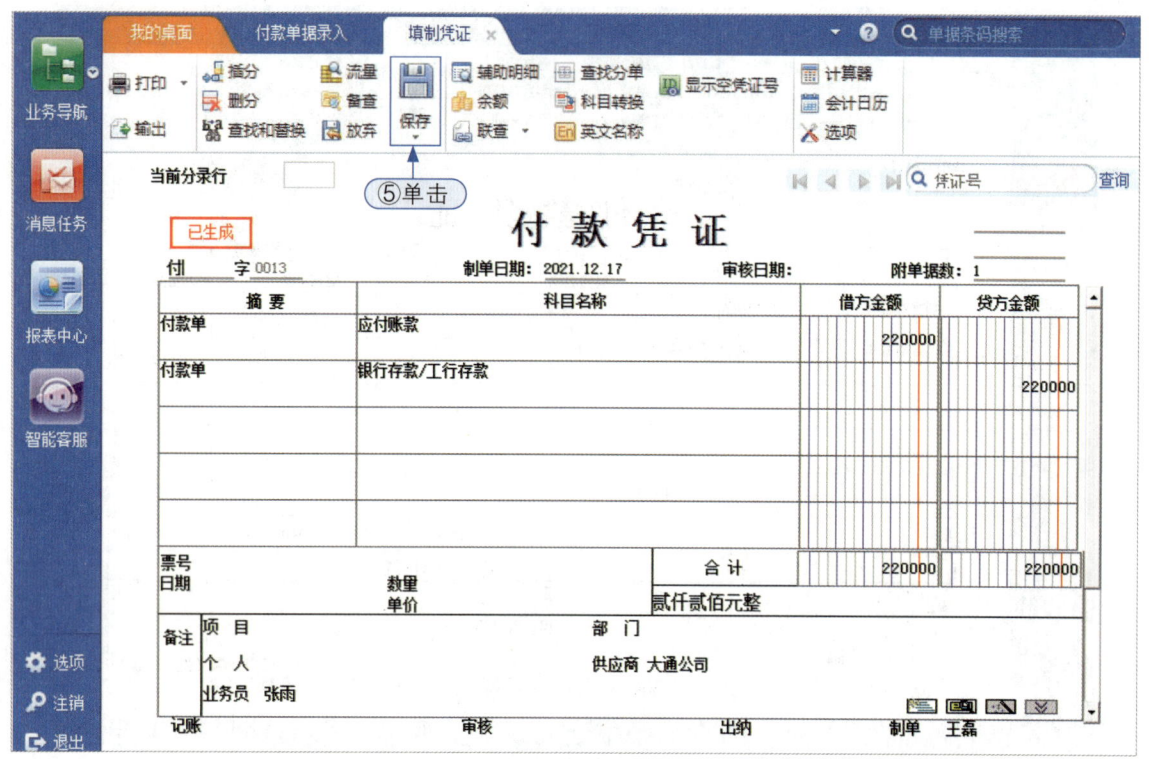

图 4-31　付款凭证生成页面

4.2.6　票据管理

【情景 4-9】17 日，给石家庄市大通公司签发并承兑商业承兑汇票一张（汇票号：6689），面值为 406 800 元，到期日为 2022 年 1 月 17 日，抵 11 月 11 日应付款。

操作方法如下：

（1）在用友 U8$^+$企业应用平台，依次选择【业务导航】→【财务会计】→【应付款管理】→【票据管理】→【票据录入】选项。录入商业承兑汇票的具体操作过程如图 4-32 所示。

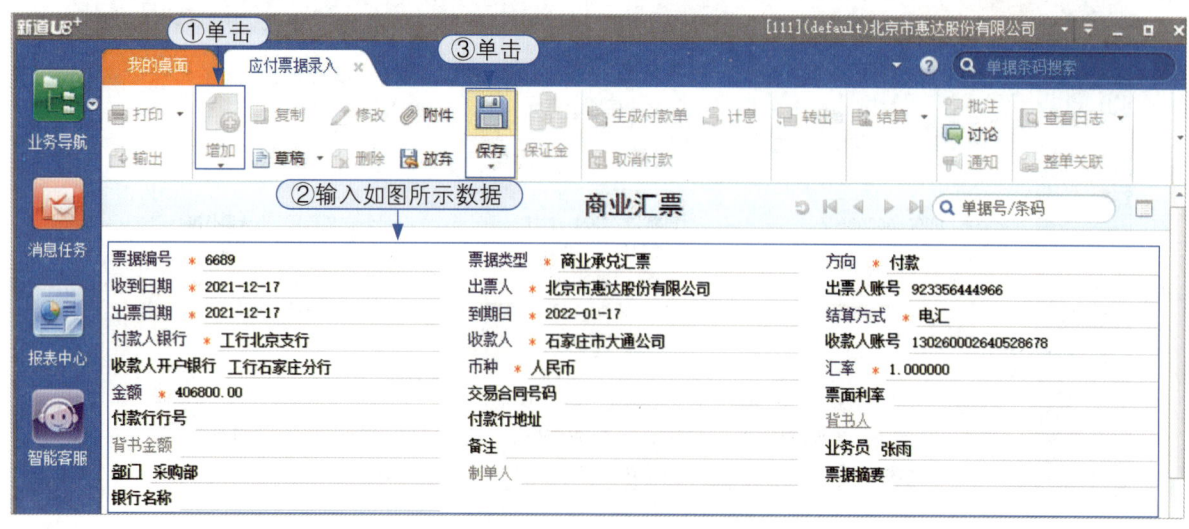

图 4-32　商业汇票页面

商业汇票录入完成后，在用友 U8⁺ 企业应用平台，依次选择【业务导航】→【财务会计】→【应付款管理】→【付款处理】→【付款单据审核】选项。审核刚刚填制的商业汇票，具体操作过程如图 4-33、图 4-34 所示。

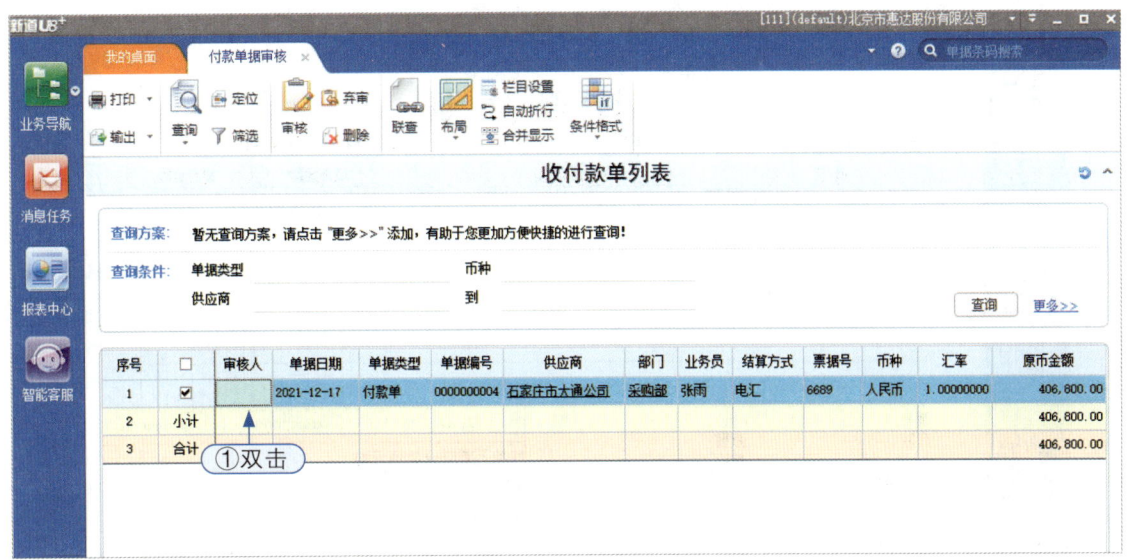

图 4-33　收付款单列表页面

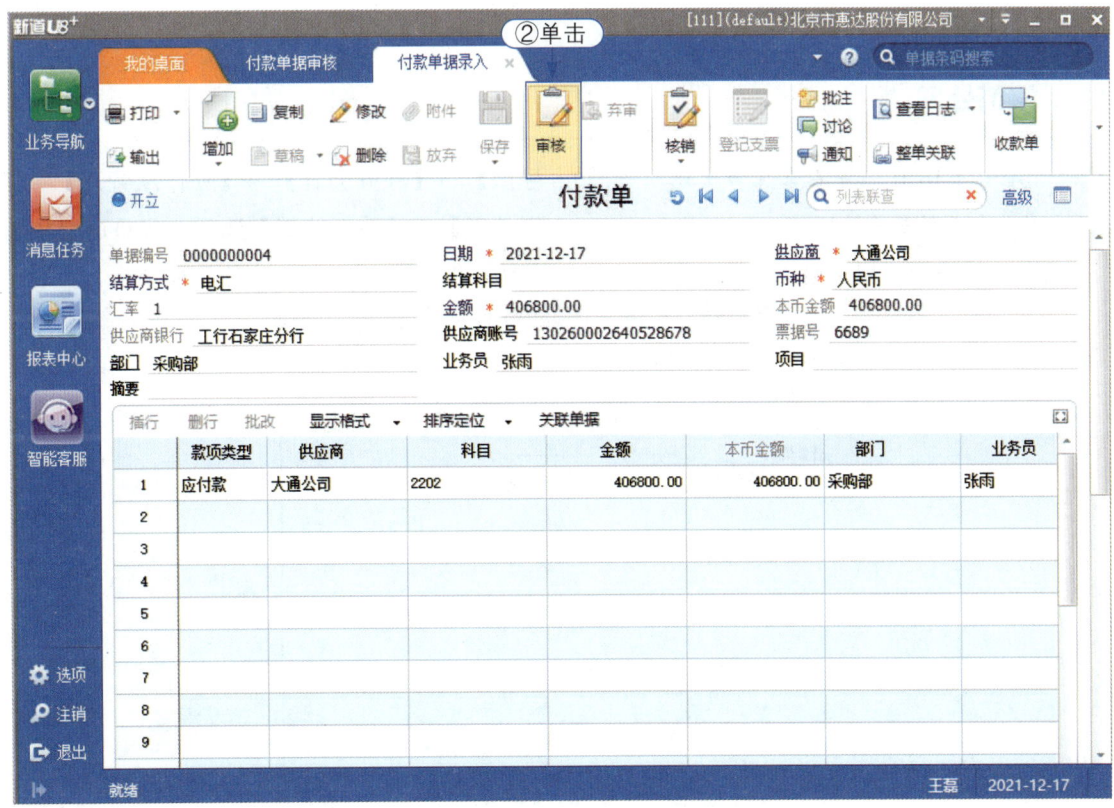

图 4-34　付款单据审核页面

在弹出的"是否立即制单"提示框单击【是】按钮。

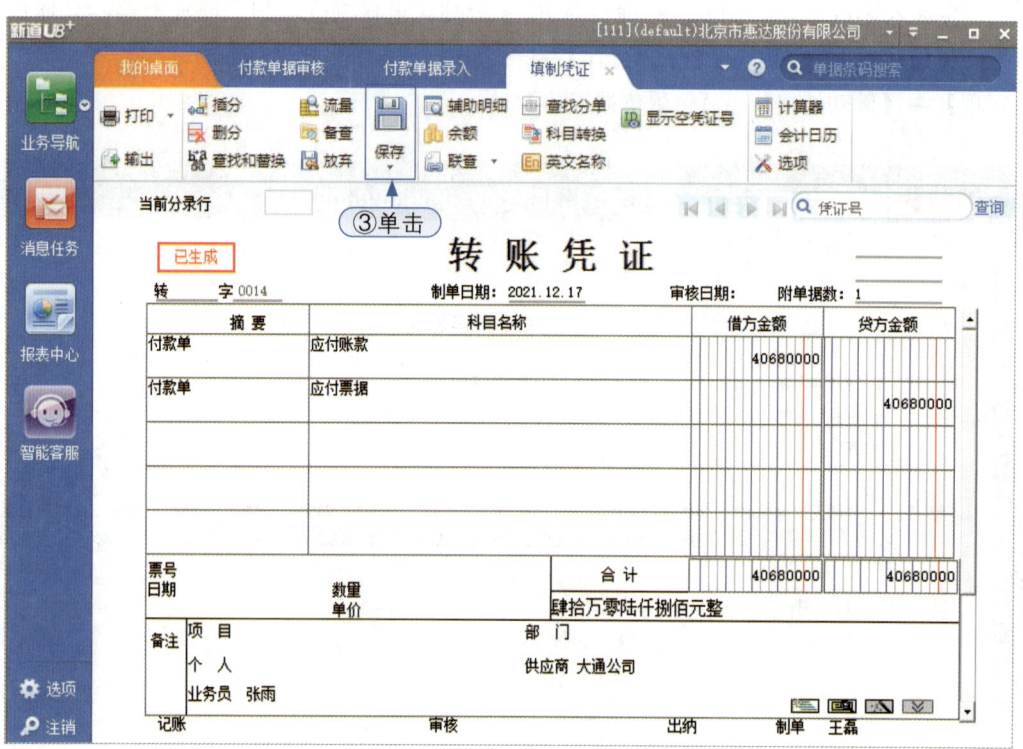

图 4-35　转账凭证生成页面

4.2.7 核销处理

【情景 4-10】18 日，将石家庄市大通公司代垫运费应付单与其付款单核销。

在用友 U8$^+$ 企业应用平台，依次选择【业务导航】→【财务会计】→【应付款管理】→【核销处理】→【手工核销】选项。代垫运费核销的具体操作过程如图 4-36、图 4-37 所示。

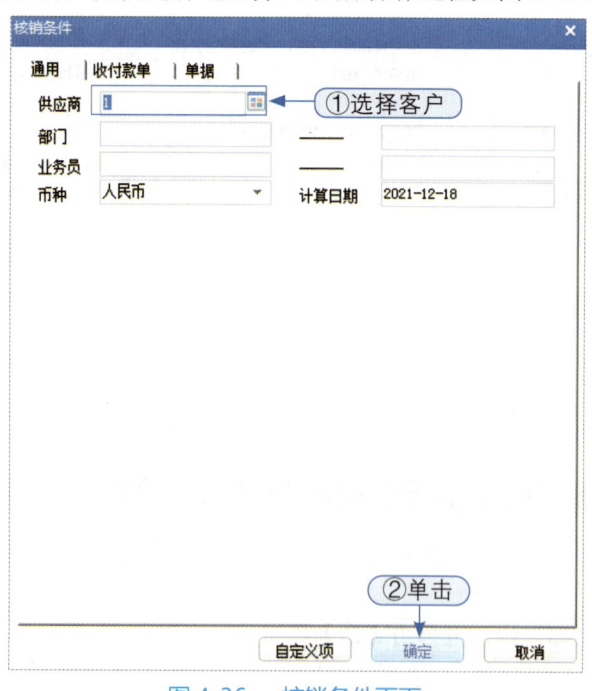

图 4-36　核销条件页面

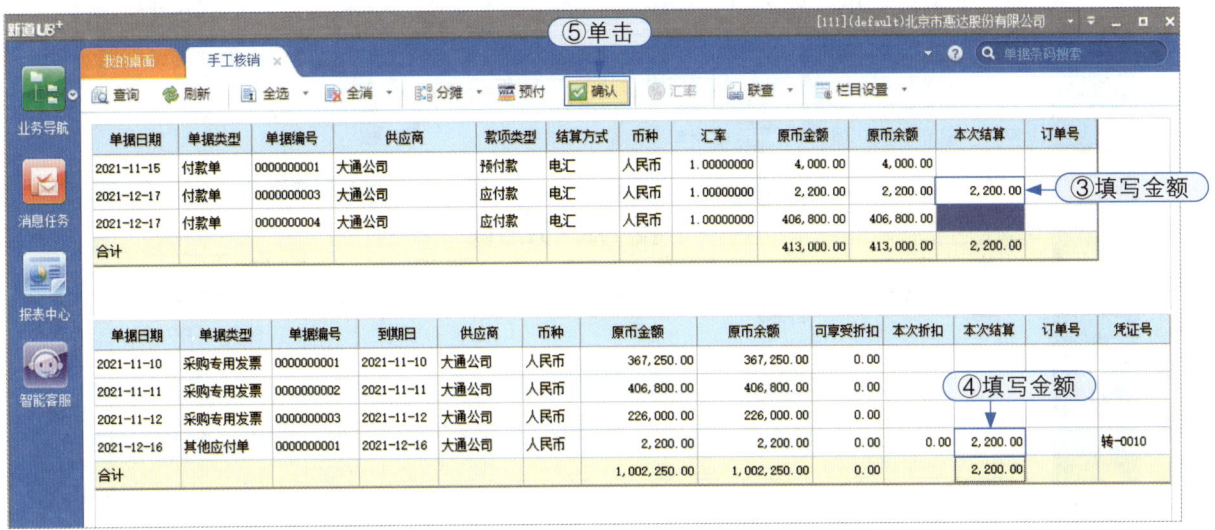

图 4-37　填写核销金额页面

4.2.8　转账处理

操作方法如下。

（1）应付冲应付。

【情景 4-11】18 日，经协商将石家庄市大通公司 11 月 12 日的应付账款交由唐山市鼎旺公司偿付。

在用友 U8+ 企业应用平台，依次选择【业务导航】→【财务会计】→【应付款管理】→【转账】→【应付冲应付】选项。应付冲应付的具体操作过程如图 4-38、图 4-39 所示。

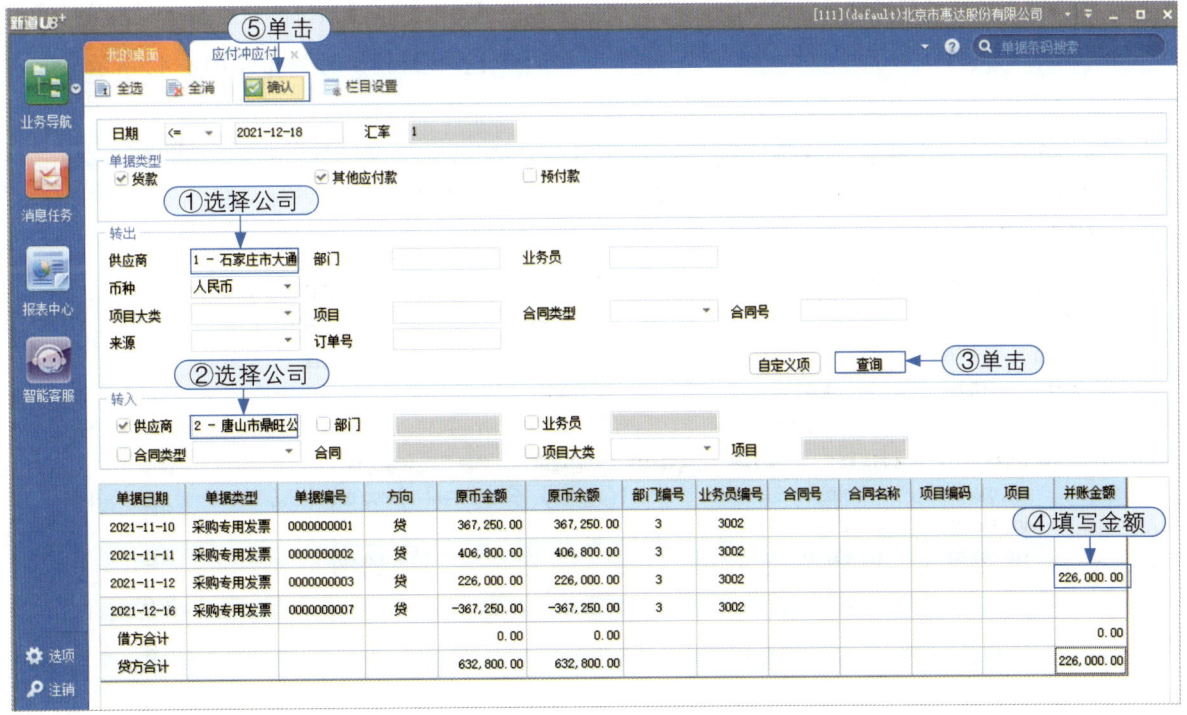

图 4-38　应付冲应付页面

在弹出的"是否立即制单"提示框单击【是】按钮。

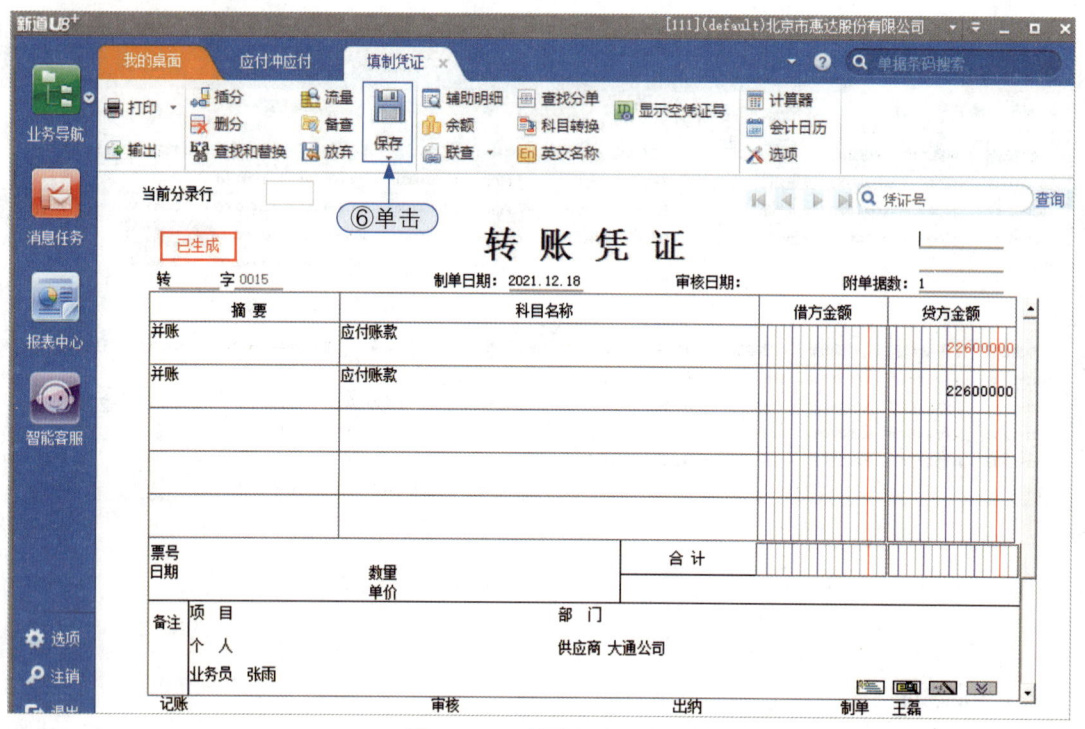

图 4-39　转账凭证页面

(2) 预付冲应付。

【情景 4-12】19 日，向石家庄市大通公司购买面粉 800 吨，每吨价格 2 500 元。填制采购专用发票，并将该单据与期初预付款对冲。

① 根据上述资料，先填写一张采购专用发票，具体操作过程如【情景 4-5】所示。

② 预付冲应付，在用友 U8+企业应用平台，依次选择【业务导航】→【财务会计】→【应付款管理】→【转账】→【预付冲应付】选项。预付冲应付的具体操作过程如图 4-40 至图 4-42 所示。

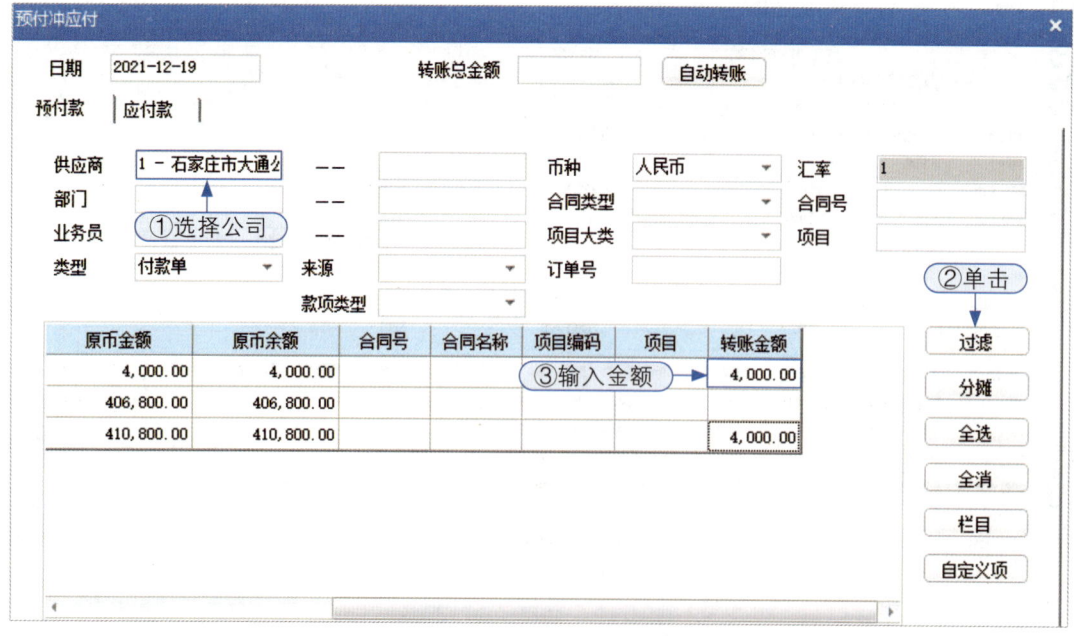

图 4-40　预付冲应付的预付款页面

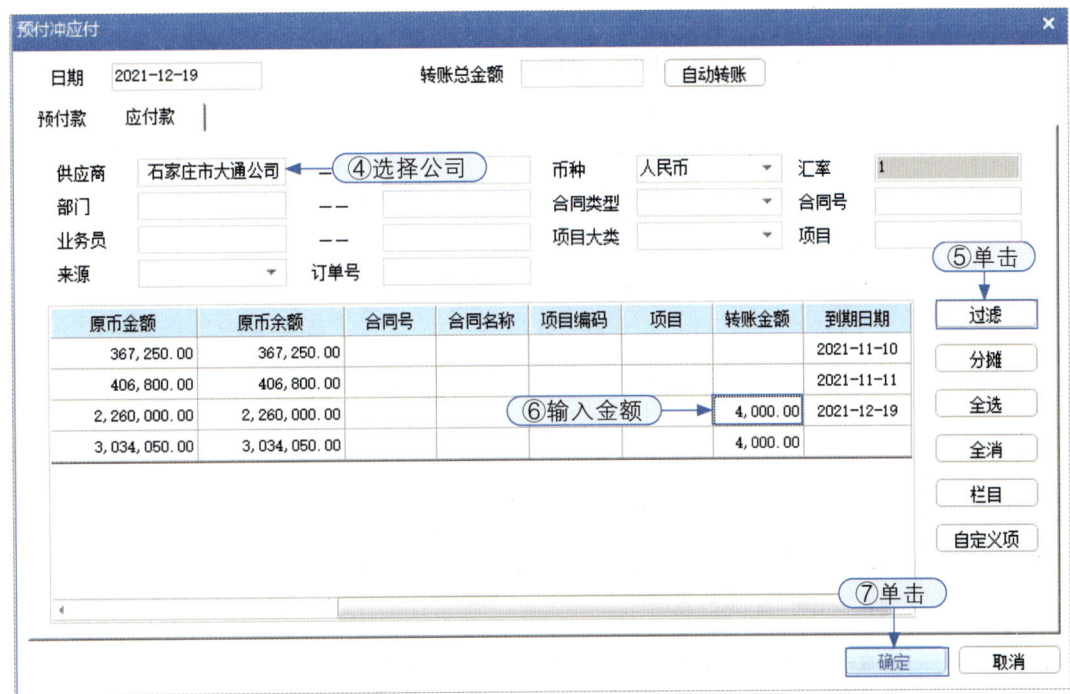

图 4-41 预付冲应付的应付款页面

在弹出的"是否立即制单"提示框单击【是】按钮。

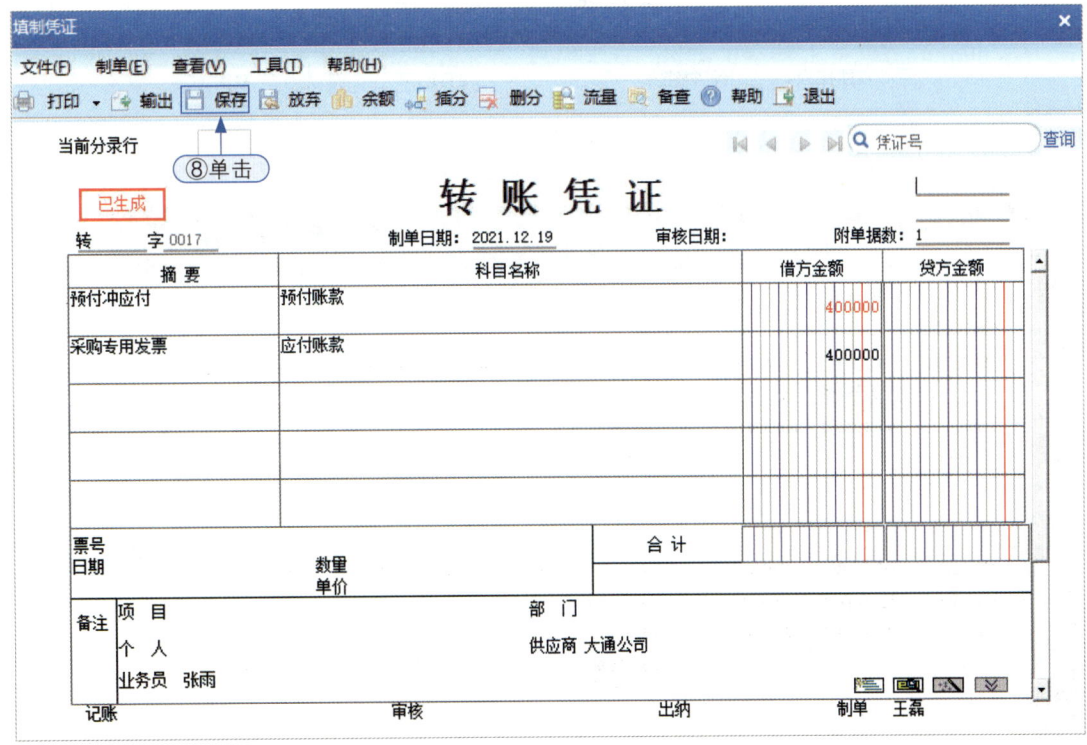

图 4-42 转账凭证生成页面

(3) 应付冲应收。

【情景 4-13】19 日,将 11 月 18 日唐山市鼎旺公司的应付款与北京红星公司 11 月 22 日的应收款对冲。

在用友 U8⁺企业应用平台,依次选择【业务导航】→【财务会计】→【应付款管理】→【转账】→【应付冲应收】选项。应付冲应收的具体操作过程如图 4-43 至图 4-46 所示。

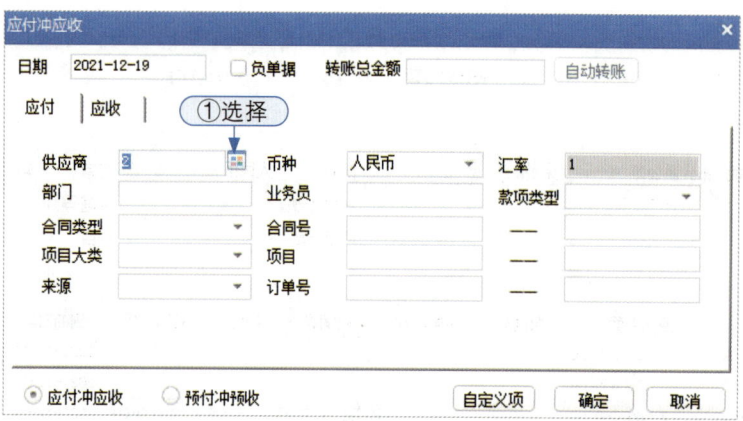

图 4-43　应付冲应收的应付页面

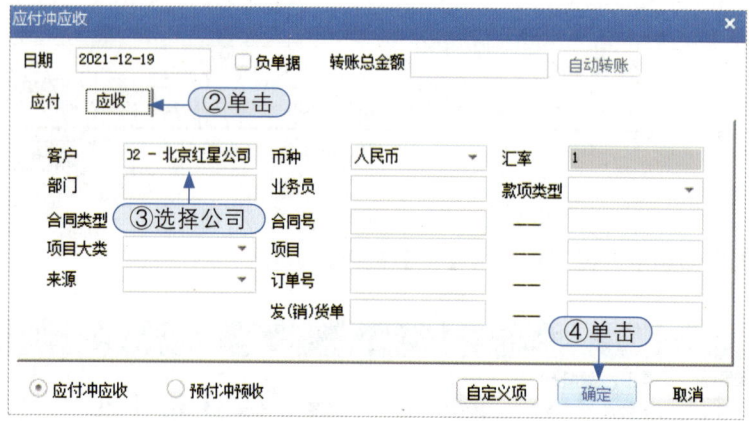

图 4-44　应付冲应收的应收页面

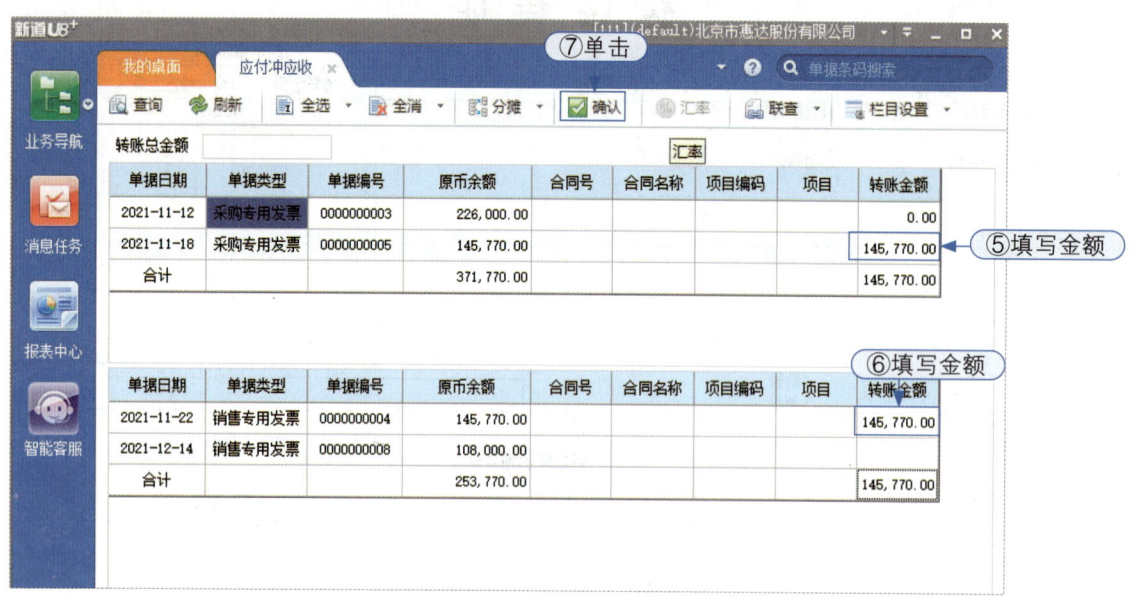

图 4-45　填写核销金额页面

在弹出的"是否立即制单"提示框单击【是】按钮。

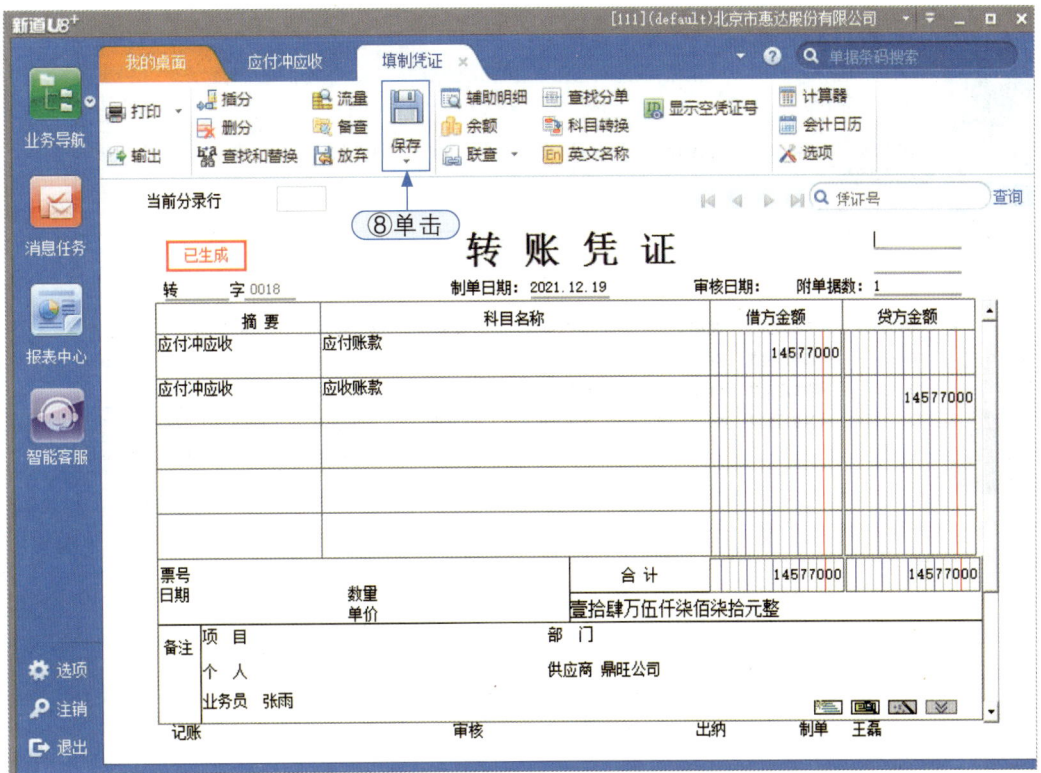

图 4-46　转账凭证生成页面

4.2.9　红票对冲

【情景 4-14】20 日，将石家庄市大通公司的红票对冲。

在用友 U8⁺企业应用平台，依次选择【业务导航】→【财务会计】→【应付款管理】→【转账】→【红票对冲】→【手工对冲】选项。红票对冲的具体操作过程如图 4-47 至图 4-49 所示。

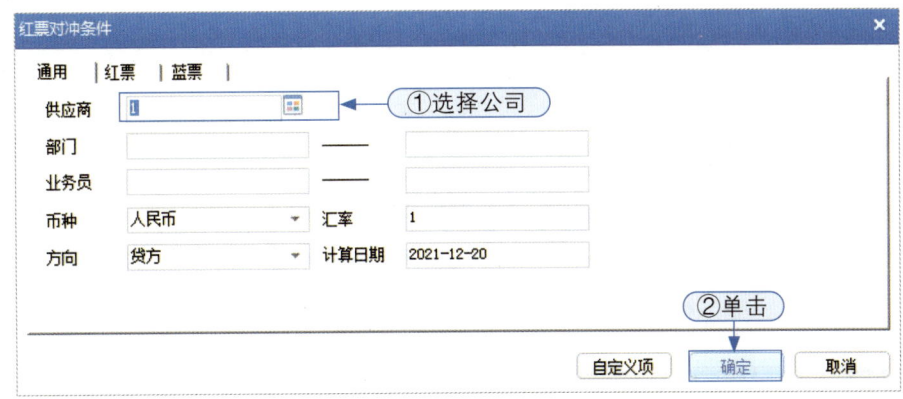

图 4-47　红票对冲条件页面

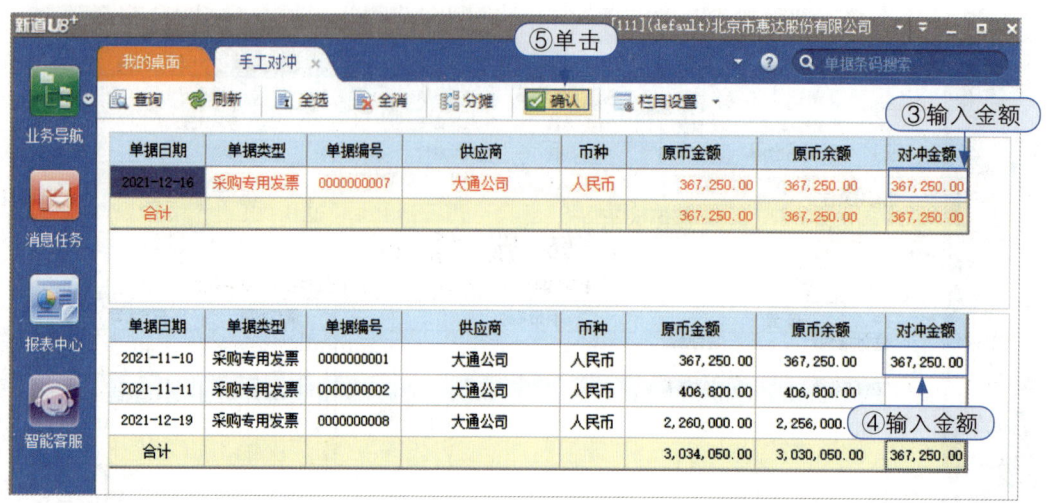

图 4-48 手工对冲页面

项目小结

本项目主要讲述了应付款管理系统初始化和应付款管理系统日常单据处理。应付款管理系统的初始化主要包括应付款管理系统概述、应付款管理系统参数的设置、应付款科目的设置以及应付款期初余额的录入。应付款管理系统日常单据处理，主要有应付单据录入、采购专用发票录入、红字采购专用发票录入、选择收款、付款单录入、票据管理、核销处理、转账处理、红票对冲等内容。

思考与练习

一、单项选择题

1. 在用友 U8+ 软件中，应付款管理系统的参数设置由（ ）操作员执行。

A. 11　　　　　　　　B. 12　　　　　　　　C. 13　　　　　　　　D. 14

2. 应付款管理系统的参数设置是在（ ）完成的。

A. 设置—选项 　　B. 初始设置
C. 项目设置 　　D. 自定义项目设置

3. 在应付款管理系统中，基本科目的设置包括（　　）。

A. 应收科目 　　B. 应付科目
C. 预收科目 　　D. 对方科目

4. 在应付款管理系统的基本科目设置中，税金科目应该设置为（　　）。

A. 应交税费—应交增值税—销项税额
B. 应交税费—应交增值税—进项税额
C. 应交税费—应交增值税—转出未交增值税
D. 应交税费—应交增值税—已交税金

5. 在应付款管理系统的基本科目设置中，应付科目应该设置为（　　）。

A. 应付账款 　　B. 预付账款
C. 应收账款 　　D. 其他应收款

二、多项选择题

1. 在应付款管理系统的初始设置中，科目设置包含以下（　　）内容。

A. 基本科目设置 　　B. 控制科目设置
C. 产品科目设置 　　D. 结算方式科目设置

2. 应付款管理系统的初始设置包括（　　）。

A. 设置系统参数 　　B. 设置基础信息
C. 录入期初余额 　　D. 核销

3. 应付款管理系统的主要功能有（　　）。

A. 初始设置 　　B. 单据处理
C. 转账处理 　　D. 凭证处理

4. 应付款管理系统的核销设置中控制参数有（　　）。

A. 相同合同号 　　B. 相同出库单号
C. 相同订单号 　　D. 审核后自动核销

5. 应付款管理系统的日常业务处理包括（　　）。

A. 应付单据处理 　　B. 应付单据处理
C. 单据核销 　　D. 转账处理

三、判断题

1. 应付款管理系统初始化设置时，要进入系统管理页面操作。（　　）

2. 应付款核销的设置是应付款管理系统初始化的参数设置。（　　）

3. 在应付款管理系统中进行初始设置时必须设置基本会计科目，否则不能编制会计凭证。（　　）

4. 应付款管理系统中，日常业务处理主要包括采购发票、付款单据、退款单据、应付票据的输入与处理，以及往来对账与错账处理。（　　）

5. 应付日常业务处理是指U8$^+$的用户，可以通过应付款管理系统进行单据的录入、查询和分析等工作。（　　）

四、简答题

1. 怎样完成应付款管理系统的科目设置？
2. 应付款管理系统的日常业务处理包括哪些内容？
3. 怎样修改应付单据？

项目 5 固定资产管理系统

知识目标

◎ 了解固定资产管理系统的基本功能；
◎ 掌握固定资产管理系统的日常业务处理流程；
◎ 掌握固定资产管理系统参数的设置；
◎ 掌握固定资产折旧的处理过程。

技能目标

◎ 掌握固定资产管理系统的初始化设置；
◎ 掌握固定资产增加、减少、变动的处理；
◎ 掌握固定资产计提减值准备与计提折旧。

案例导入

固定资产管理系统是用友U8⁺的重要模块之一。2021年11月，北京市双源有限责任公司财务部李某根据相关数据对固定资产进行初始设置并根据设定业务进行日常业务处理。

案例评析

根据前述资料，李某是如何进行固定资产日常业务处理，包括固定资产增加、固定资产使用部门转移、计提减值准备、计提折旧、固定资产处置等操作的？

本章导语

固定资产是财务管理和企业管理的重要内容，固定资产的正确核算与严格管理对企业的生产经营意义重大，因此固定资产的管理电算化工作就显得尤为重要。

任务 5.1 固定资产管理系统初始化

5.1.1 固定资产管理系统概述

固定资产管理系统流程如图 5-1 所示。

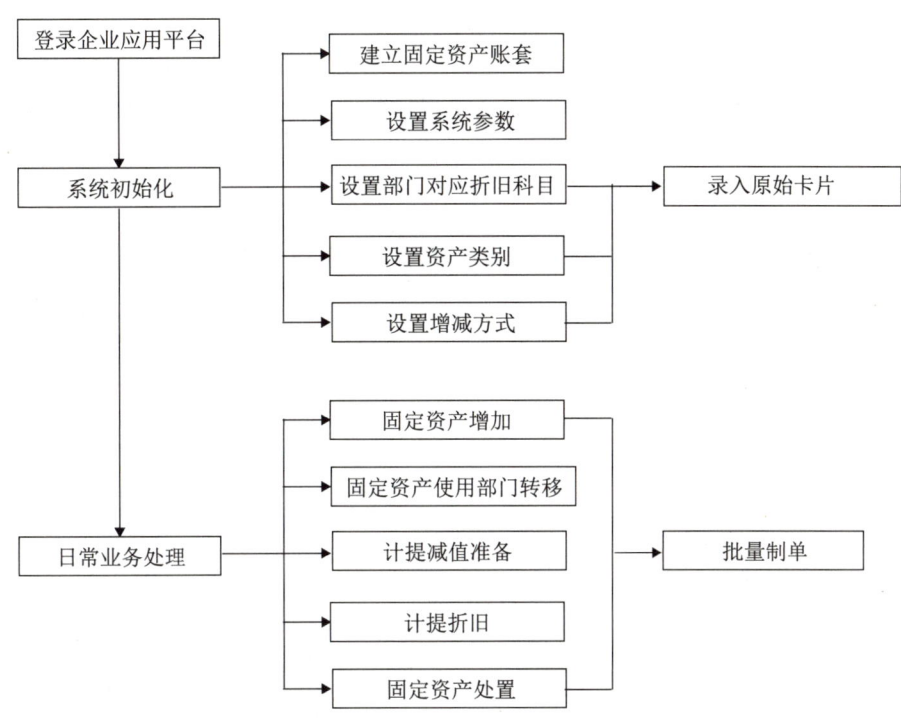

图 5-1 固定资产管理系统流程

本系统适用于各类企业和行政事业单位进行设备管理、折旧计提等。同时，可为总账系统提供折旧凭证，为成本管理系统提供设备折旧费用依据。

5.1.2 建立固定资产账套

【情景 5-1】根据表 5-1 的信息建立固定资产账套，其他项目设置为默认。

表 5-1 固定资产账套信息

约定及说明	同意	
启用月份	2021 年 12 月	
折旧信息	本账套计提折旧	勾选
	主要折旧方法	平均年限法（一）
	折旧汇总分配周期	1 个月
	当（月初已计提月份 = 可使用月份 -1）时将剩余折旧全部提足（工作量法除外）	勾选

续表

编码方式	资产类别编码方式	212
	固定资产编码方式	自动编码——类别编码+部门编码+序号
	序号长度	3
账务接口	与账务系统进行对账	勾选
	对账科目	固定资产对账科目：1601，固定资产
		累计折旧对账科目：1602，累计折旧
	在对账不平情况下允许固定资产月末结账	勾选

操作方法如下：

建立固定资产账套的具体操作过程如图 5-2 至图 5-11 所示。

在用友 U8⁺ 企业应用平台，依次选择【业务导航】→【财务会计】→【固定资产】→【选项】选项。

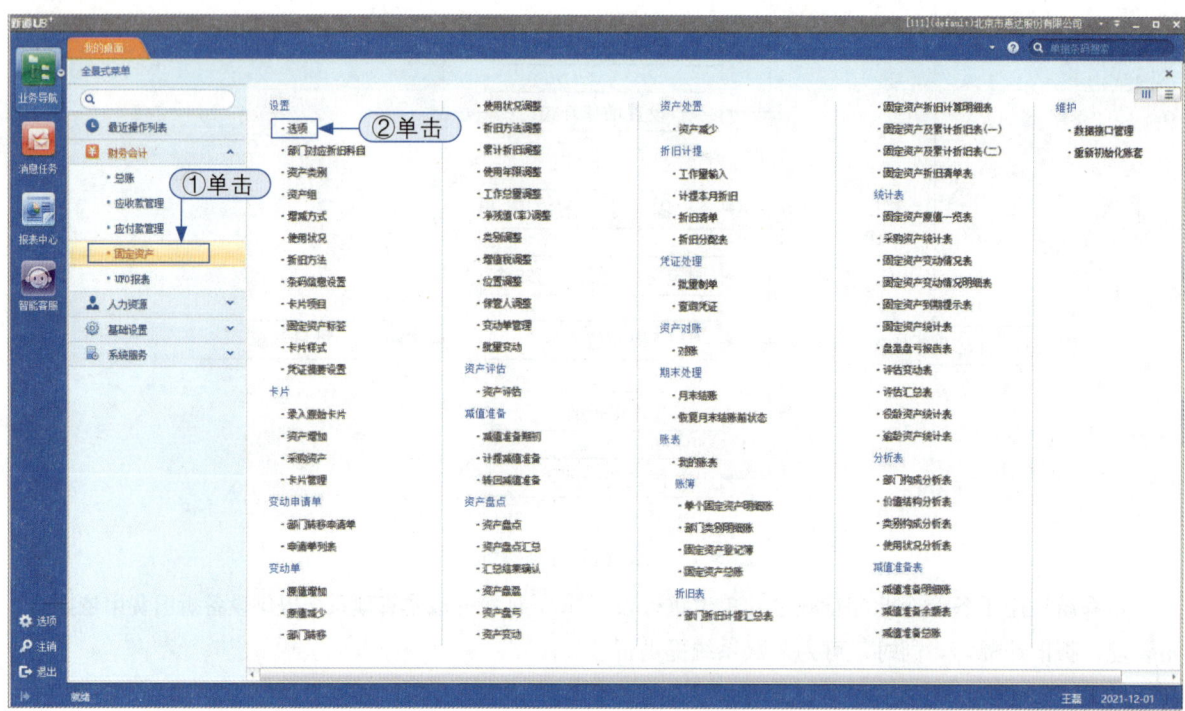

图 5-2　固定资产业务导航页面

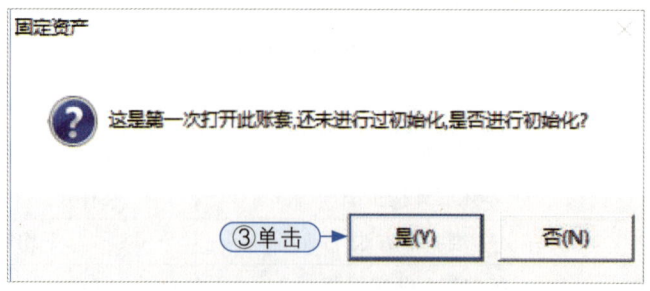

图 5-3　固定资产初始化提示

项目 5　固定资产管理系统

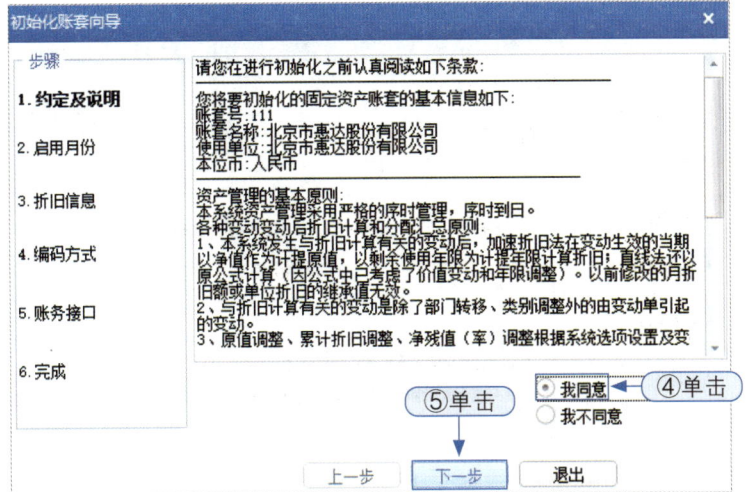

图 5-4　初始化账套向导的约定及说明页面

图 5-5　初始化账套向导的启用月份页面

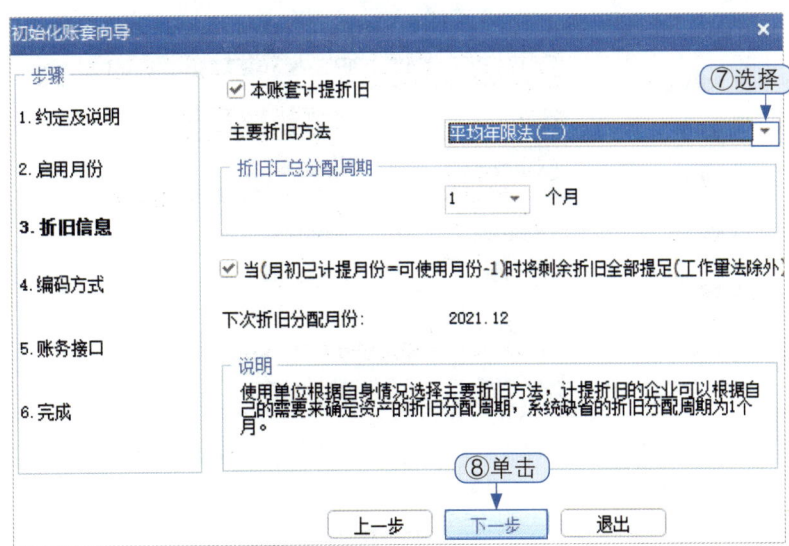

图 5-6　初始化账套向导的折旧信息页面

·125·

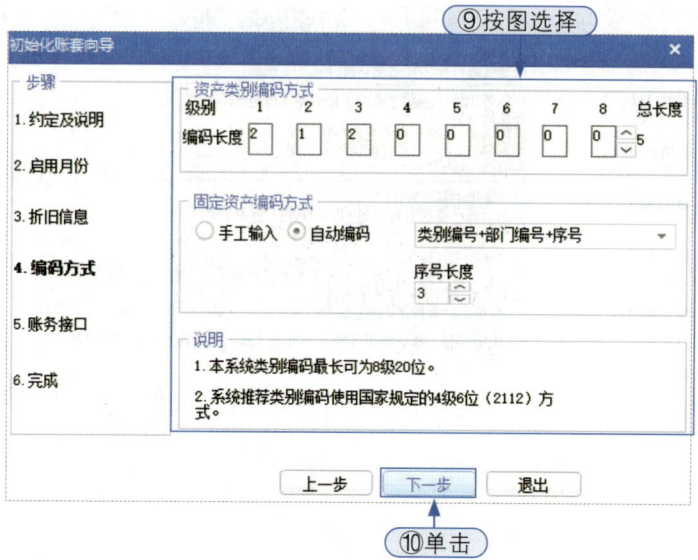

图 5-7　初始化账套向导的编码方式页面

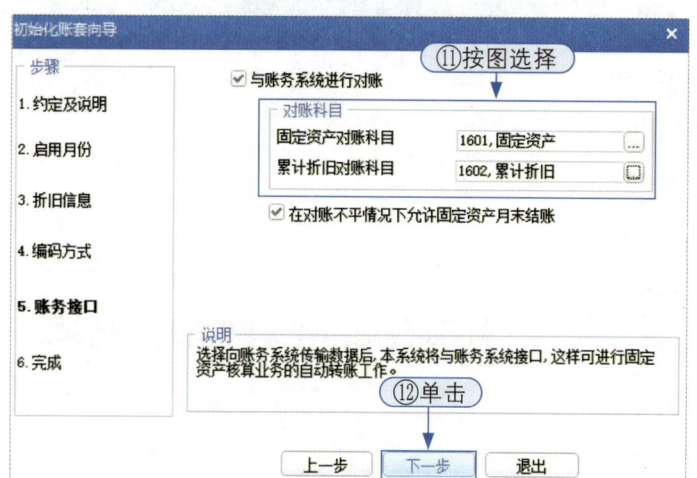

图 5-8　初始化账套向导的账务接口页面

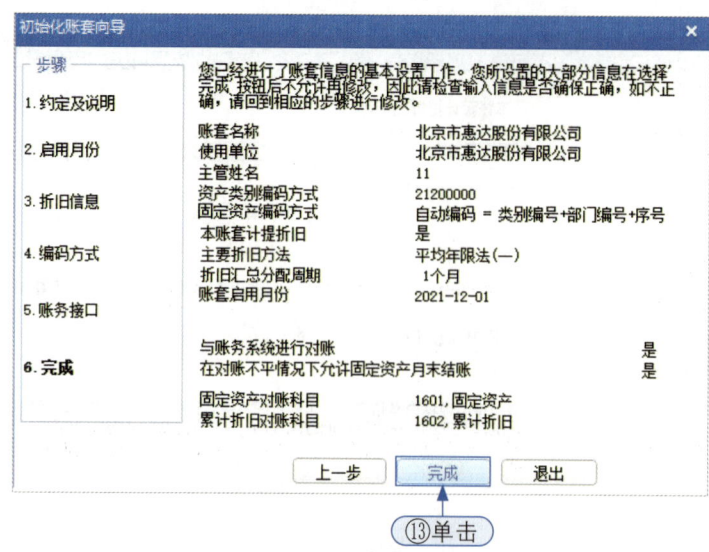

图 5-9　初始化账套向导完成页面

项目 5 固定资产管理系统

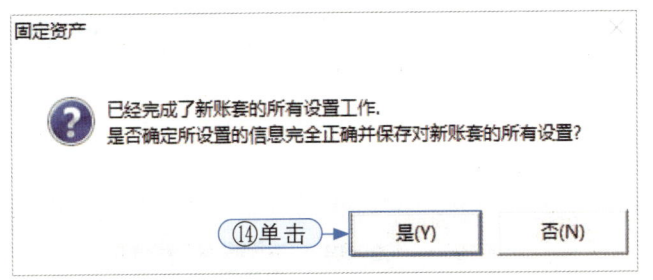

图 5-10 固定资产初始化提示

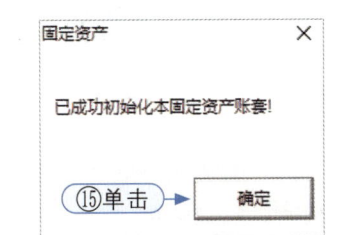

图 5-11 固定资产初始化成功提示

5.1.3 设置系统参数

【情景 5-2】根据表 5-2 的信息设置固定资产参数。

表 5-2 固定资产参数补充信息

	月末结账前一定要完成制单登账业务	
补充参数	本期发生额对账不平允许结账	
	［固定资产］缺省入账科目	1601
	［累计折旧］缺省入账科目	1602
	［减值准备］缺省入账科目	1603
	［增值税进项税额］缺省入账科目	22210101
	［固定资产清理］缺省入账科目	1606

设置系统参数的操作方法过程如图 5-12 至图 5-16 所示。

在用友 U8⁺ 企业应用平台，依次选择【业务导航】→【财务会计】→【固定资产】→【设置】→【选项】选项。

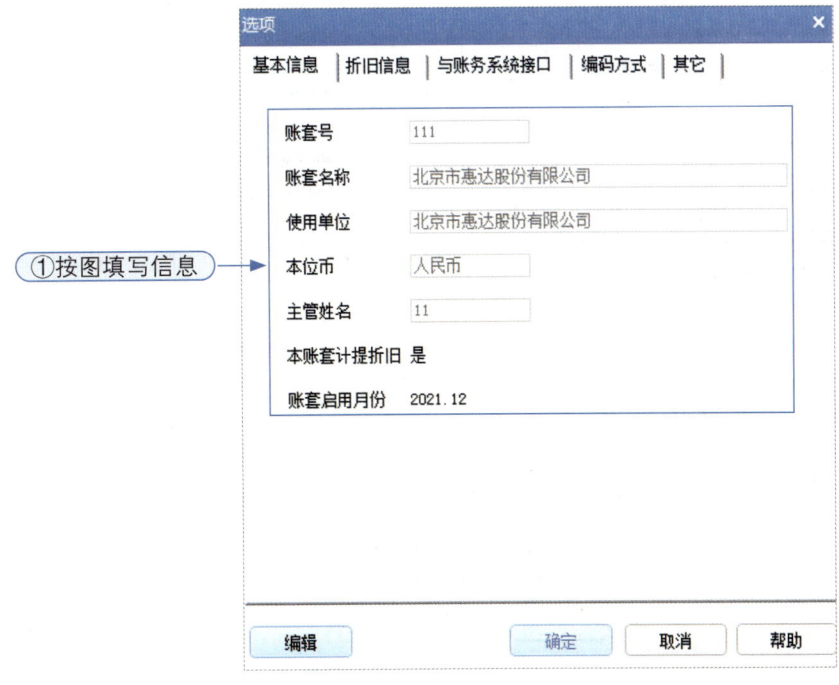

图 5-12 基本信息页面

图 5-13　折旧信息页面

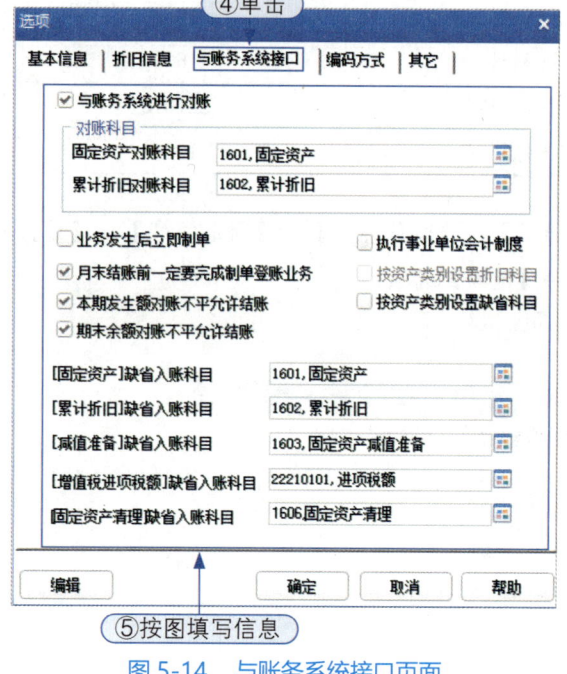

图 5-14　与账务系统接口页面

图 5-15　编码方式页面

图 5-16　其他页面

5.1.4　设置部门对应折旧科目

【情景 5-3】根据表 5-3 的信息设置部门对应折旧科目。

表 5-3　部门对应折旧科目

部　　门		对应折旧科目	
管理部门、财务部、采购部		管理费用	折旧费
销售部		销售费用	折旧费
一车间（成品车间）	二车间（半成品车间）	制造费用	折旧费

在用友 U8+ 企业应用平台，依次选择【业务导航】→【财务会计】→【固定资产】→【设置】→【部门对应折旧科目】选项。设置部门对应折旧科目的具体操作过程如图 5-17 至图 5-20 所示。

> **提示**
>
> 本项目不做个别提示时，均以王磊身份进行操作。

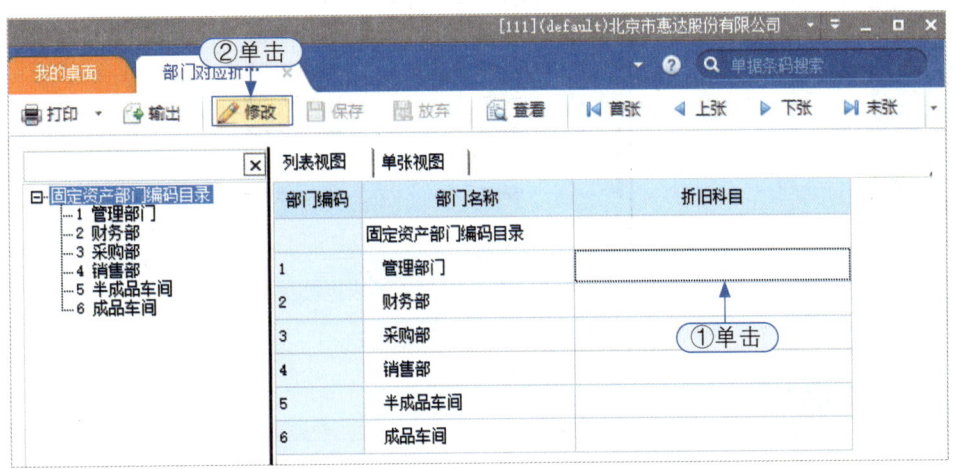

图 5-17　修改管理部门对应折旧科目页面

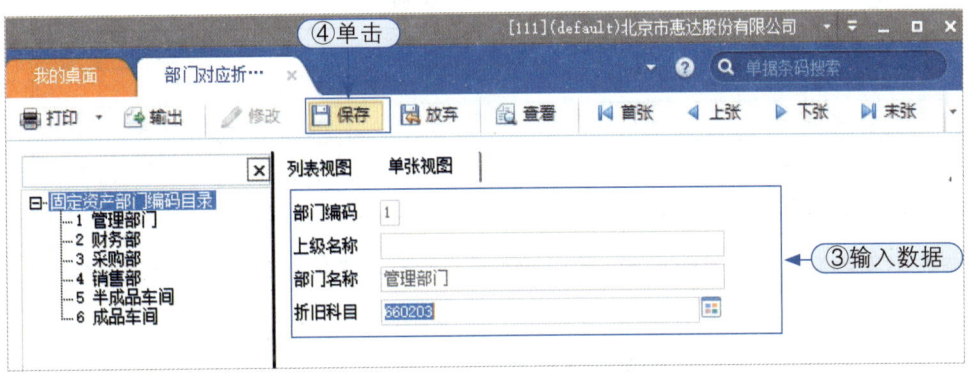

图 5-18　输入管理部门对应折旧科目页面

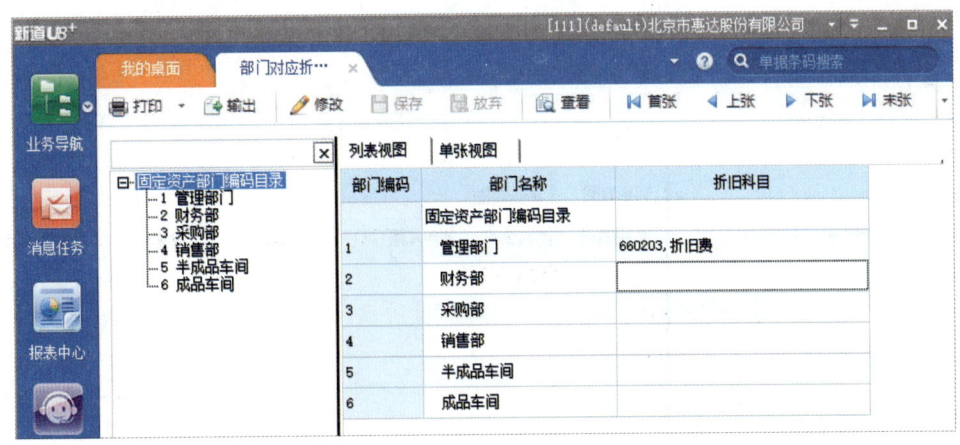

图 5-19　管理部门对应折旧科目设置完成页面

按照设置管理部门对应折旧科目的操作过程，设置财务部、采购部、销售部、半成品车间、成品车间等部门的对应折旧科目，结果如图 5-20 所示。

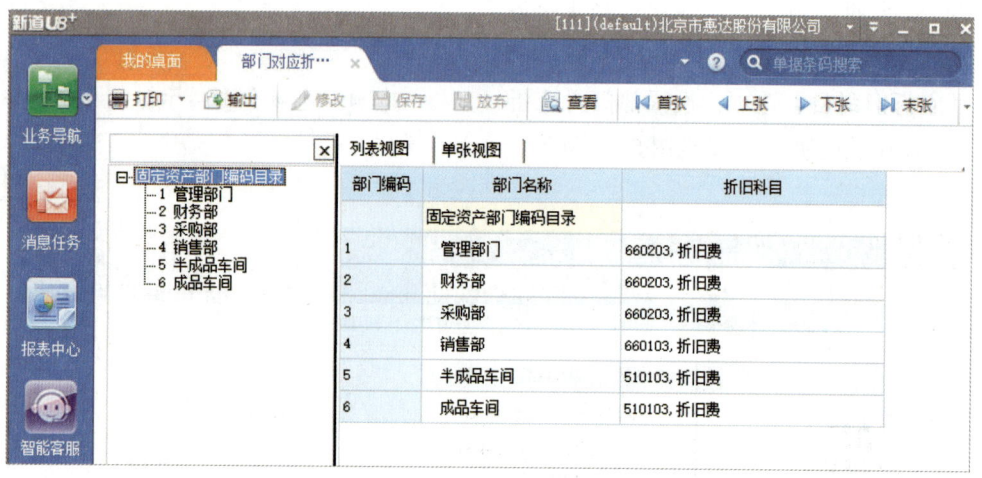

图 5-20　部门对应折旧科目的列表视图页面

5.1.5　设置资产类别

【情景 5-4】根据表 5-4 的信息设置资产类别。

表 5-4　资产类别

编码	类别名称	使用年限	净残值率/%	卡片样式	计提属性
01	房屋及建筑物	30	5	通用样式（二）	正常计提
02	设备			含税卡片样式	正常计提
021	生产设备	6	4	含税卡片样式	正常计提
022	办公设备	3	3	含税卡片样式	正常计提

设置资产类别的具体操作过程如图 5-21、图 5-22 所示。

在用友 U8⁺ 企业应用平台，依次选择【业务导航】→【财务会计】→【固定资产】→【设置】→【资产类别】选项。

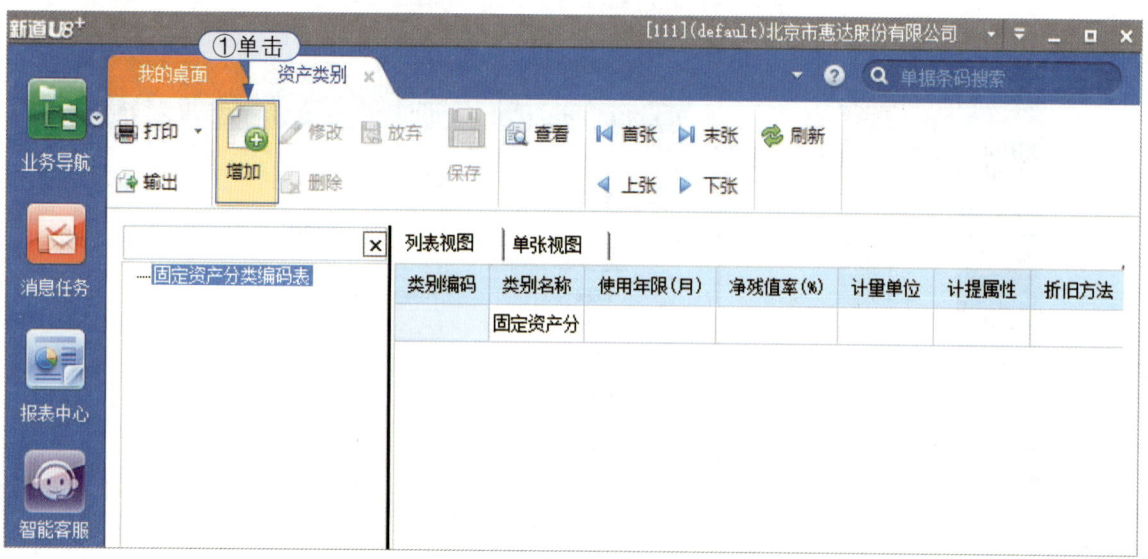

图 5-21　增加一级资产类别页面

项目 5　固定资产管理系统

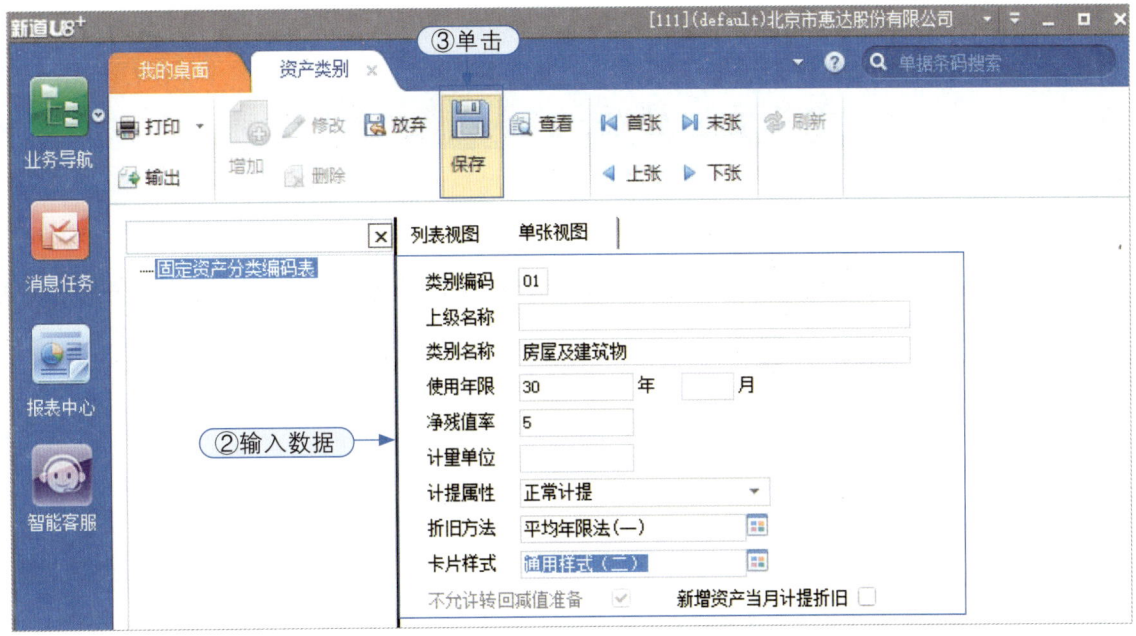

图 5-22　输入一级资产类别数据页面

按以上操作方法增加设备资产类别，完成后增加设备的二级分类，如图 5-23、图 5-24 所示。

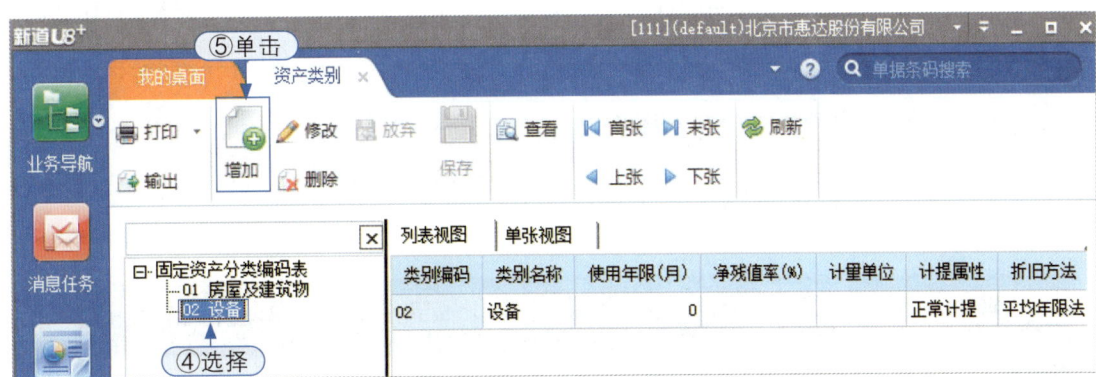

图 5-23　选择二级资产类别页面

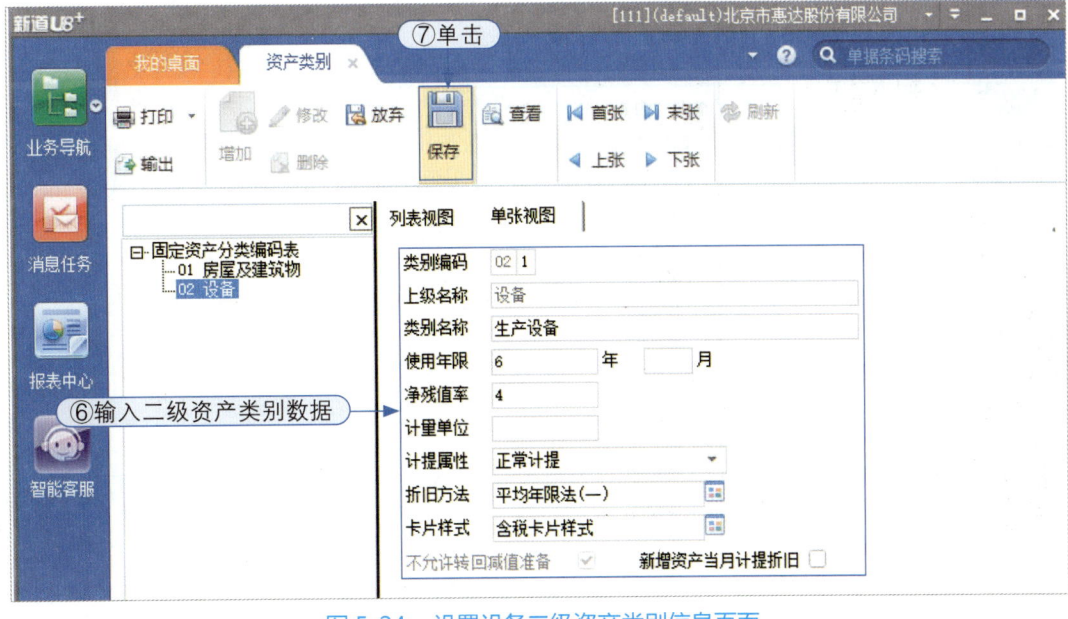

图 5-24　设置设备二级资产类别信息页面

按照以上操作过程设置设备二级资产类别，结果如图5-25所示。

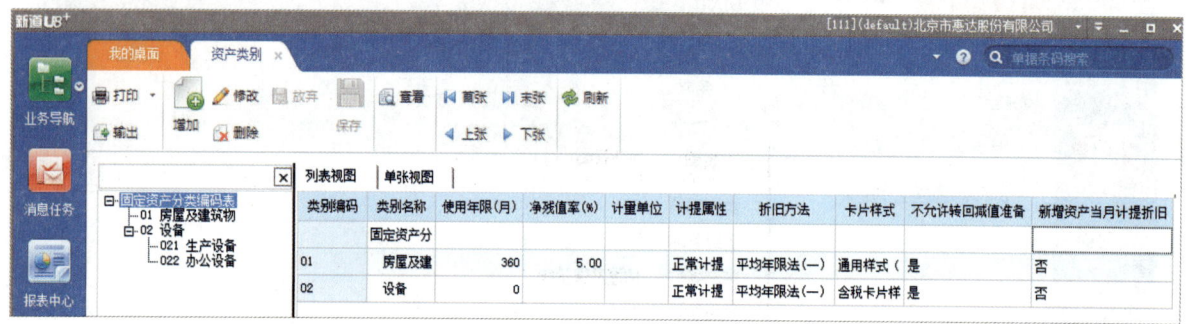

图5-25　固定资产分类编码表页面

5.1.6　设置增减方式

【情景5-5】根据表5-5的信息设置增减方式。

表5-5　增减方式

增加方式	对应入账科目			减少方式	对应入账科目	
直接购入	银行存款	工行存款	100201	出售	固定资产清理	1606

设置增加方式的操作过程如图5-26至图5-28所示。

在用友U8+企业应用平台，依次选择【业务导航】→【财务会计】→【固定资产】→【设置】→【增减方式】选项。

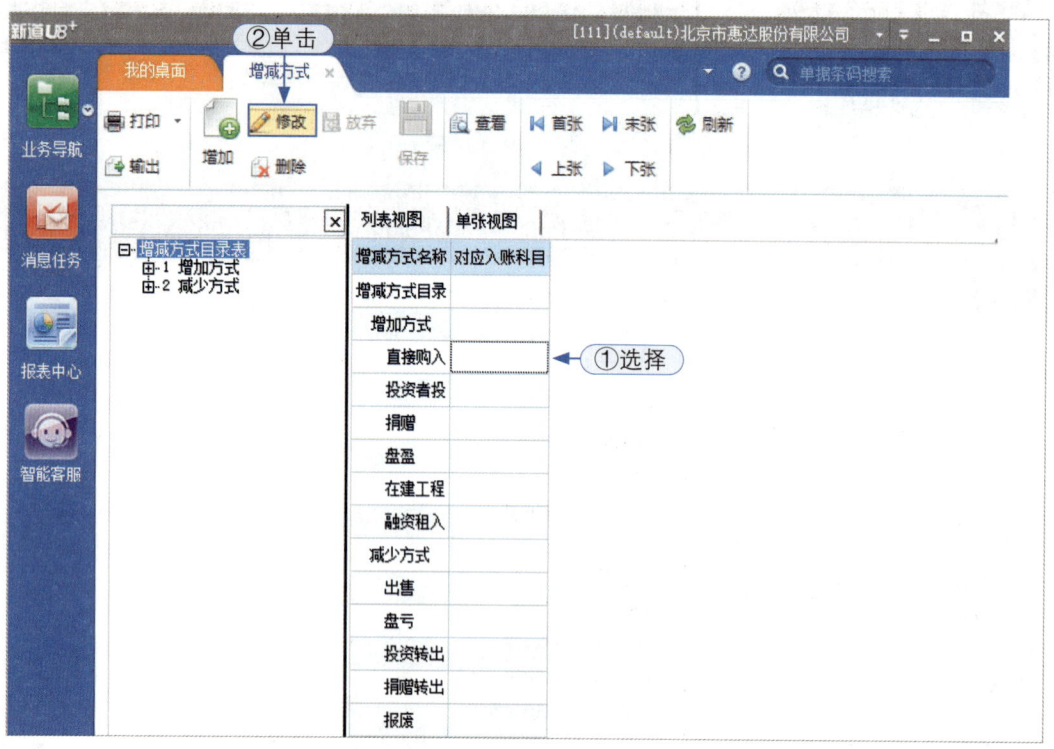

图5-26　修改增加方式

图 5-27　设置增加信息页面

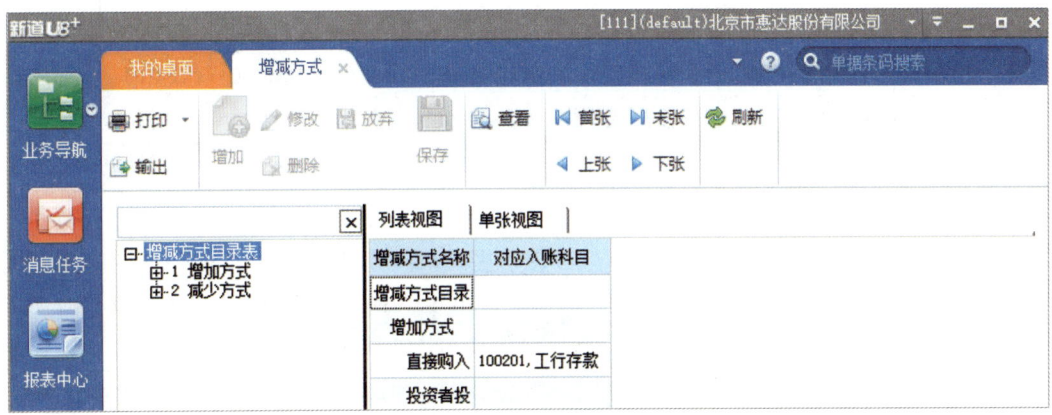

图 5-28　增加完成页面

设置减少方式与增加方式的具体操作过程相同，操作结果如图 5-29 所示。

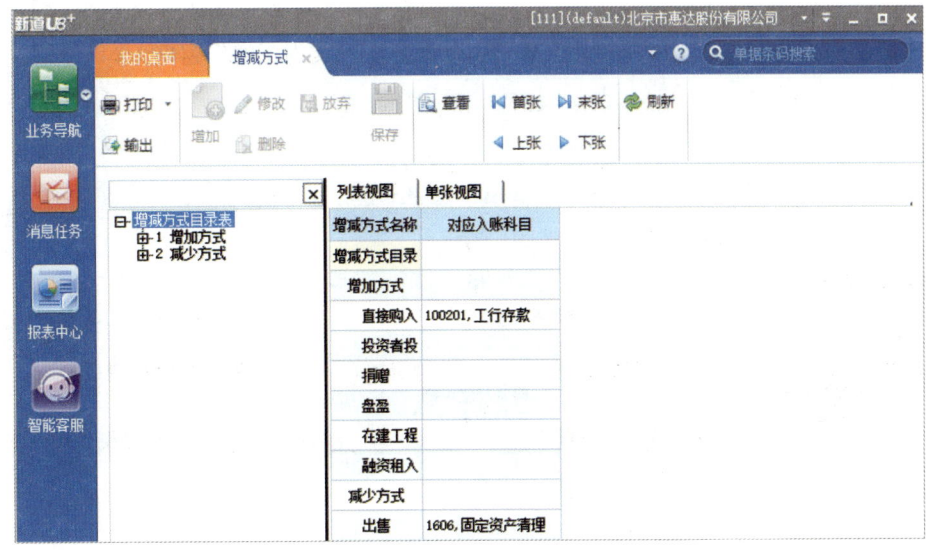

图 5-29　增减方式目录表页面

5.1.7 录入原始卡片

【情景 5-6】根据表 5-6 的信息录入原始卡片。

表 5-6　原始卡片

固定资产名称	类别编号	所在部门	增加方式	可使用年限/月	净残值率/%	开始使用日期	原值/元	累计折旧/元	增值税/元	对应折旧科目名称	
电脑	022	总经理室	购入	36	1	2020-11-01	4 000.00	1 430.00	520.00	管理费用	折旧费
电脑	022	总经理室	购入	36	1	2020-11-01	4 000.00	1 430.00	520.00	管理费用	折旧费
电脑	022	财务部	购入	36	1	2020-11-01	4 000.00	1 430.00	520.00	管理费用	折旧费
电脑	022	采购部	购入	36	1	2020-11-01	4 000.00	1 430.00	520.00	管理费用	折旧费
电脑	022	销售部	购入	36	1	2020-11-01	4 000.00	1 430.00	520.00	销售费用	折旧费
电脑	022	半成品车间	购入	36	1	2020-11-01	4 000.00	1 430.00	520.00	制造费用	折旧费
电脑	022	成品车间	购入	36	1	2020-11-01	4 000.00	1 430.00	520.00	制造费用	折旧费
打印机	022	总经理室	购入	36	1	2020-11-01	1 800.00	643.50	234.00	管理费用	折旧费
打印机	022	采购部	购入	36	1	2020-11-01	1 800.00	643.50	234.00	管理费用	折旧费
打印机	022	销售部	购入	36	1	2020-11-01	1 800.00	643.50	234.00	销售费用	折旧费
打印机	022	半成品车间	购入	36	1	2020-11-01	1 800.00	643.50	234.00	制造费用	折旧费
打印机	022	成品车间	购入	36	1	2020-11-01	1 800.00	643.50	234.00	制造费用	折旧费
复印机	022	总经理室	购入	36	1	2020-11-01	3 000.00	1 072.50	390.00	管理费用	折旧费
加工生产线	生产线	021	半成品车间	购入	72	4	2020-11-01	330 000.00	52 389.00	42 900.00	制造费用	折旧费
涂装生产线	生产线	021	成品车间	购入	72	4	2020-11-01	480 000.00	86 384.00	62 400.00	制造费用	折旧费
厂房	01	半成品车间	在建工程转入	360	4	2021-11-01	300 000.00	5 760.00	13 500.00	制造费用	折旧费
厂房	01	成品车间	在建工程转入	360	4	2021-11-01	300 000.00	5 760.00	13 500.00	制造费用	折旧费
合计							1 450 000.00	63 909.00	75 100.00		

录入原始卡片的具体操作过程如图 5-30、图 5-31 所示。

在用友 U8+ 企业应用平台，依次选择【业务导航】→【财务会计】→【固定资产】→【卡片】→【卡片管理】→【录入原始卡片】选项，打开"固定资产类别档案"窗口。

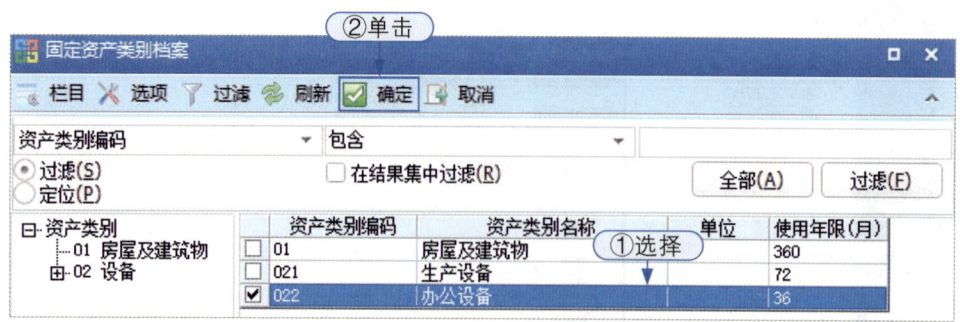

图 5-30　固定资产类别页面

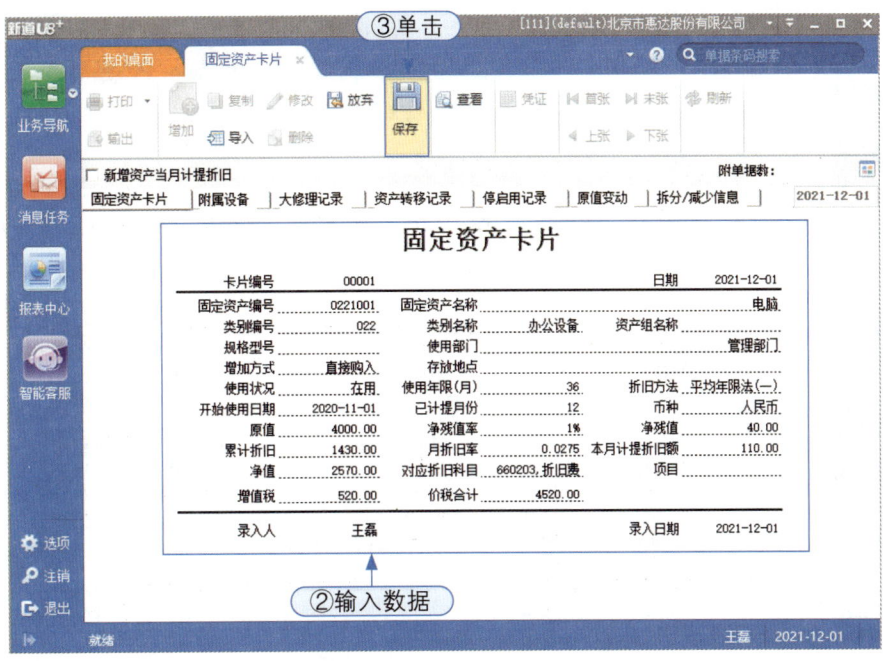

图 5-31　输入固定资产卡片信息页面

其他固定资产卡片录入的操作过程同上,全部增加完成后退出。

任务 5.2　固定资产管理系统日常业务处理

5.2.1　固定资产增加

【情景 5-7】21 日,购入打印机一台,交由销售部使用,价款为 1 800 元,增值税税率为 13%,价税合计 2 034 元,预计使用 3 年,净残值率为 3%。

固定资产增加的具体操作过程如图 5-32 至图 5-37 所示。

在用友 U8⁺ 企业应用平台,依次选择【业务导航】→【财务会计】→【固定资产】→【卡片】→【资产增加】选项。

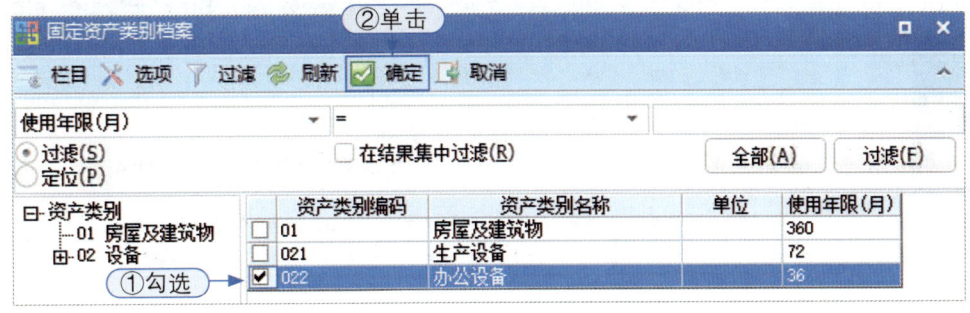

图 5-32　固定资产类别档案页面

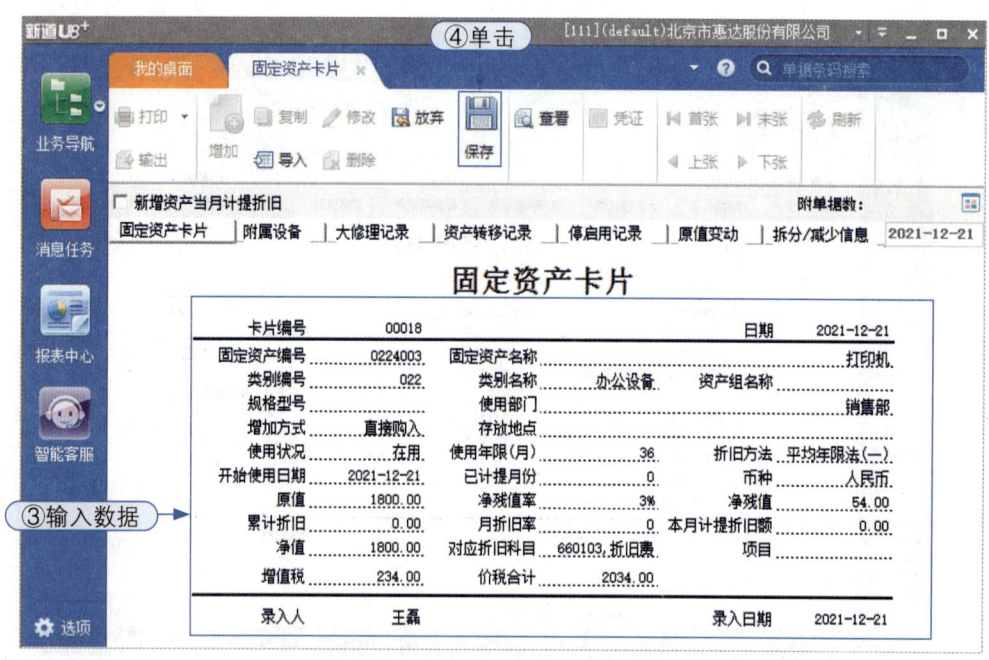

图 5-33　固定资产增加完成页面

保存完成后，在用友 U8⁺ 企业应用平台，依次选择【业务导航】→【财务会计】→【固定资产】→【处理】→【批量制单】选项。

图 5-34　查询条件——批量制单页面

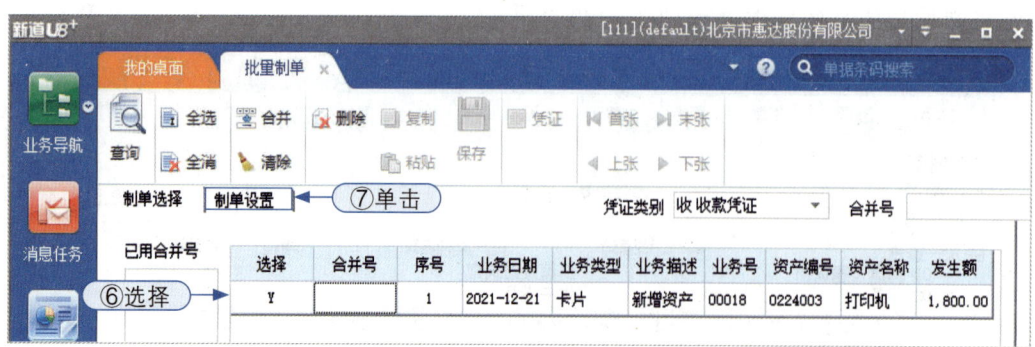

图 5-35　批量制单的制单选择页面

· 136 ·

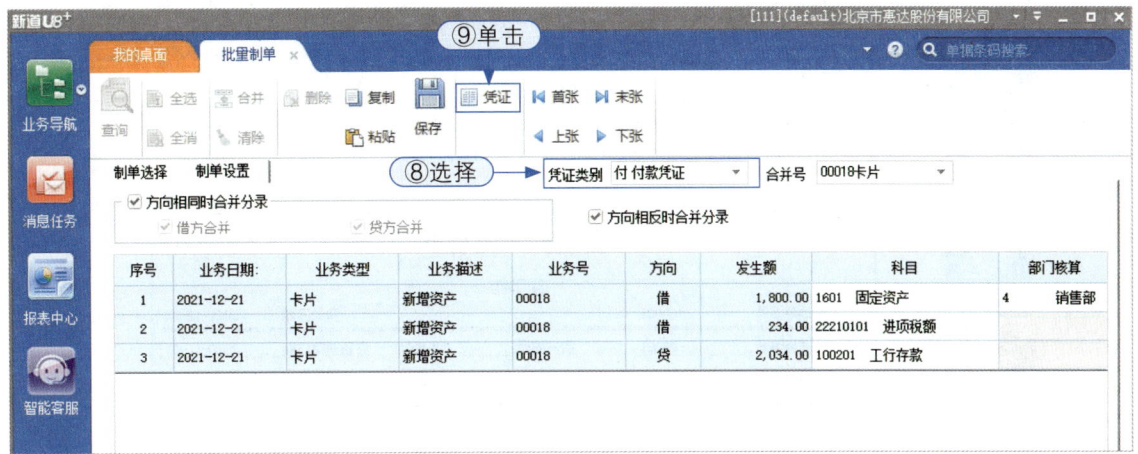

图 5-36　批量制单的制单设置页面

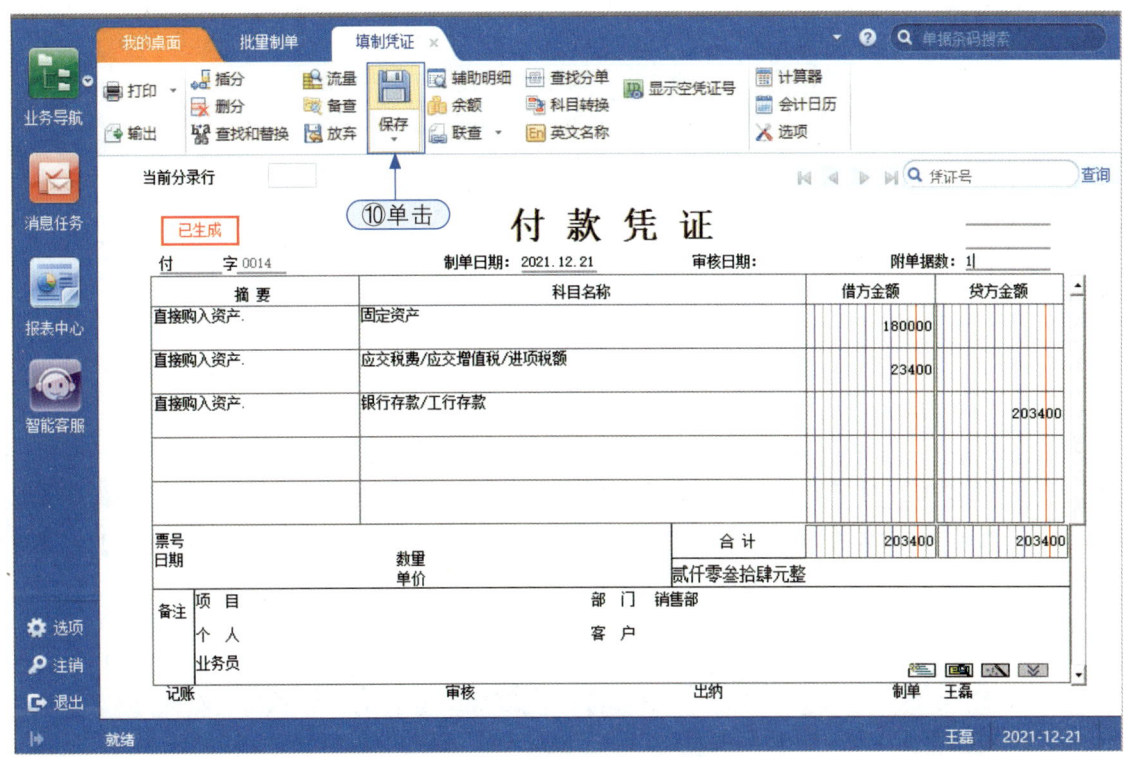

图 5-37　付款凭证生成页面

5.2.2　固定资产使用部门转移

【情景 5-8】22 日，由于销售部急需电脑，将总经理室的电脑（编号 0221001）转移到销售部。

固定资产使用部门转移的具体操作过程如图 5-38、图 5-39 所示。

在用友 U8⁺ 企业应用平台，依次选择【业务导航】→【财务会计】→【固定资产】→【变动单】→【部门转移】选项。

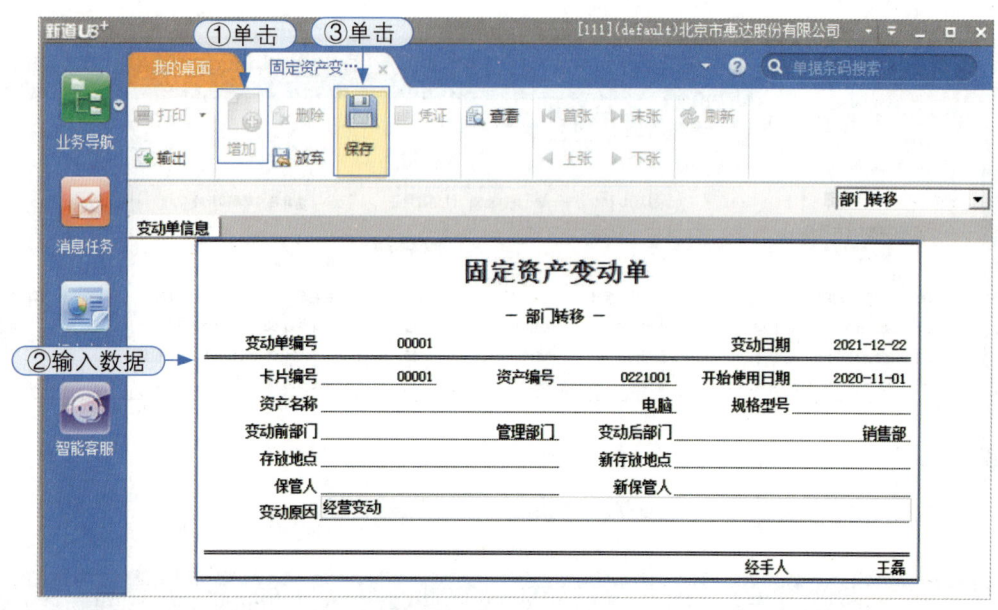

图 5-38 输入固定资产变动单——部门转移信息页面

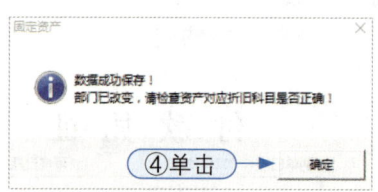

图 5-39 变动成功提示

5.2.3 计提减值准备

【情景 5-9】22 日，对一车间已经发生减值迹象的加工生产线计提减值准备 5 000 元。

计提减值准备的具体操作过程如图 5-40 至图 5-43 所示。

在用友 U8+ 企业应用平台，依次选择【业务导航】→【财务会计】→【固定资产】→【减值准备】→【计提减值准备】选项。

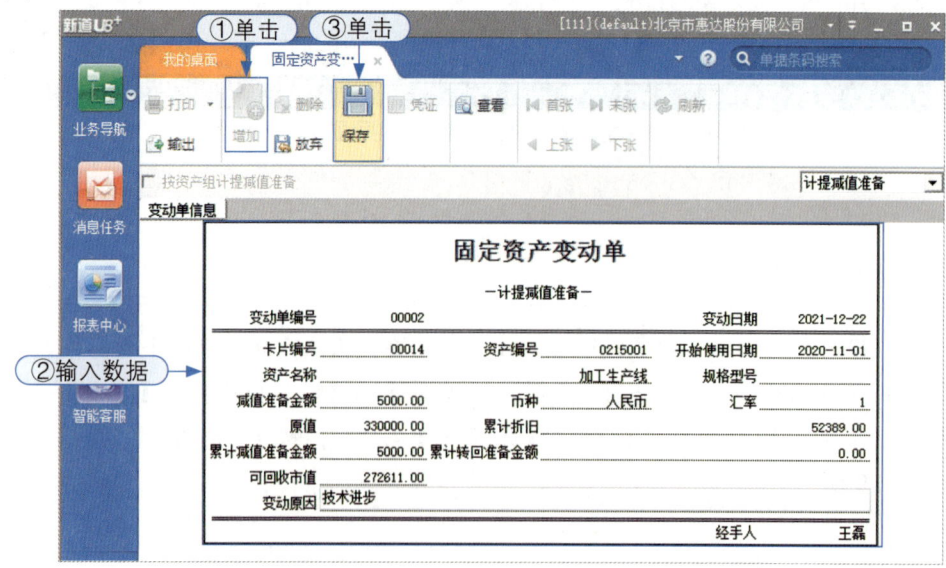

图 5-40 输入固定资产变动单——计提减值准备信息页面

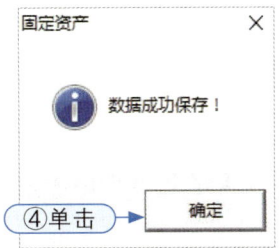

图 5-41 计提成功提示

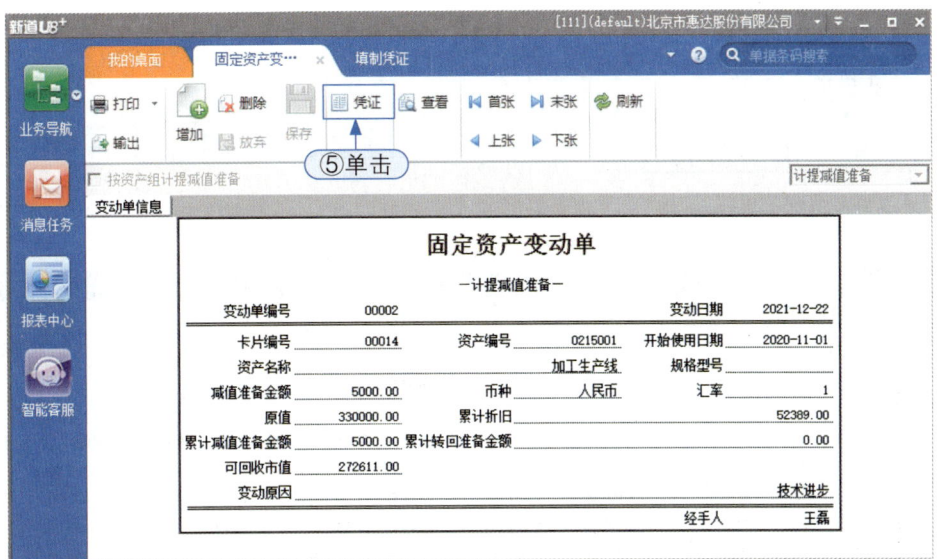

图 5-42 查看凭证页面

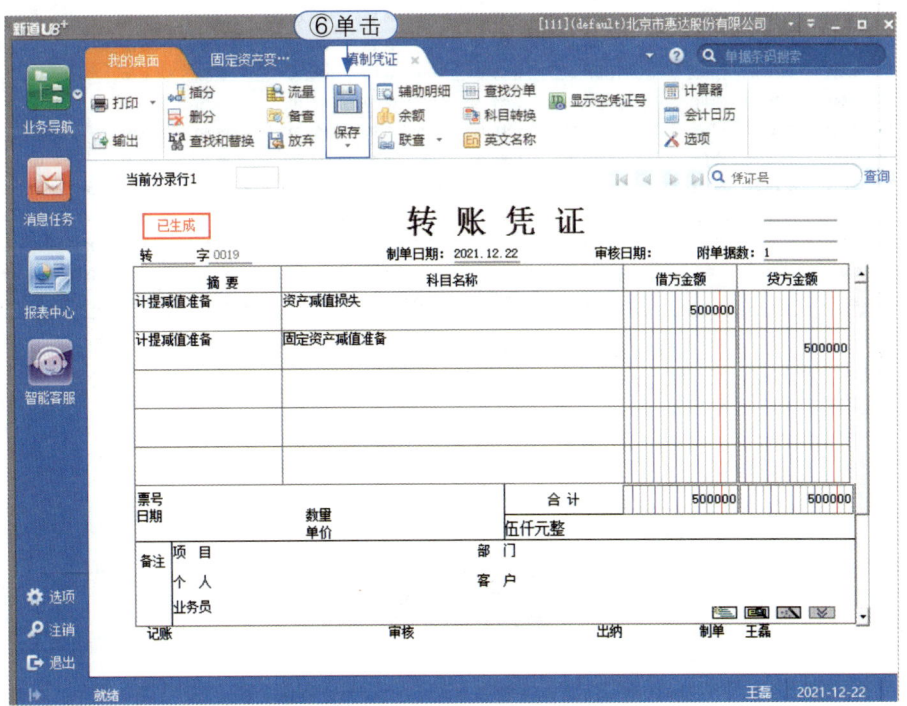

图 5-43 转账凭证生成页面

5.2.4 计提折旧

【情景5-10】25日，计提本月折旧费用（采用批量制单）。

在用友U8⁺企业应用平台，依次选择【业务导航】→【财务会计】→【固定资产】→【折旧计提】→【计提本月折旧】选项。具体操作过程如图5-44至图5-49所示。

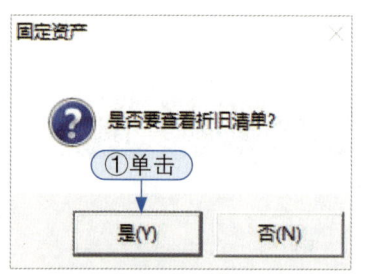

图 5-44　查看折旧清单提示

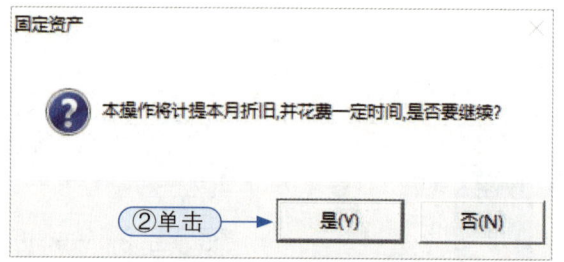

图 5-45　计提本月折旧提示

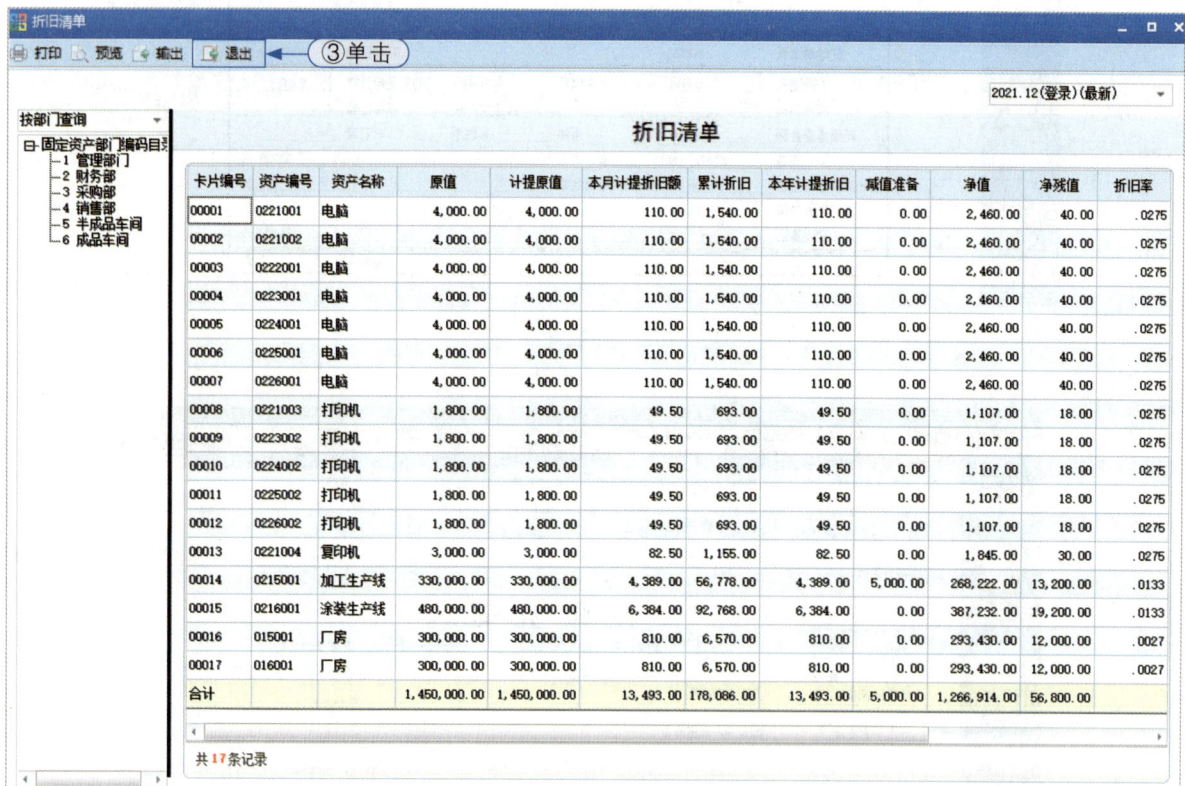

图 5-46　折旧清单生成页面

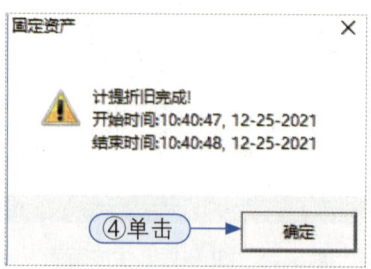

图 5-47　计提本月折旧提示

单击【确定】按钮后会弹出折旧分配表，退出时还可以通过在用友 U8⁺ 企业应用平台，依次选择【业务导航】→【财务会计】→【固定资产】→【折旧计提】→【折旧分配表】选项，打开"折旧分配表"。

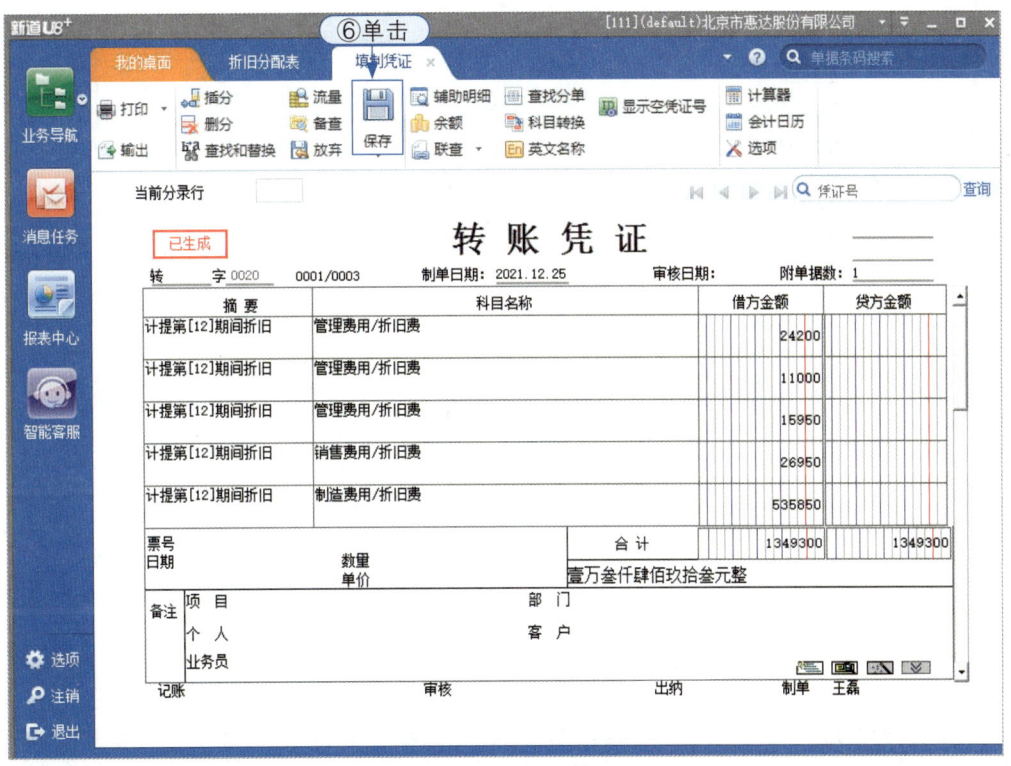

图 5-48　折旧分配表页面

图 5-49　转账凭证生成页面

5.2.5　固定资产处置

【情景5-11】25 日，出售销售部使用的复印机，收到复印机出售款 2 000 元，增值税税率 13%，以转账支票（支票号：4001）收讫。

在用友 U8⁺ 企业应用平台，依次选择【业务导航】→【财务会计】→【固定资产】→【资产处置】→【资产减少】选项。固定资产处置的具体操作过程如图 5-50 至图 5-56 所示。

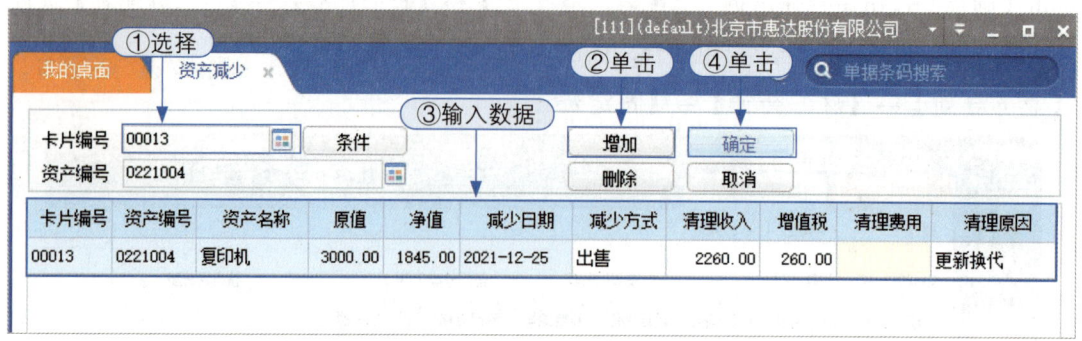

图 5-50 输入资产减少信息页面

单击【确定】按钮后，在用友 U8⁺ 企业应用平台，依次选择【业务导航】→【财务会计】→【固定资产】→【处理】→【批量制单】选项。

图 5-51 查询条件—批量制单页面

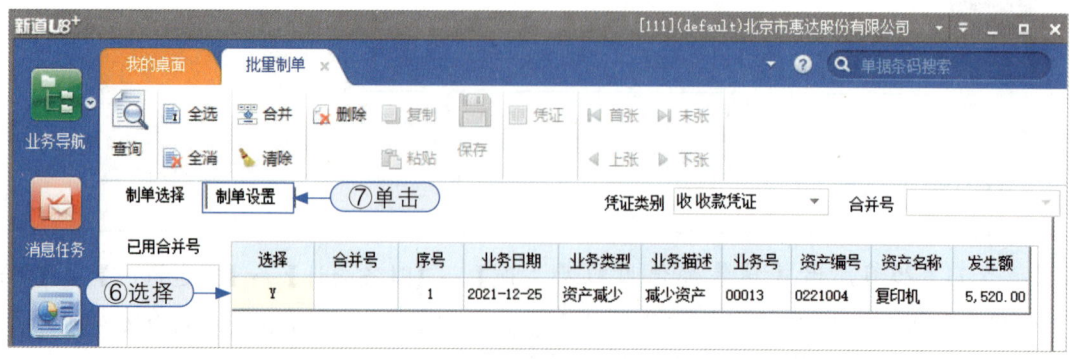

图 5-52 批量制单的制单选择页面

· 142 ·

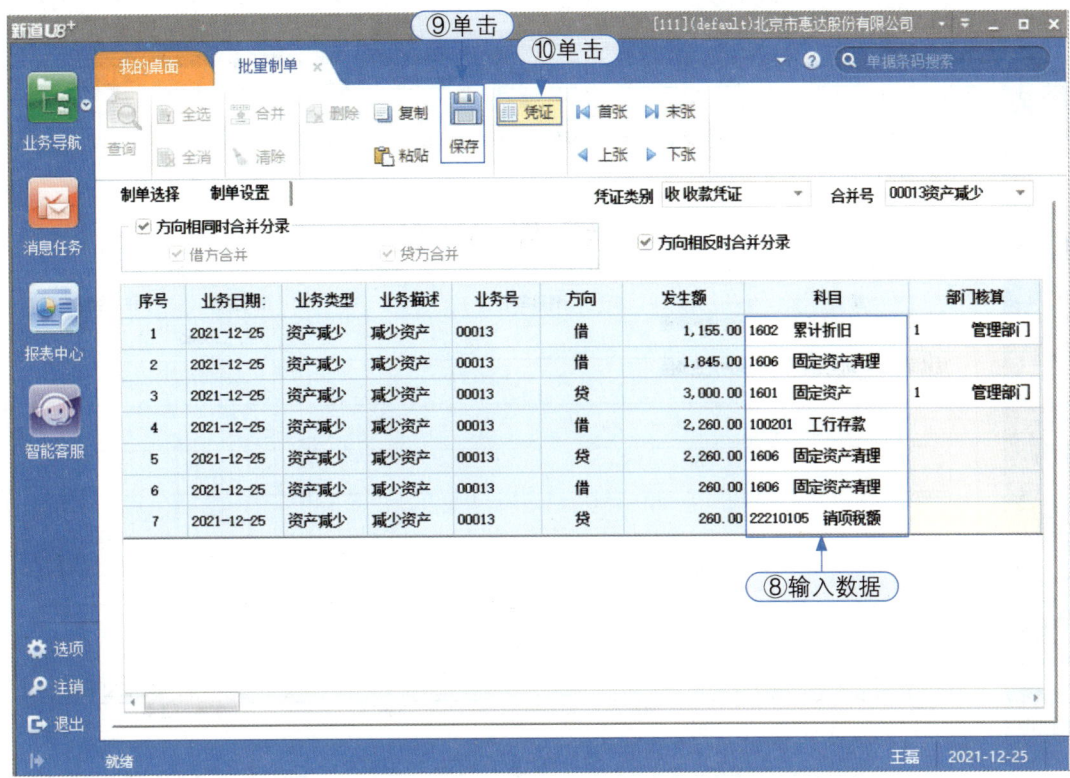

图 5-53　批量制单的制单设置页面

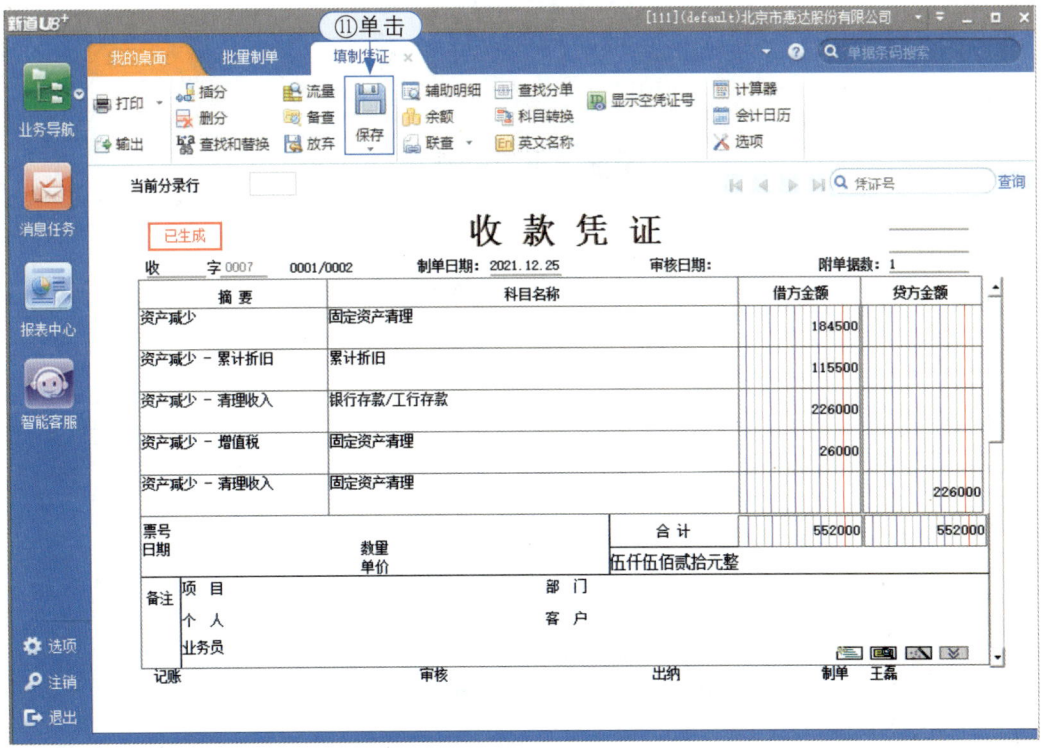

图 5-54　收款凭证生成页面

保存后，在用友 U8+ 企业应用平台，依次选择【业务导航】→【财务会计】→【总账】→【凭证】→【填制凭证】选项，打开"填制凭证"窗口，填制一张结转清理费用的转账凭证。

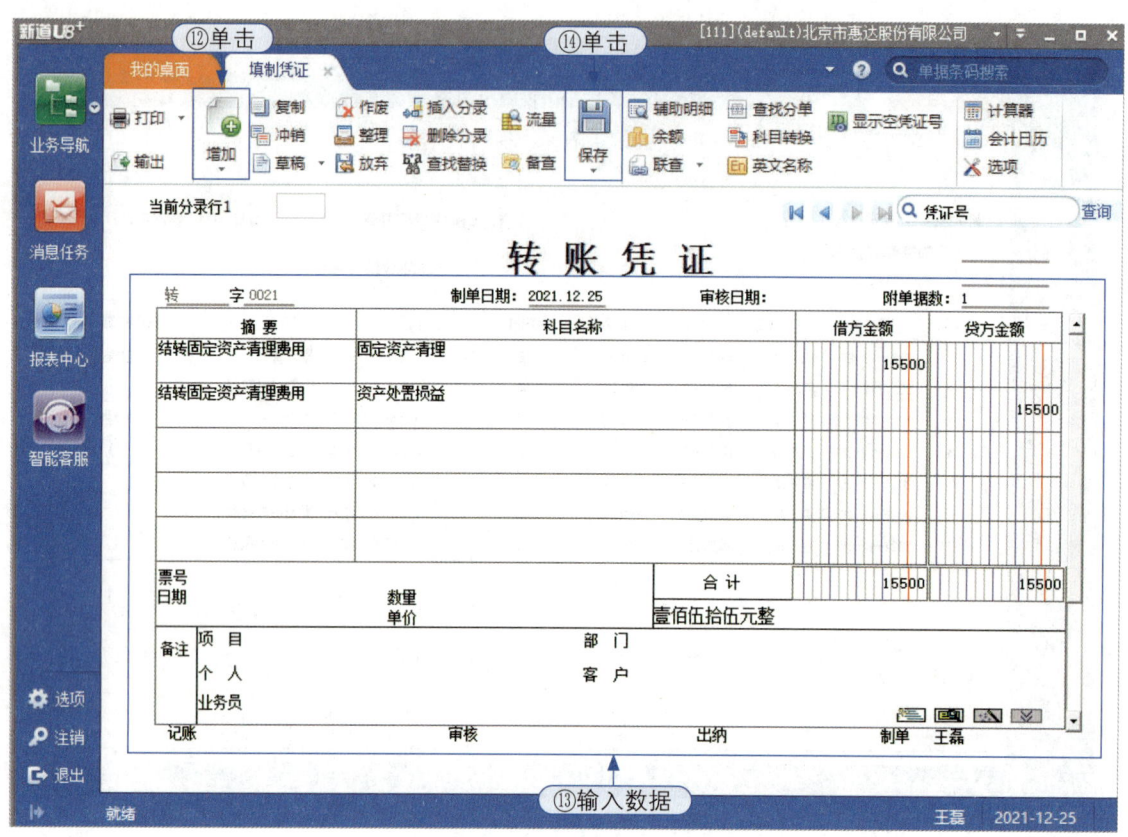

图 5-55　转账凭证页面

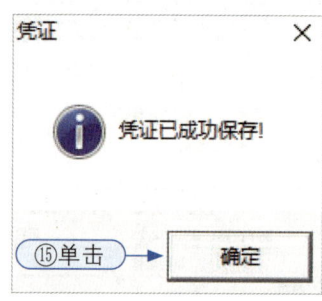

图 5-56　凭证保存成功提示

项目小结

　　固定本项目主要讲述了固定资产管理系统初始化和固定资产管理系统日常业务处理。固定资产管理系统初始化主要包括固定资产管理系统概述、建立固定资产账套、设置系统参数、设置部门对应折旧科目、设置资产类别、设置增减方式和录入原始卡片；固定资产管理系统日常业务处理主要包括固定资产增加、固定资产使用部门转移、计提减值准备、计提折旧和固定资产处置等内容。

思考与练习

一、单项选择题

1. 固定资产系统初始化包括（ ）。
   A. 计提折旧　　　B. 变动信息录入
   C. 固定资产增加　D. 折旧信息设置

2. 固定资产系统初始化的内容包括（ ）。
   A. 约定及说明、启用月份、折旧信息、编码方式、财务接口和完成设置
   B. 定义固定资产卡片样式
   C. 计提以前年度折旧
   D. 录入固定资产原始卡片

3. 在固定资产管理系统中，设置部门对应折旧科目所指的是（ ）。
   A. 成本或费用科目　B. 累计折旧科目
   C. 固定资产科目　　D. 任意科目

4. 以下关于固定资产部门对应的折旧科目说法正确的是（ ）。
   A. 管理部门对应折旧科目——管理费用
   B. 销售部门对应折旧科目——管理费用
   C. 财务部门对应折旧科目——财务费用
   D. 生产车间对应折旧科目——生产成本

5. 已保存的变动单，不能进行的操作有（ ）。
   A. 修改　　　B. 删除
   C. 增加　　　D. 查看

二、多项选择题

1. 固定资产管理系统初始化工作包括（ ）。
   A. 设置资产类别　B. 设置增减方式
   C. 计提折旧　　　D. 使用状况

2. 建立固定资产账套需要设置的主要内容包括（ ）。
   A. 启用月份　　B. 折旧信息
   C. 编码方式　　D. 账务接口

3. 下列关于在用友U8⁺系统软件中，固定资产部门对应折旧科目设置说法正确的是（ ）。
   A. 一般情况下，管理部、采购部、财务部等部门折旧通过【6602】管理费用科目核算
   B. 车间等部门折旧通过【5101】制造费用科目核算
   C. 销售部门折旧通过【6601】销售费用科目核算
   D. 仓储部门折旧通过【6602】管理费用科目核算

4. 设置部门对应折旧科目的作用是（ ）。
   A. 生成相对应的凭证
   B. 生成相对应的报表
   C. 便于会计会员的业务处理
   D. 减少错误

5. 设置部门对应折旧科目时，（ ）对应的折旧科目是"管理费用"。
   A. 财务部　　B. 销售部
   C. 办公室　　D. 生产车间

三、判断题

1. 固定资产账套一旦建立，如果进行修改，就只能通过"重新初始化"进行修改。（ ）

2. 在固定资产管理系统初始设置时，设置部门对应折旧科目，财务部折旧对应的科目是"销售费用——折旧费"。（ ）

3. 固定资产管理系统中，设置部门对应折

旧科目时，上下级部门的折旧科目可以相同，也可以不同。（　）

4. 在固定资产管理系统中设置部门对应折旧科目，主要是方便进行折旧费用的分配。（　）

5. 设置固定资产部门对应折旧科目时，必须选择末级会计科目。（　）

四、简答题

1. 试述固定资产管理系统的业务处理流程。
2. 简述建立固定资产账套的操作步骤。
3. 进行固定资产日常业务处理的步骤有哪些？

项目 6 薪资管理系统

知识目标

◎ 了解薪资管理系统的基本功能；

◎ 掌握薪资管理系统日常业务处理；

◎ 掌握薪资管理系统的初始化。

技能目标

◎ 掌握薪资管理系统的账套；

◎ 掌握工资发放和工资信息的录入；

◎ 掌握工资公式的录入。

案例导入

薪资管理模块是用友 U8⁺软件系统的重要模块之一。2021 年 11 月，北京市双源有限责任公司财务部李某根据相关数据对薪资管理系统进行初始化，并根据设定业务进行日常业务处理。

案例评析

根据前述资料，李某是如何进行录入工资信息、工资变动、发放工资、工资分摊操作的？

本章导语

薪资管理系统是本书重中之重，既是难点又是重点。薪资管理系统可以与总账系统集成使用，将工资凭证传递到总账中，以提供人员的费用信息。

任务 6.1 薪资管理系统初始化

6.1.1 薪资管理系统概述

薪资管理系统流程如图 6-1 所示。

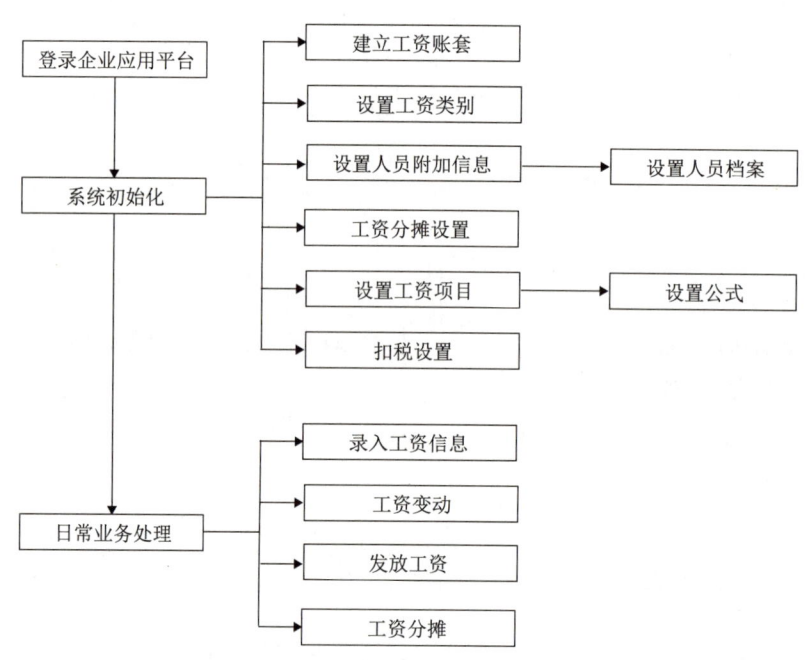

图 6-1 薪资管理系统流程

薪资管理系统作为人力资源管理系统的子系统，与人事、考勤、福利、计件等 HR 子系统紧密集成，核算员工工资，并将工资核算结果生成凭证传递到总账和成本系统中，以核算人力成本。

薪资管理系统是由工资管理系统更名而来。该系统适用于各类企业、行政事业单位进行工资核算、工资发放、工资费用分摊、工资统计分析和个人所得税核算等。

6.1.2 建立工资账套

【情景 6-1】2021 年 12 月 1 日，根据表 6-1 的信息建立工资账套，其他项设置为默认。

表 6-1 工资账套建账信息

建账向导	参数设置
参数设置	多个工资类别
扣税设置	从工资中代扣个人所得税
扣零设置	扣零
人员编码	本系统人员编码同公共平台的人员编码一致

建立工资账套的具体操作过程如图 6-2 至图 6-5 所示。

（1）以周佳然身份登录用友 U8+ 企业应用平台，执行【业务导航】→【系统服务】→【权限】→【数据权限控制设置】选项，打开"数据权限控制设置"窗口，取消勾选"用户""工资""部门"设置，完成后单击【确定】按钮退出。

（2）以王磊身份登录在用友 U8+ 企业应用平台，执行【业务导航】→【人力资源】→【薪资管理】→【工资类别】→【新建工资类别】选项，打开"建立工资套"对话框。

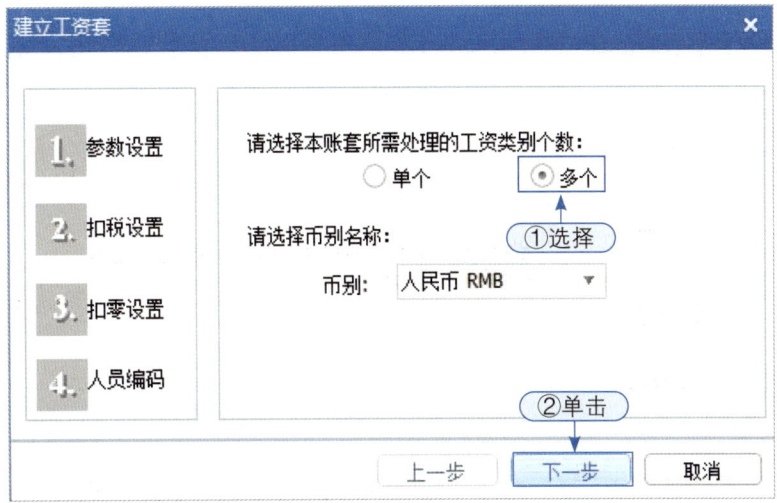

图 6-2　建立工资账套的参数设置页面

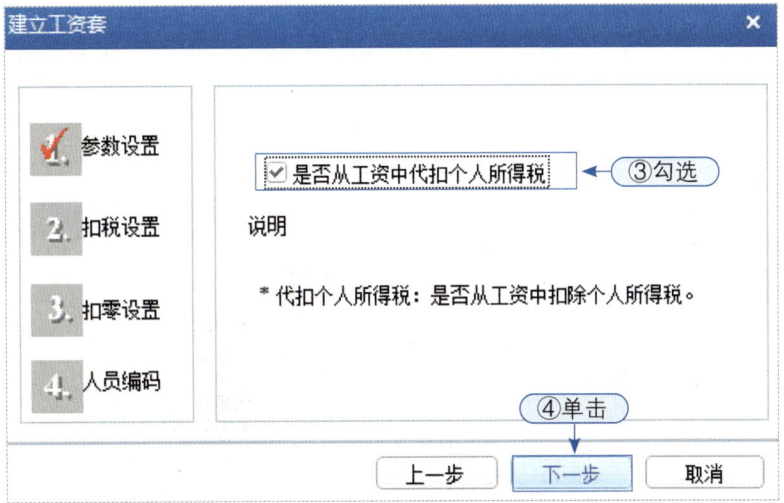

图 6-3　建立工资账套的扣税设置页面

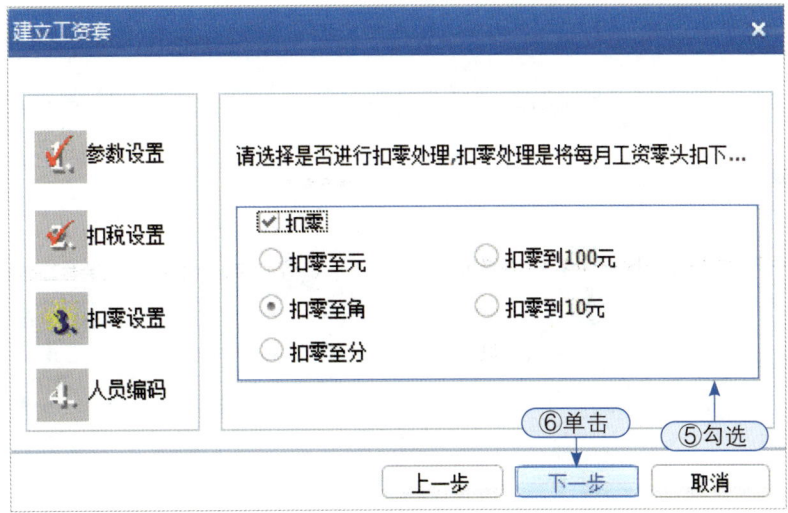

图 6-4　建立工资账套的扣零设置页面

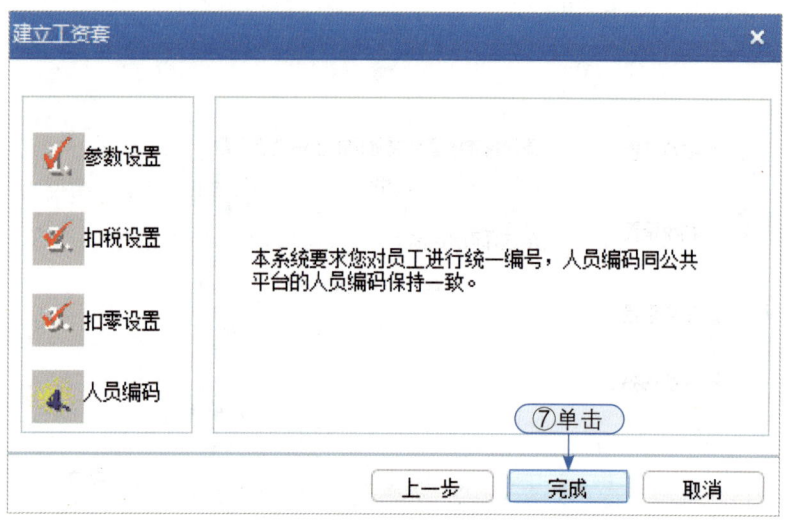

图 6-5　建立工资账套的人员编码页面

6.1.3　设置工资类别

【情景 6-2】设置"正式人员工资"的工资类别。

以会计身份登录用友 U8⁺ 企业应用平台，依次选择【业务导航】→【人力资源】→【薪资管理】→【新建工资类别】选项。设置工资类别的具体操作过程如图 6-6 至图 6-10 所示。

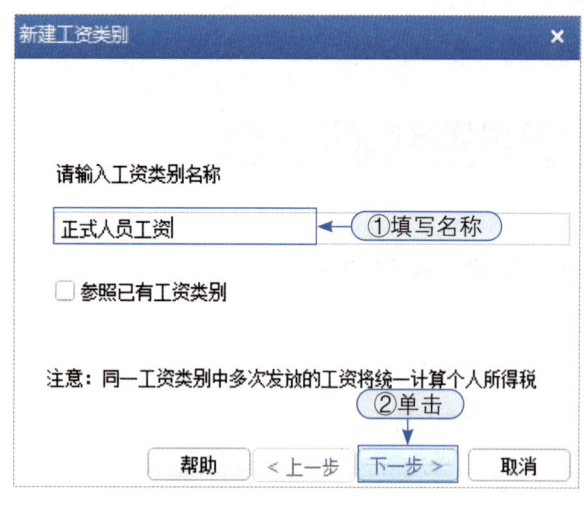

图 6-6　工资类别名称页面

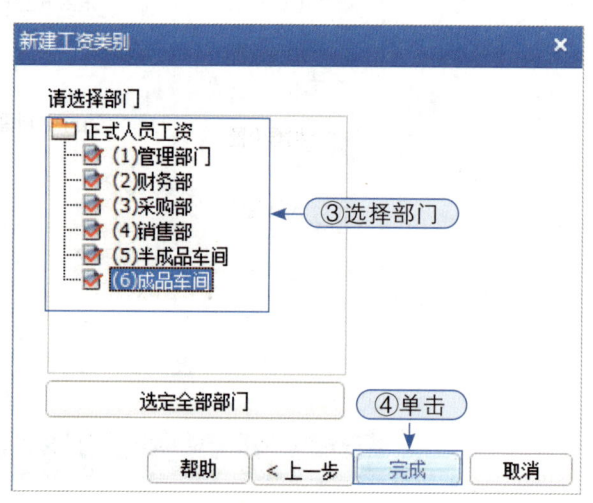

图 6-7　选择部门页面

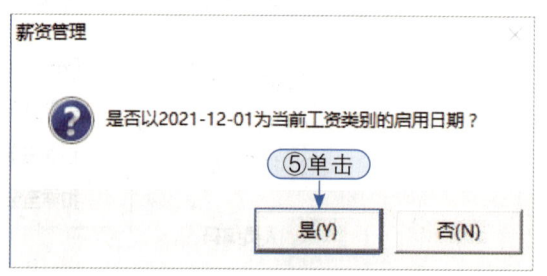

图 6-8　完成提示

6.1.4 设置人员附加信息

【情景 6-3】设置人员附加信息（工龄）。

在用友 U8+ 企业应用平台，执行【业务导航】→【人力资源】→【薪资管理】→【设置】→【人员附加信息设置】选项。设置人员附加信息的具体操作过程如图 6-9、6-10 所示。

图 6-9　人员附加信息设置页面

图 6-10　人员附加信息增加完成页面

6.1.5 设置人员档案

【情景 6-4】根据表 6-2 的信息设置人员档案。

表 6-2　人员档案

行政部门	工号	人员编码	人员姓名	人员类别	账号	工龄
管理部门	1001	1001	李京	企管人员	101601	22
管理部门	1002	1002	张涵钰	企管人员	101602	13
财务部	2001	2001	周佳然	企管人员	101603	10
财务部	2002	2002	王磊	企管人员	101604	9
财务部	2003	2003	朱莉莉	企管人员	101605	8
采购部	3001	3001	张嘉依	采购人员	101606	6
采购部	3002	3002	张雨	采购人员	101607	10
销售部	4001	4001	杨娜	销售人员	101608	12
销售部	4002	4002	唐伟	销售人员	101609	9
半成品车间	5001	5001	李浩杰	生产人员	101610	20
半成品车间	5002	5002	梁尚如	生产人员	101611	6
半成品车间	5003	5003	薛婷	车间管理人员	101612	11
成品车间	6001	6001	白春丽	生产人员	101613	18
成品车间	6002	6002	宋梓涵	生产人员	101614	9
成品车间	6003	6003	薛佳楠	车间管理人员	101615	6

在用友 U8+ 企业应用平台，依次选择【业务导航】→【人力资源】→【薪资管理】→【设置】→【人员档案】选项。批量增加人员档案的具体操作过程如图 6-11 至图 6-15 所示。

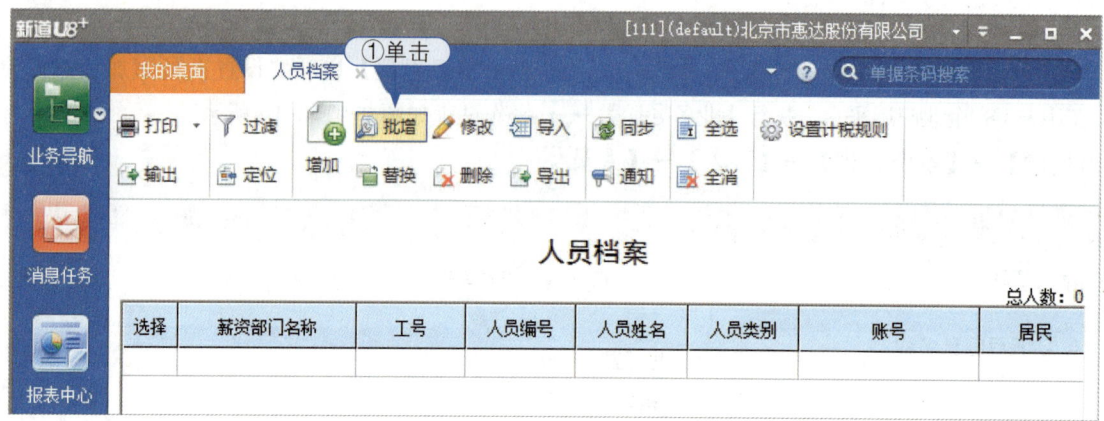

图 6-11 批增人员页面

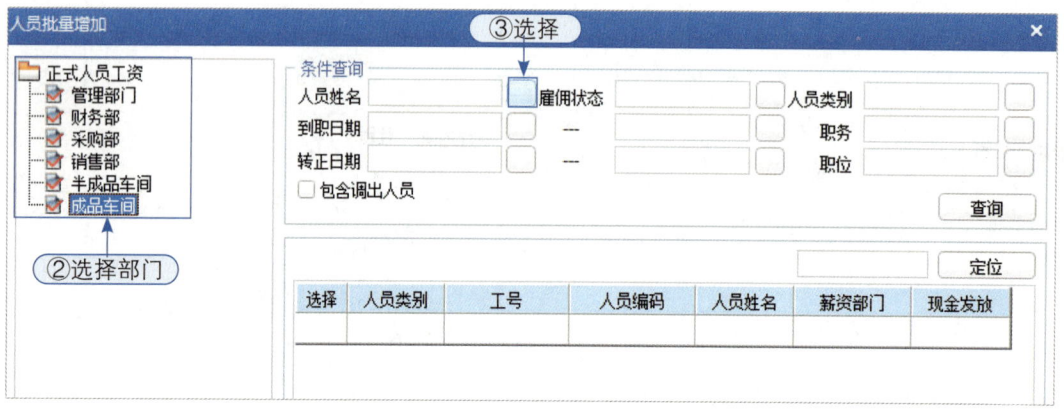

图 6-12 查询人员页面（一）

图 6-13 选择人员页面

图 6-14　查询人员页面（二）

单击【确定】按钮后，人员档案页面如图 6-15 所示，然后设置人员档案明细，其具体操作过程如图 6-15 至图 6-18 所示。

图 6-15　人员档案页面

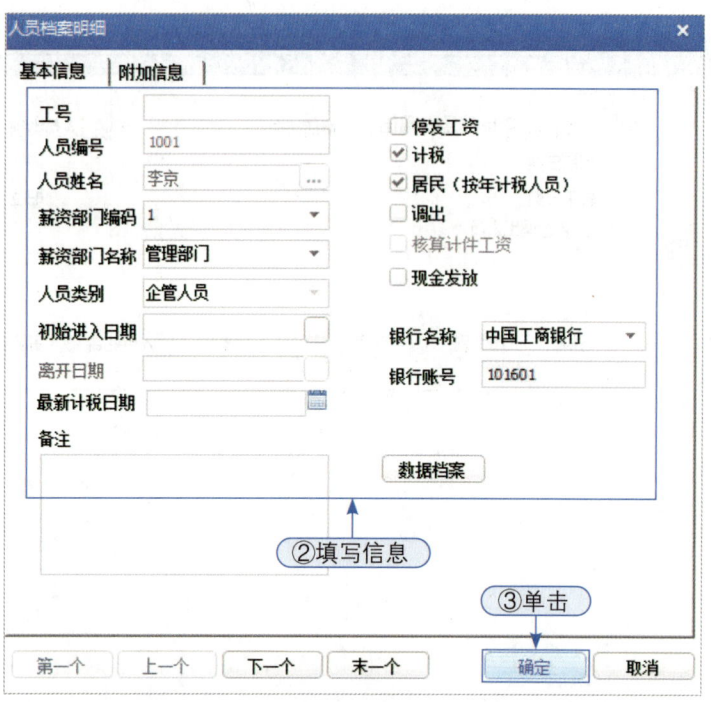

图 6-16　人员档案明细的基本信息页面

图 6-17　人员档案明细的附加信息页面

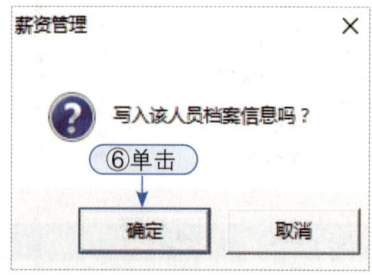

图 6-18　完成提示

依次添加其他人员信息，结果如图 6-19 所示。

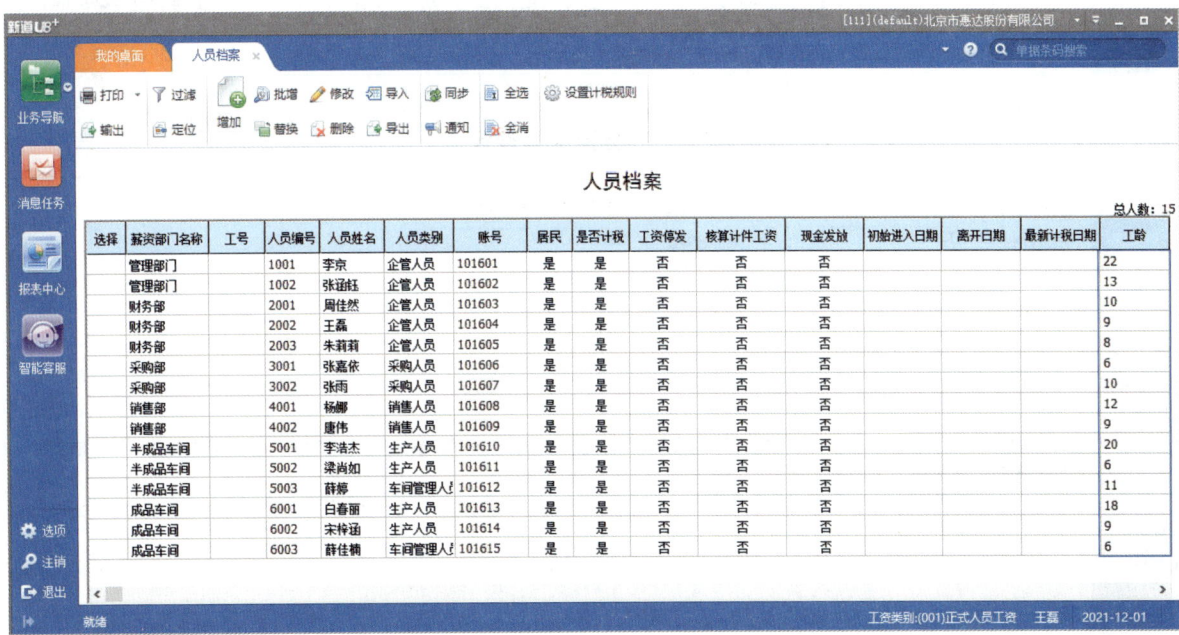

图 6-19　人员档案附加信息输入完成页面

6.1.6　工资分摊设置

【情景 6-5】工资分摊信息见表 6-3。

表 6-3　工资分摊信息

分摊类型编码	分摊类型名称	工资类别	分摊比例 /%	凭证类别字
1	期间费用工资费用分配	正式人员工资	100	转
2	面包工资费用分配	正式人员工资	60	转
3	蛋糕工资费用分配	正式人员工资	40	转

以会计身份登录用友 U8⁺ 企业应用平台，依次选择【业务导航】→【人力资源】→【薪资管理】→【设置】→【分摊类型设置】选项。工资分摊的具体操作过程如图 6-20 至图 6-21 所示。

图 6-20　增加分摊信息页面

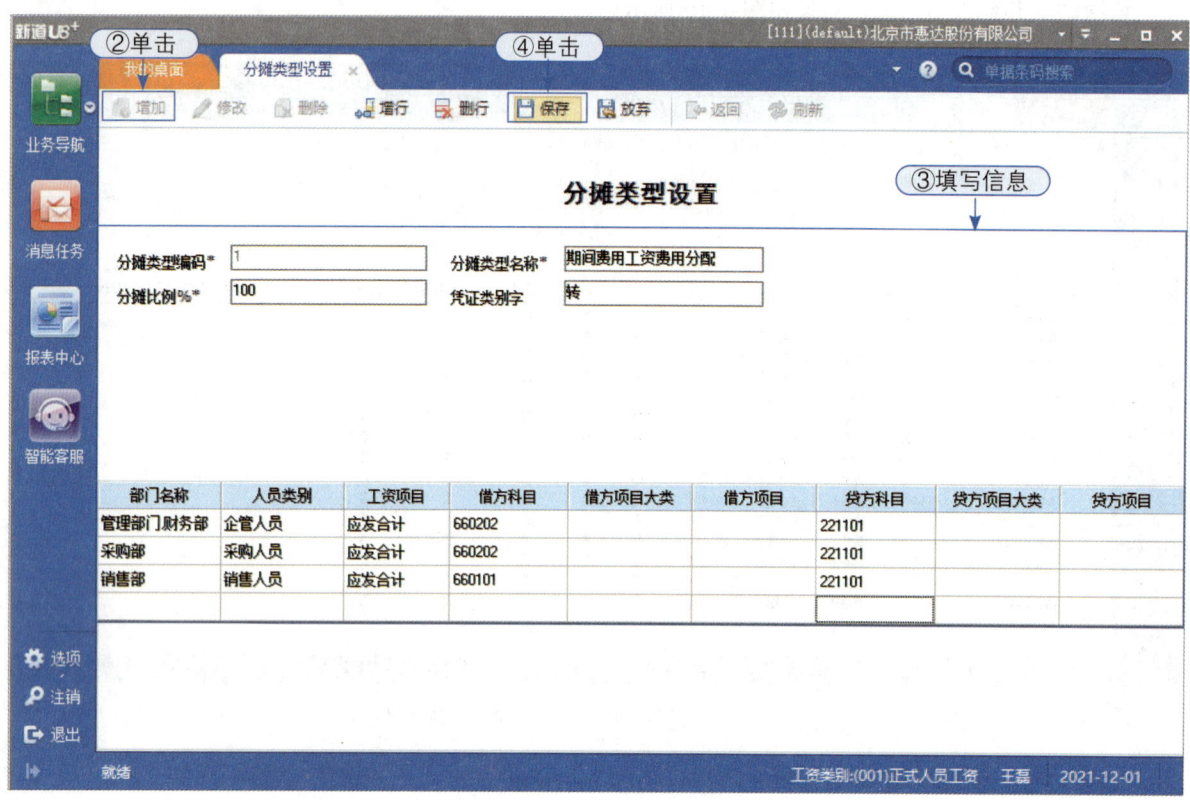

图 6-21　输入分摊信息页面

面包和蛋糕的工资费用分配同期间费用工资费用分配操作过程一致，面包工资费用分配如图 6-22 所示，蛋糕工资费用分配与面包工资费用分配的部门相同。

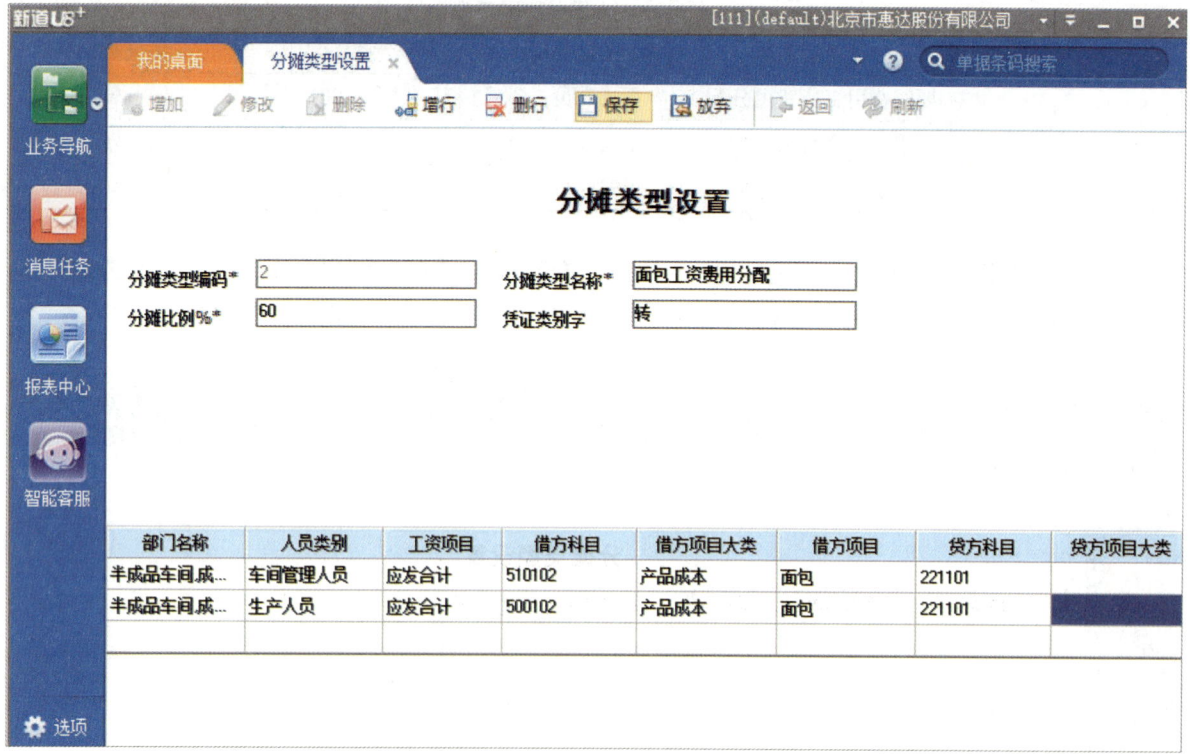

图 6-22　面包工资费用分配设置页面

6.1.7 工资项目、公式设置

【情景6-6】根据表6-4的信息设置工资公式。

表6-4 设置工资公式

项目名称	类型	长度	小数位数	增减项	公式设置
基本工资	数字	8	2	增项	
岗位工资	数字	8	2	增项	
津贴	数字	8	2	增项	iff(人员类别="生产人员",1500, iff(人员类别="车间管理人员",1000, 500))
应发合计	数字	10	2	增项	基本工资+岗位工资+津贴
日工资	数字	8	2	其他	(基本工资+岗位工资)/22
缺勤天数	数字	8	2	其他	
缺勤扣款	数字	8	2	减项	日工资×缺勤天数
应付工资	数字	8	2	其他	
五险一金计提基数	数字	8	2	其他	基本工资+岗位工资
养老保险	数字	8	2	减项	五险一金计提基数×0.08
医疗保险	数字	8	2	减项	五险一金计提基数×0.02
失业保险	数字	8	2	减项	五险一金计提基数×0.002
住房公积金	数字	8	2	减项	五险一金计提基数×0.12
计税基数	数字	8	2	其他	应付工资-养老保险-医疗保险-失业保险-住房公积金
代扣税	数字	10	2	减项	
扣款合计	数字	10	2	减项	缺勤扣款+养老保险+医疗保险+失业保险+住房公积金+代扣税
实发合计	数字	10	2	增项	应发合计-扣款合计

操作方法如下：

（1）以会计身份登录用友U8⁺企业应用平台，依次选择【业务导航】→【人力资源】→【薪资管理】→【工资类别】→【关闭工资类别】选项，操作结果如图6-23所示。

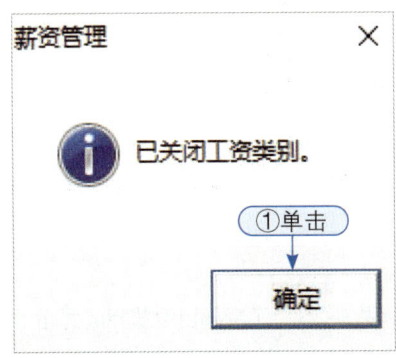

图6-23 关闭工资类别提示

（2）在用友U8⁺企业应用平台，依次选择【业务导航】→【人力资源】→【薪资管理】→【设置】→【工资项目设置】选项。工资项目设置的具体操作过程如图6-24至图6-26所示。

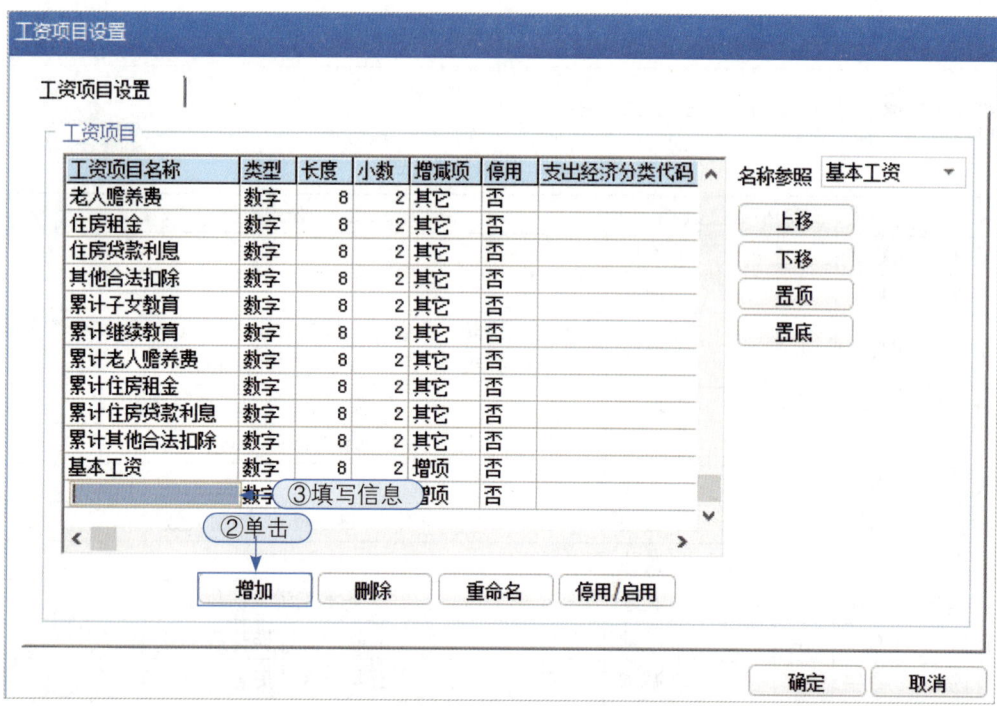

图 6-24　工资项目设置页面

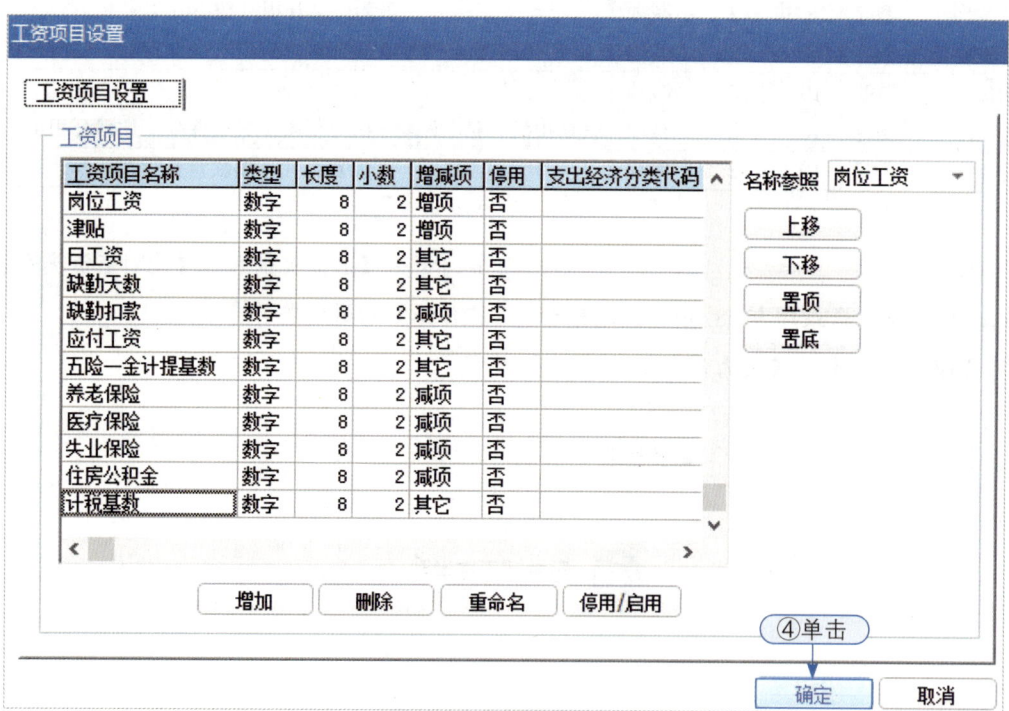

图 6-25　工资项目设置完成页面

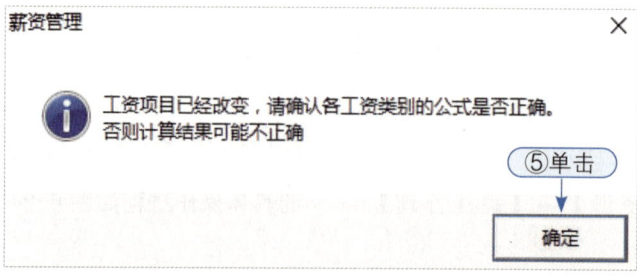

图 6-26　完成提示

（3）在用友 U8⁺ 企业应用平台，依次选择【业务导航】→【人力资源】→【薪资管理】→【工资类别】→【打开工资类别】选项，操作结果如图 6-27 所示。

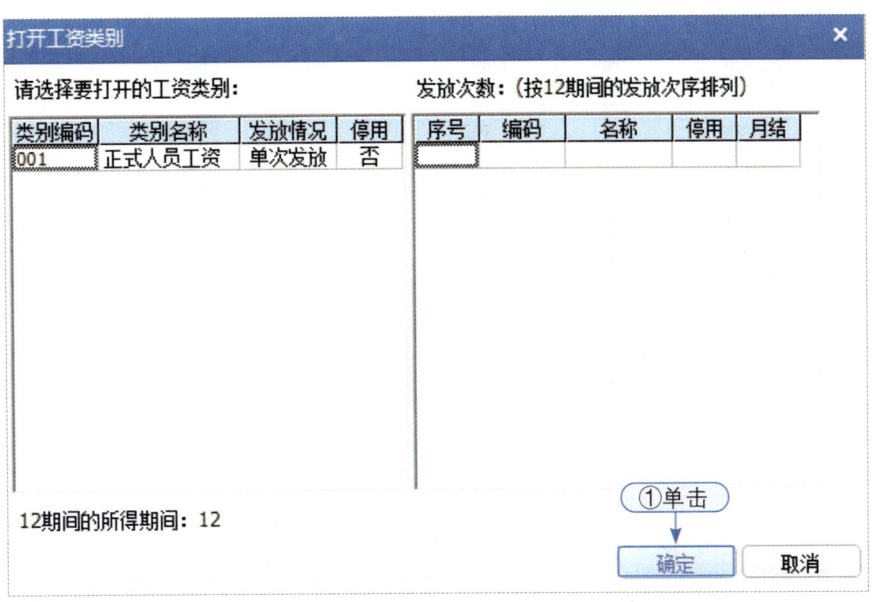

图 6-27　打开工资类别页面

（4）在用友 U8⁺ 企业应用平台，依次选择【业务导航】→【人力资源】→【薪资管理】→【设置】→【工资项目设置】选项。工资公式设置的具体操作过程如图 6-28 至图 6-35 所示。

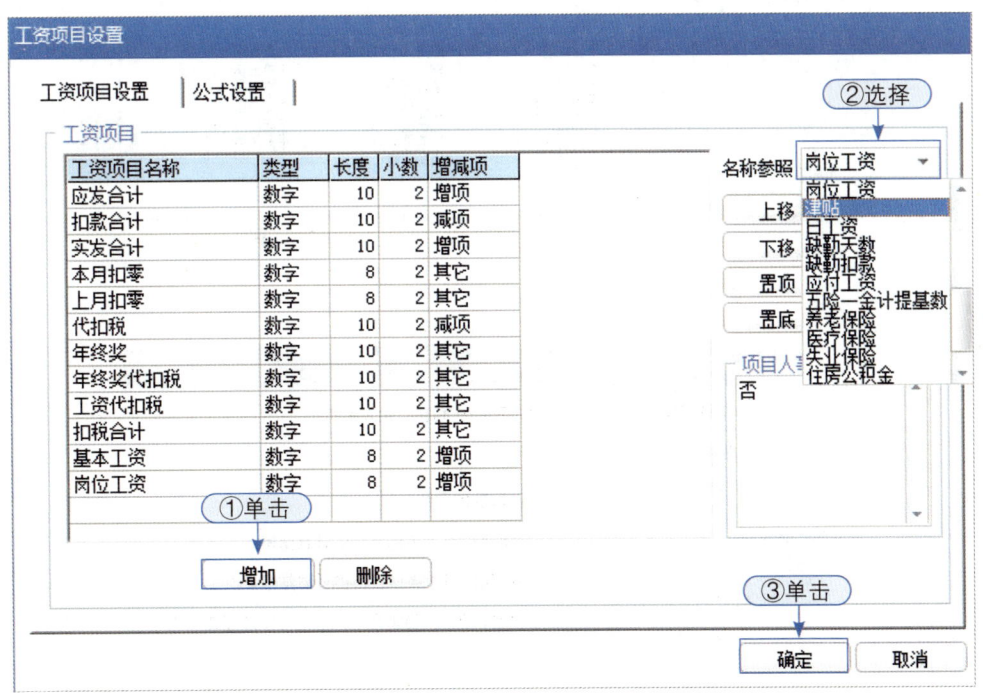

图 6-28　增加工资项目设置页面

按上述操作过程增加其他工资项目。

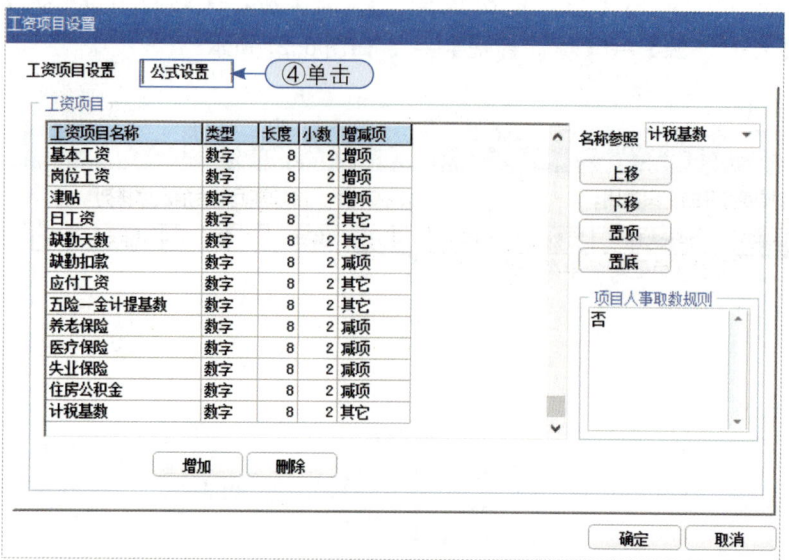

图 6-29　工资项目增加完成页面

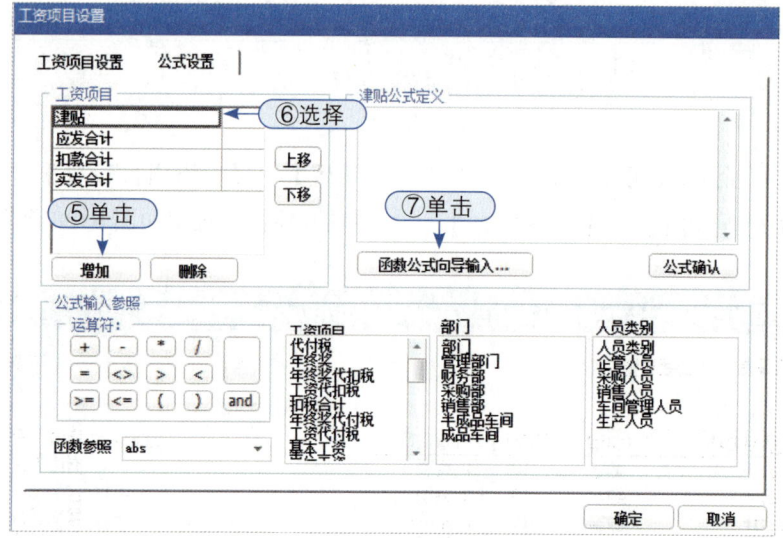

图 6-30　工资项目设置的公式设置页面

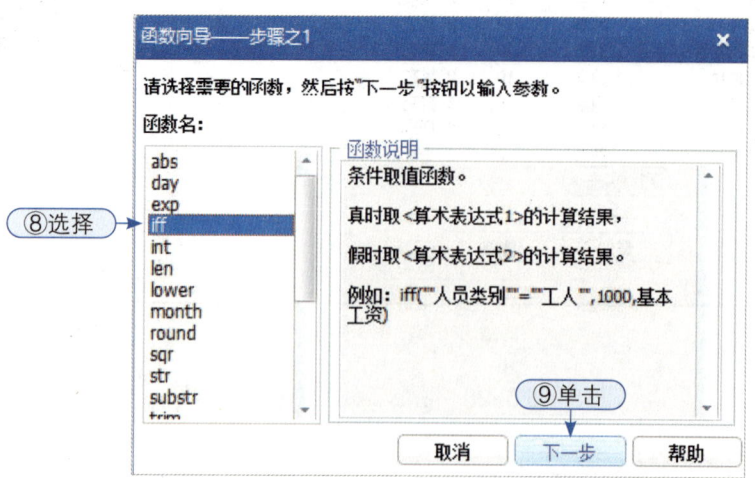

图 6-31　函数向导——步骤之 1 页面

项目 6 薪资管理系统

图 6-32 函数向导——步骤之 2 页面

图 6-33 参照页面

图 6-34 函数向导——步骤之 2 填写页面

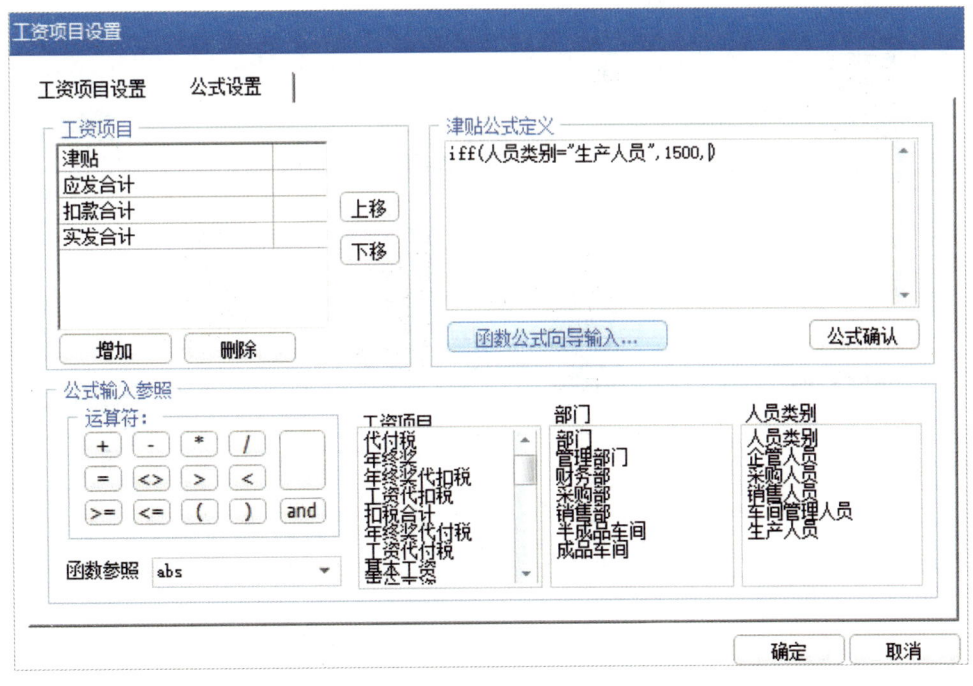

图 6-35 津贴公式设置页面

按照上述操作步骤将津贴公式补充完成，完成页面如图 6-36 所示。

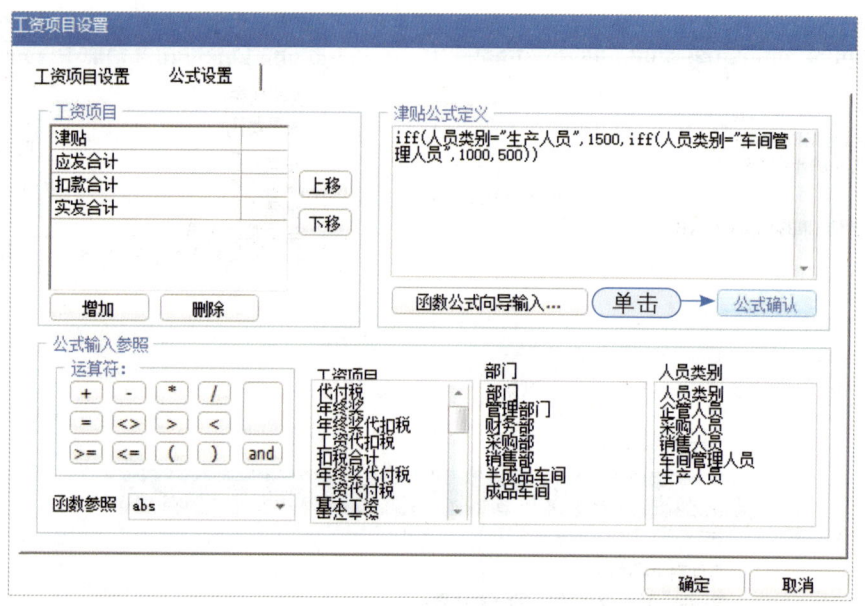

图 6-36　津贴公式设置完成页面

根据上述操作步骤增加其他工资项目公式，在没有用到函数向导的情况下，在下方公式输入参照中选择所需工资项目和运算符。

全部输入完成页面如图 6-37 所示。

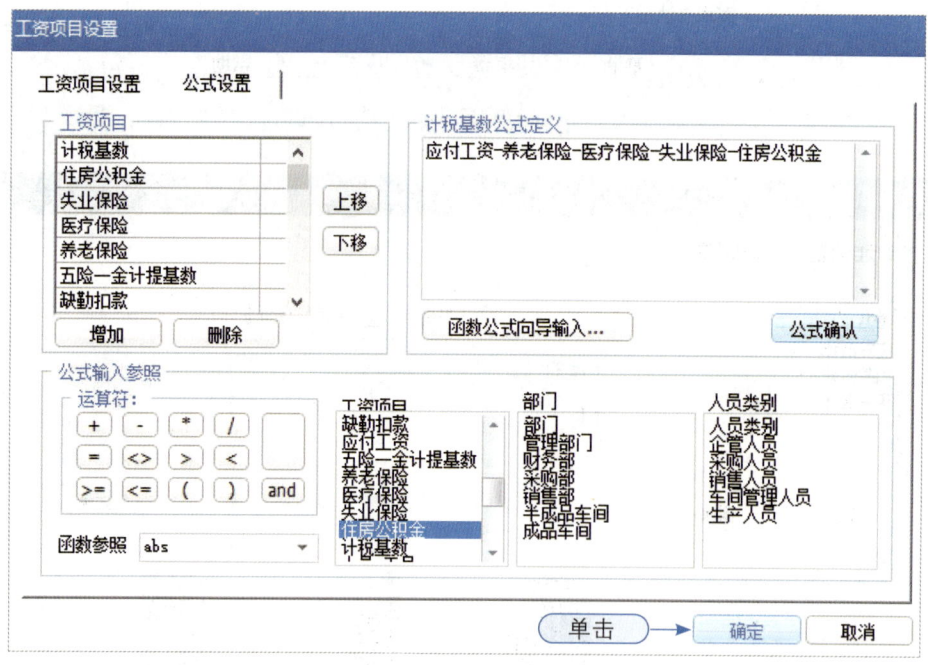

图 6-37　公式设置完成页面

6.1.8 扣税设置

【情景6-7】根据表6-5的信息进行扣税设置。

表6-5 扣税设置信息

级数	全年应纳税所得额	税率（%）	速算扣除数
1	不超过36 000元的	3	0
2	超过36 000元至144 000元的部分	10	2 520
3	超过144 000元至300 000元的部分	20	16 920
4	超过300 000元至420 000元的部分	25	31 920
5	超过420 000元至660 000元的部分	30	52 920
6	超过660 000元至960 000元的部分	35	85 920
7	超过960 000元的部分	45	181 920

扣税设置的具体操作方法如图6-38至图6-41所示。

在用友U8⁺企业应用平台，依次选择【业务导航】→【人力资源】→【薪资管理】→【设置】→【选项】选项。

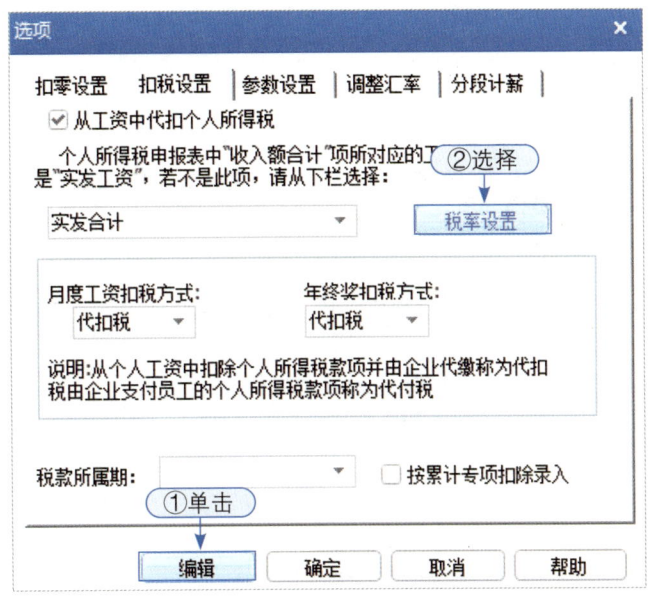

图6-38 选项的扣税设置页面

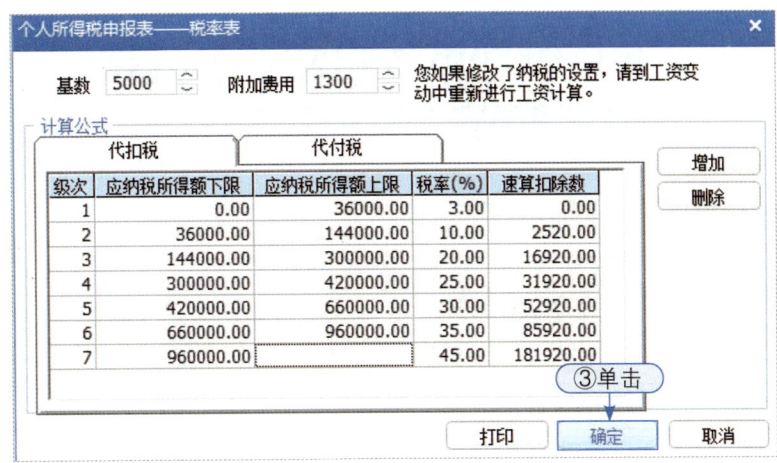

图6-39 税率设置页面

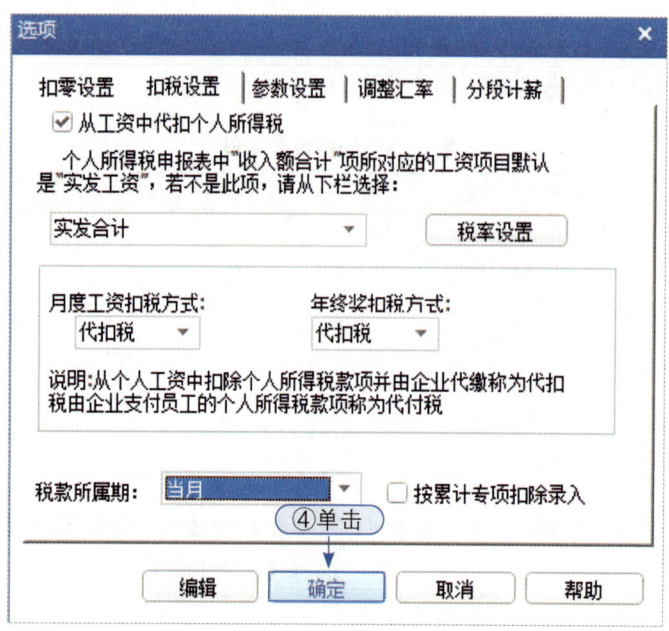

图 6-40　选项的扣税设置页面

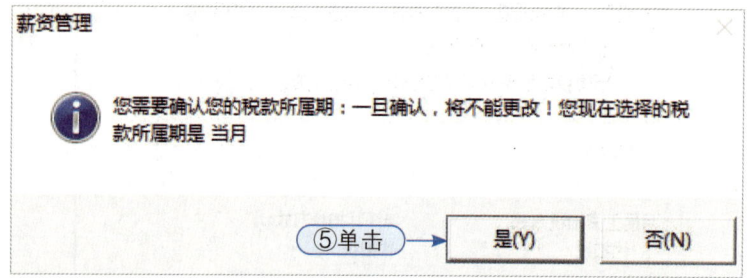

图 6-41　扣税设置完成提示

任务 6.2　薪资管理系统日常业务处理

6.2.1　录入工资信息

【情景 6-8】根据表 6-6 的信息录入工资信息。

表 6-6　工资信息

人员编码	姓名	管理部门	人员识别	基本工资	岗位工资	请假天数
1001	李京	管理部门	企管人员	3 400	1 000	4

续表

人员编码	姓名	管理部门	人员识别	基本工资	岗位工资	请假天数
1002	张涵钰	管理部门	企管人员	3 000	800	1
2001	周佳然	财务部	企管人员	2 700	800	
2002	王磊	财务部	企管人员	2 500	800	2
2003	朱莉莉	财务部	企管人员	2 600	800	
3001	张嘉依	采购部	采购人员	2 300	800	
3002	张雨	采购部	采购人员	2 800	1 200	3
4001	杨娜	销售部	销售人员	3 200	1 200	2
4002	唐伟	销售部	销售人员	3 500	1 100	
5001	李浩杰	半成品车间	生产人员	3 100	1 200	5
5002	梁尚如	半成品车间	生产人员	3 400	1 200	
5003	薛婷	半成品车间	车间管理人员	3 400	1 100	
6001	白春丽	成品车间	生产人员	3 300	1 100	
6002	宋梓涵	成品车间	生产人员	3 000	1 200	2
6003	薛佳楠	成品车间	车间管理人员	3 400	1 500	

6.2.2 工资变动

【情景6-9】执行工资变动命令。

2021年12月31日，以会计身份登录用友U8⁺企业应用平台，依次选择【业务导航】→【人力资源】→【薪资管理】→【业务处理】→【工资变动】选项。工资变动的具体操作过程如图6-42、图6-43所示。

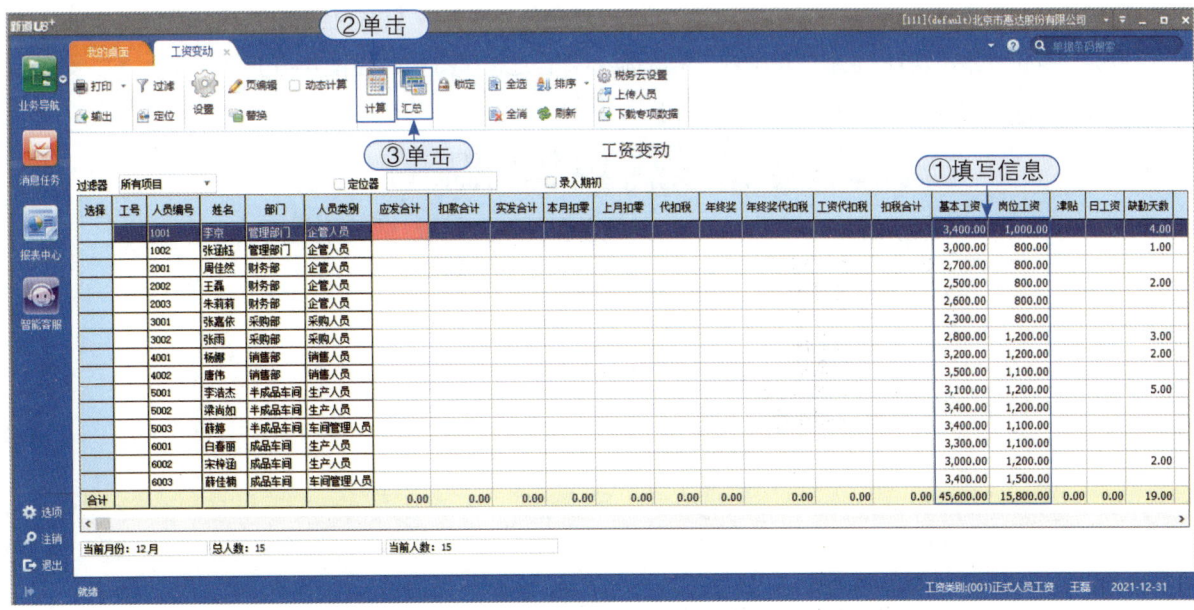

图6-42 填写工资信息页面

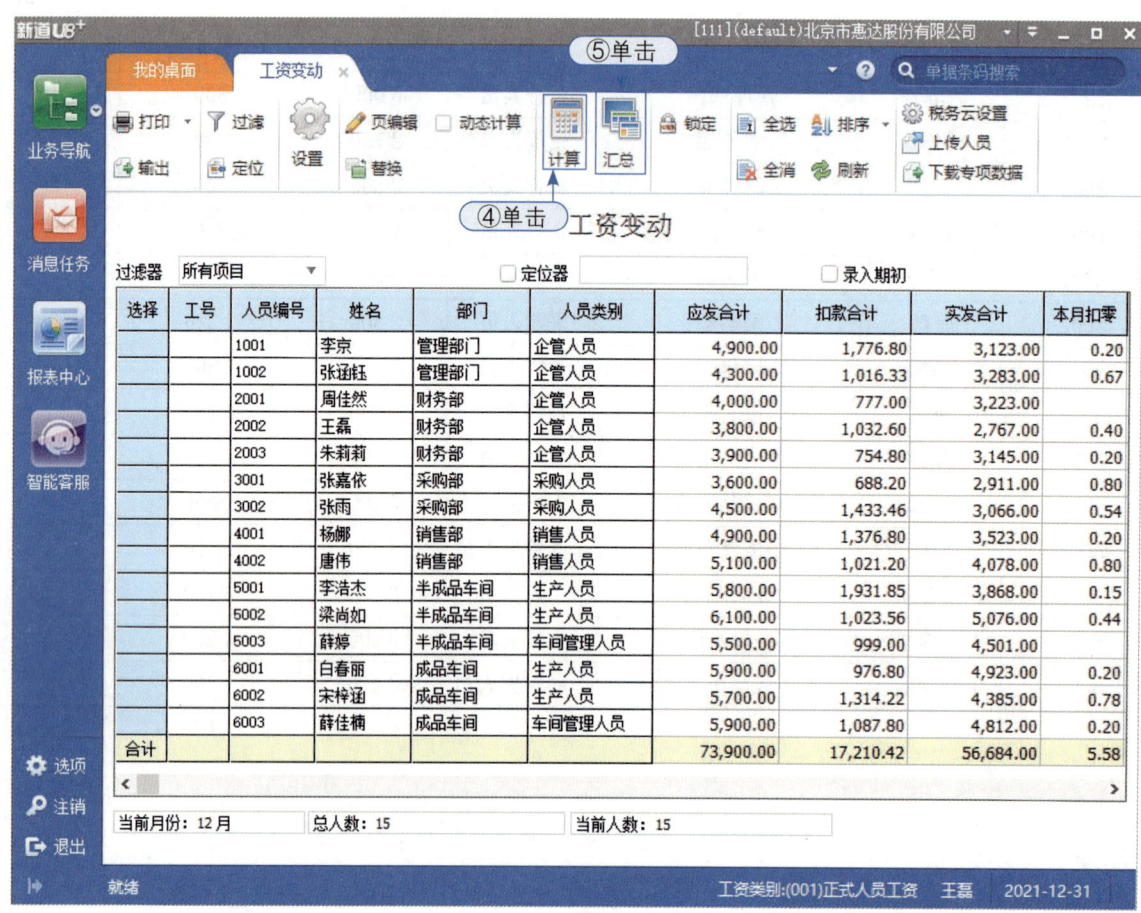

图 6-43　工资变动页面

6.2.3　发放工资

【情景 6-10】设置发放工资。

以会计身份登录用友 U8⁺ 企业应用平台，依次选择【业务导航】→【人力资源】→【薪资管理】→【业务处理】→【银行代发】选项。发放工资的具体操作过程如图 6-44 至图 6-47 所示。

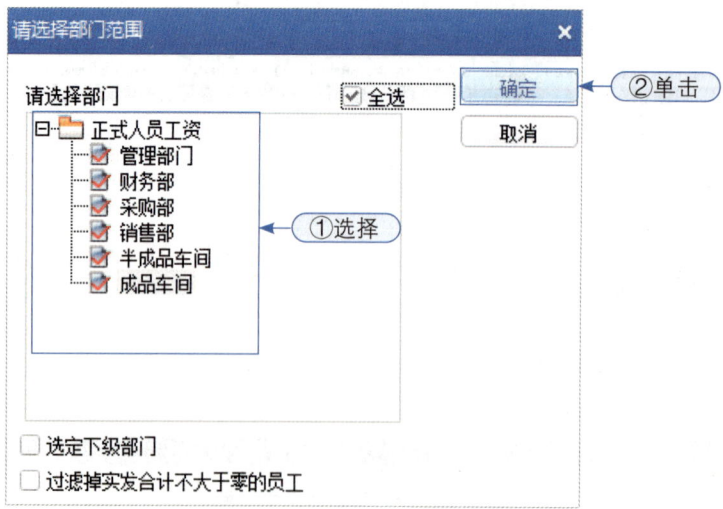

图 6-44　选择发放部门页面

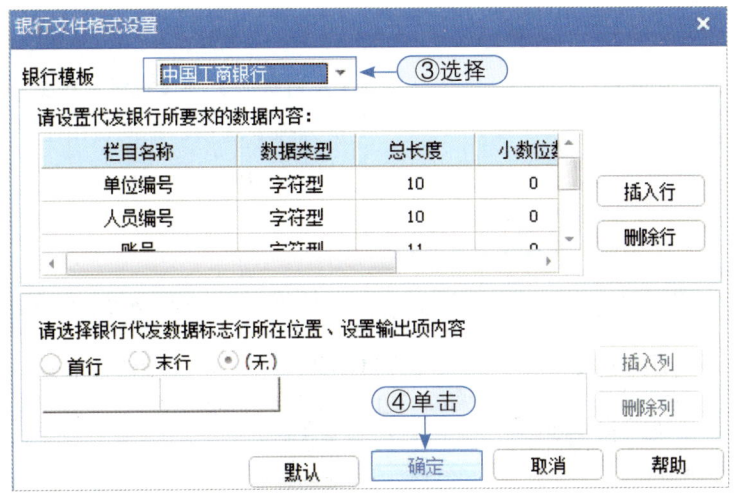

图 6-45　选择银行页面

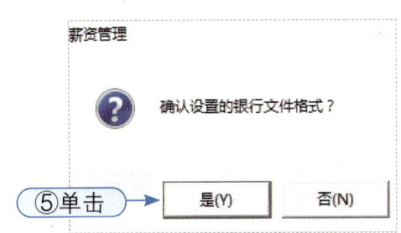

图 6-46　确认设置提示

图 6-47　银行代发一览表页面

6.2.4 工资分摊

【情景6-11】设置工资分摊。

操作方法如下：

（1）期间费用工资分配设置。以会计身份登录用友U8⁺企业应用平台，依次选择【业务导航】→【人力资源】→【薪资管理】→【业务处理】→【工资分摊】选项。期间费用工资分配的具体操作过程如图6-48至图6-50所示。

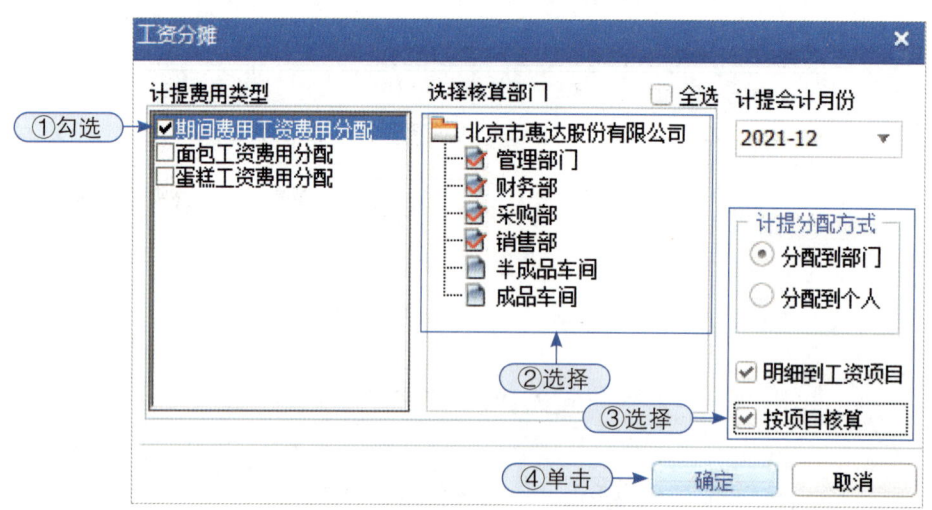

图6-48　期间费用工资分配设置页面

图6-49　期间费用工资费用分配一览表页面

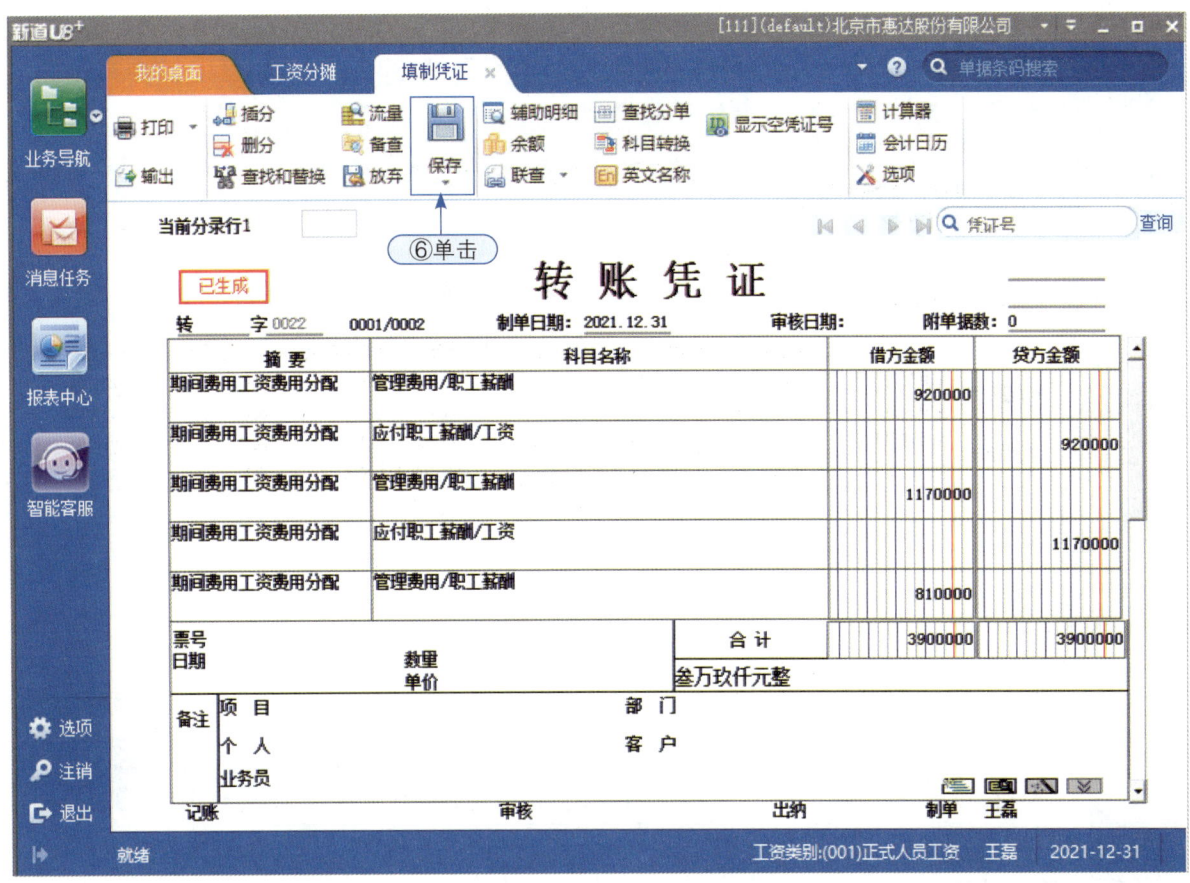

图 6-50　转账凭证生成页面

（2）面包工资费用分配设置。以会计身份登录在用友 U8⁺ 企业应用平台，依次选择【业务导航】→【人力资源】→【薪资管理】→【业务处理】→【工资分摊】选项。面包工资费用分配设置的具体操作过程如图 6-51 至图 6-53 所示。

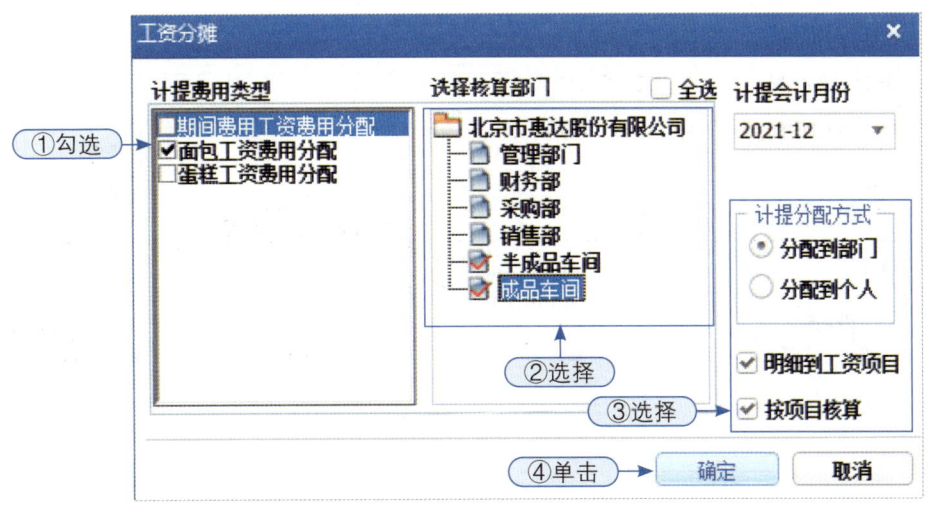

图 6-51　面包工资分摊设置页面

图 6-52　面包工资费用分配一览表页面

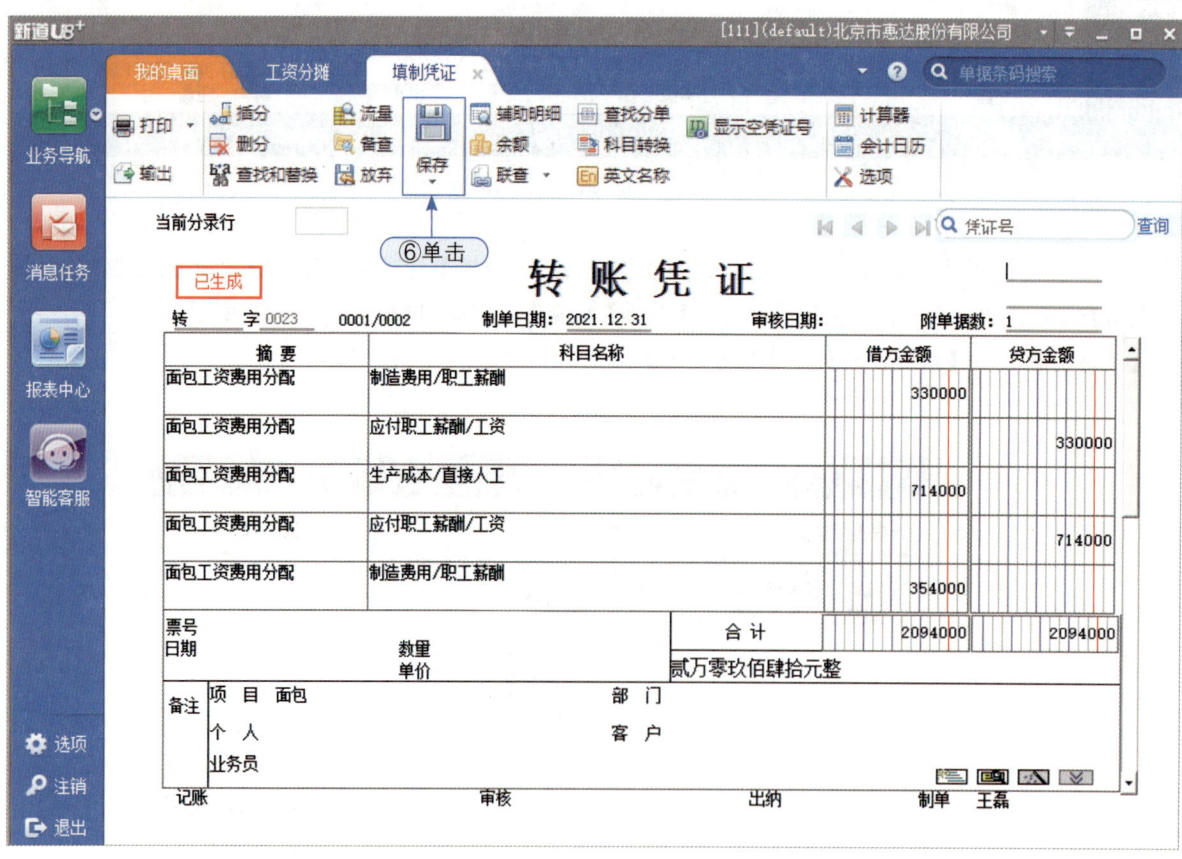

图 6-53　转账凭证生成页面

（3）蛋糕工资费用的分配设置。同面包工资费用分配操作过程一致，只需在设置工资分配页面选择【蛋糕工资费用分配】选项即可。

项目小结

本项目主要讲述了薪资管理系统初始化和薪资管理系统日常业务处理。薪资管理系统初始化主要包括薪资管理系统概述、建立工资账套、设置工资类别、设置人员档案、工资分摊设置；薪资管理系统日常业务处理主要包括录入工资信息、工资变动、发放工资、工资分摊等内容。

思考与练习

一、单项选择题

1. 薪资管理系统初始化设置的内容不包括（　　）。
   A. 建立工资账套　　B. 设置人员附加信息
   C. 录入工资数据　　D. 扣缴个人所得税设置

2. 建立工资账套的操作步骤是（　　）。
   A. 参数设置—人员编码—扣税设置—扣零设置
   B. 参数设置—人员设置—扣零设置—扣税设置
   C. 参数设置—扣税设置—扣零设置—人员编码
   D. 参数设置—扣零设置—人员编码—扣税设置

3. 薪资管理系统的工资账套是在企业账套中建立的，不包括（　　）设置。
   A. 选择工资类别是单个或多个
   B. 是否进行扣零处理
   C. 选择是否自动扣除个人所得税
   D. 选择人员档案

4. 薪资管理系统设置首先要做的工作是（　　）。
   A. 录入部门档案　　B. 录入职工档案
   C. 建立工资账套　　D. 设置工资项目

5. 在进行薪资管理系统设置时需要把扣税设置改成（　　）。
   A. 计税工资　　　　B. 实发合计
   C. 银行存款　　　　D. 累计折旧

二、多项选择题

1. 薪资管理系统的初始设置包括（　　）。
   A. 部门设置　　　　B. 工资项目设置
   C. 人员附加信息设置　D. 银行名称设置

2. 第一次启用薪资管理系统时，建立工资账套包括（　　）。
   A. 参数设置　　　　B. 扣税设置
   C. 扣零设置　　　　D. 人员编码

3. 薪资管理系统不需要引用的基础档案有（　　）。
   A. 部门档案　　　　B. 人员档案
   C. 会计科目　　　　D. 人员类别

4. 在薪资管理系统进行工资分摊设置时，设置的内容包括（ ）。

A. 借方科目　　　　B. 贷方科目

C. 部门名称　　　　D. 人员类别

5. 在薪资管理系统的日常处理业务中，需录入的工资数据有（ ）。

A. 津贴　　　　　　B. 缺勤天数

C. 基本工资　　　　D. 岗位工资

三、判断题

1. 首次使用薪资管理系统时应进行系统初始化。（ ）

2. 发放工资应以出纳身份进入系统。（ ）

3. 薪资管理系统正常运行的基础是建立工资账套。（ ）

4. 薪资管理系统中人员档案可以通过单击【批增】按钮直接调用公共数据。（ ）

5. 薪资管理系统中人员类别设置的目的是工资分摊设置入账科目时使用。（ ）

四、简答题

1. 工资管理系统流程有哪些？

2. 薪资管理系统日常业务处理主要包括哪些内容？

项目 7 期末处理工作

知识目标

◎ 掌握银行期初余额录入；

◎ 掌握生成凭证、审核凭证并记账；

◎ 掌握各模块期末对账与期末处理。

技能目标

◎ 掌握审核凭证和期末记账；

◎ 掌握银行对账；

◎ 掌握期末转账；

◎ 掌握各模块期末对账与期末处理。

案例导入

北京市双源有限责任公司 2021 年 12 月的日常业务处理完毕后，财务部李某根据相关数据对其期末业务进行结转（期末业务视同年末业务处理）并结账。

案例评析

根据前述资料，李某是如何进行银行对账、期末转账和各模块期末对账操作的？

本章导语

期末处理工作是会计信息化的最后阶段，主要包括会计记账、试算平衡以及银行对账等。

任务 7.1 期末记账

7.1.1 出纳签字

【情景 7-1】2021 年 12 月 31 日，完成出纳朱莉莉的签字。

以出纳身份登录用友 U8⁺ 企业应用平台，依次选择【业务导航】→【财务会计】→【总账】→【凭证】→【出纳签字】选项，对未签字的凭证进行签字。具体操作过程与总账系统出纳签字一致，签字完成结果如图 7-1 所示。

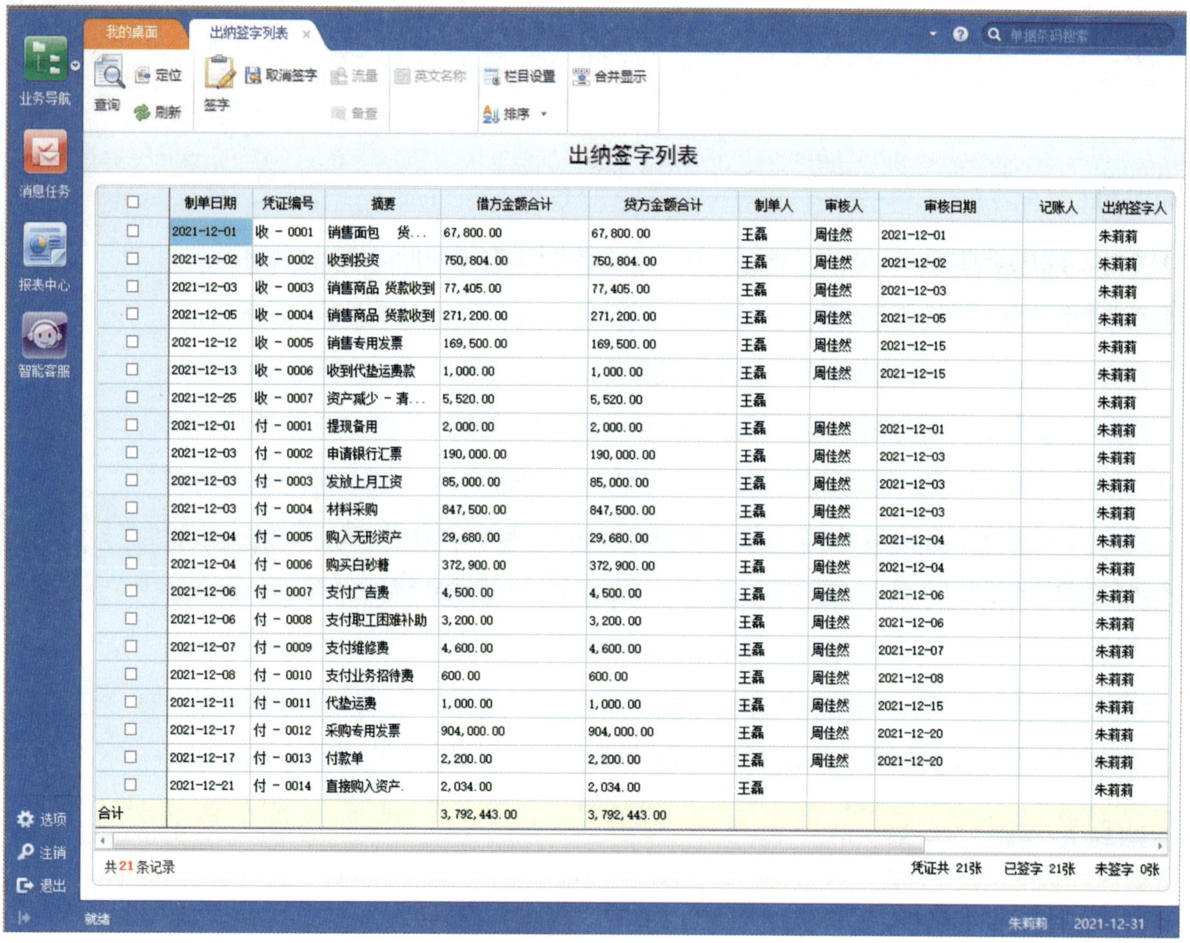

图 7-1 出纳签字列表页面

7.1.2 审核凭证

【情景 7-2】2021 年 12 月 31 日，完成账套主管周佳然的审核。

以账套主管身份登录用友 U8⁺ 企业应用平台，依次选择【业务导航】→【财务会计】→【总账】→【凭证】→【审核凭证】选项，对未审核的凭证进行审核。具体操作过程同总账系统审核凭证一致，审核完成结果如图 7-2 所示。

图 7-2　凭证审核列表页面

7.1.3　会计记账

【情景 7-3】2021 年 12 月 31 日，以会计身份登录系统完成记账。

在用友 U8⁺ 企业应用平台，依次选择【业务导航】→【财务会计】→【总账】→【凭证】→【记账】选项，进行记账，具体操作过程如图 7-3 至图 7-6 所示。

注意

审核完成后才可记账。

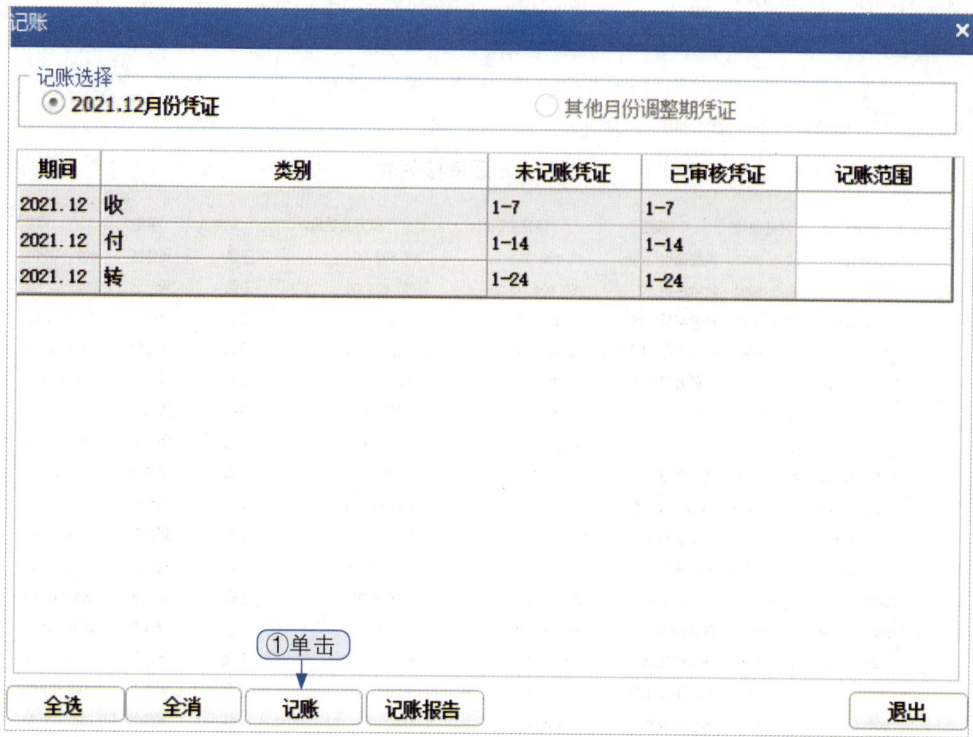

图 7-3　选择记账页面

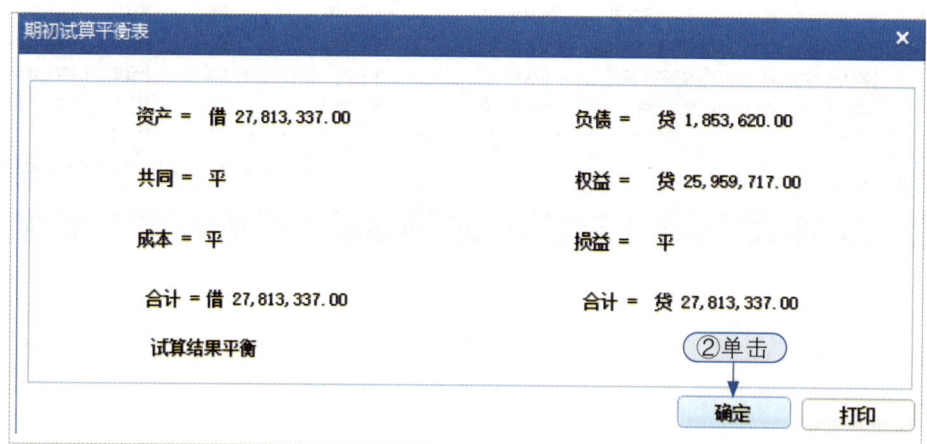

图 7-4　期初试算平衡表页面

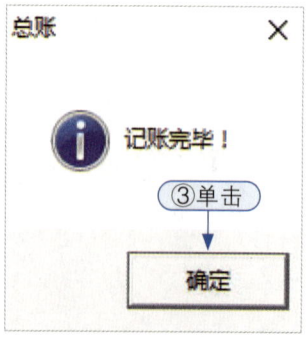

图 7-5　记账完毕提示

图 7-6　记账完成页面

任务 7.2　银行对账

7.2.1　银行期初余额录入

【情景 7-4】录入银行日记账和银行对账单，期初余额工行存款为 1 000 000 元，建行存款为 62 567 元（约合 1 000 美元）。

以出纳身份登录用友 U8⁺ 企业应用平台，依次选择【业务导航】→【财务会计】→【总账】→【银行对账】→【银行对账期初录入】选项，录入银行对账单期初，具体操作过程如图 7-7、图 7-8 所示。

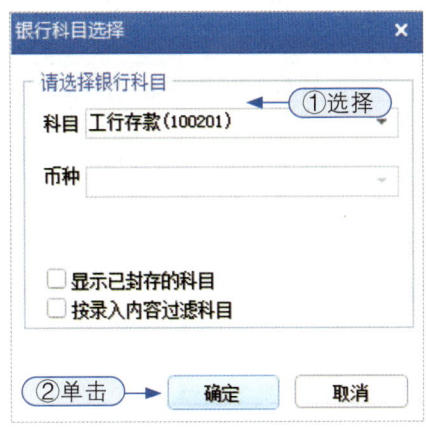

图 7-7　银行科目选择页面

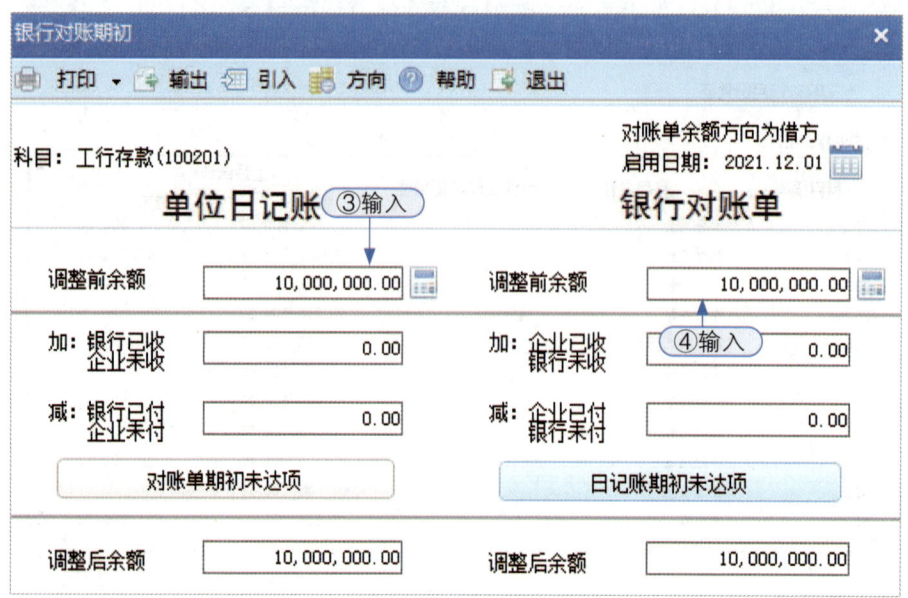

图 7-8　银行对账期初页面

输入完成后退出。建行存款期初操作过程同上述一致，但选择银行时注意选择"建行存款"。

7.2.2　银行对账

【情景 7-5】根据表 7-1、表 7-2 的信息录入银行对账单。

表 7-1　银行对账单（工行）

单位：元

日期	摘要	结算方式	票号	借方	贷方	余额
2021-12-01	销售面包货款收到	电汇	3160	67 800		10 067 800
2021-12-01	提现备用	现金支票	1901		2 000	10 065 800
2021-12-03	收到退款	电汇	6051	80 000		10 145 800
2021-12-03	申请银行汇票	转账支票	1802		190 000	9 955 800
2021-12-03	发放上月工资	转账支票	1902		85 000	9 870 800
2021-12-03	材料采购	电汇	3010		847 500	9 023 300
2021-12-04	购入无形资产	转账支票	1821		29 680	8 993 620
2021-12-04	购买白砂糖	电汇	3030		372 900	8 620 720
2021-12-05	销售商品货款收到	电汇	3040	271 200		8 891 920
2021-12-06	支付广告费	转账支票	1822		4 500	8 887 420
2021-12-06	支付本月电费	转账支票	1903		5 795	8 881 625
2021-12-07	支付维修费	转账支票	1823		4 600	8 877 025
2021-12-08	支付业务招待费	转账支票	1823		600	8 876 425
2021-12-12	销售专用发票	电汇	3250	169 500		9 045 925
2021-12-13	收到代垫运费款	电汇	3250	1 000		9 046 925
2021-12-17	采购专用发票	电汇	3690		904 000	8 142 925
2021-12-17	付款单	电汇	3690		2 200	8 140 725
2021-12-21	直接购入资产				2 034	8 138 691
2021-12-25	资产减少—清理收入			2 260		8 140 951

项目 7　期末处理工作

表 7-2　银行对账单（建行）

单位：元

日期	摘要	结算方式	票号	借方	贷方	余额
2021-12-02	收到投资	外币结算	5022	120 000		130 000

操作方法如下：

（1）录入银行对账单。

以出纳身份登录用友 U8+ 企业应用平台，依次选择【业务导航】→【财务会计】→【总账】→【银行对账】→【银行对账单】选项。录入银行对账单的具体操作过程如图 7-9 至图 7-10 所示。

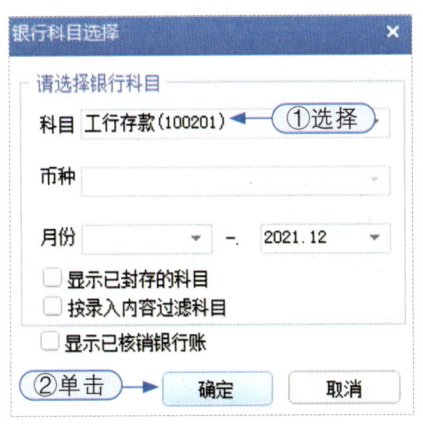

图 7-9　银行科目选择提示

图 7-10　银行对账单页面

输入完成后退出。建行存款对账单的录入操作过程同上述一致，但选择银行时注意选择"建行存款"。

（2）银行对账。

以出纳身份登录用友 U8⁺ 企业应用平台，依次选择【业务导航】→【财务会计】→【总账】→【银行对账】→【银行对账】选项，查看银行对账。具体操作过程如图 7-11 至图 7-14 所示。

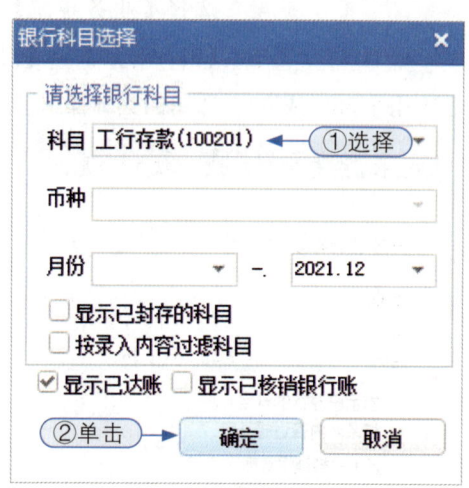

图 7-11　银行科目选择提示

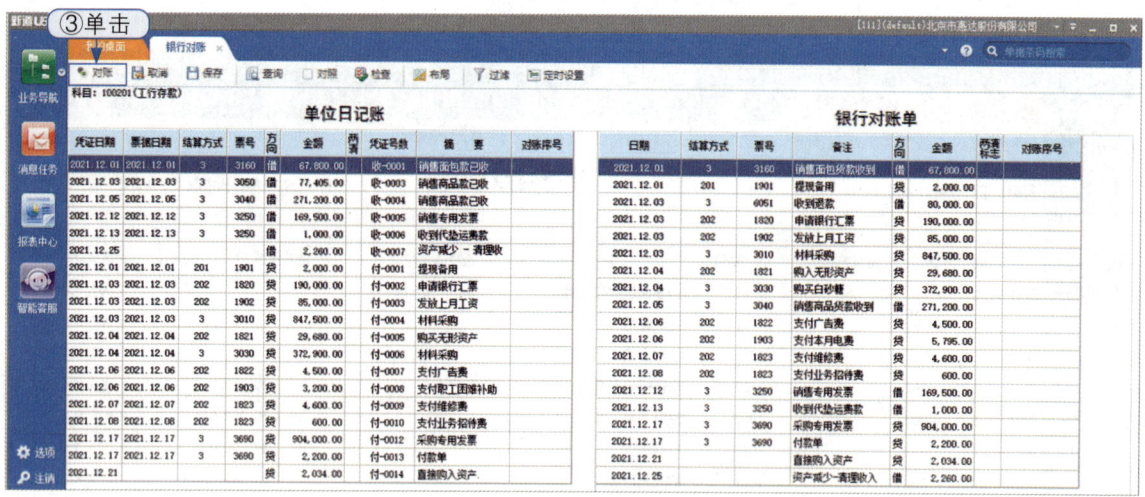

图 7-12　银行对账页面

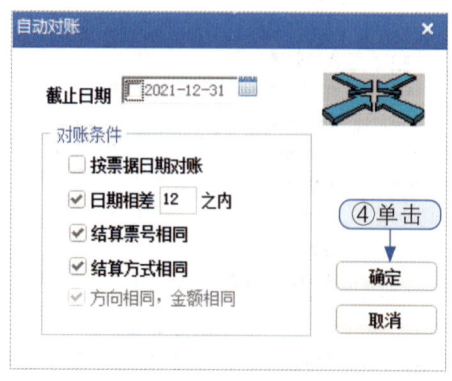

图 7-13　自动对账提示

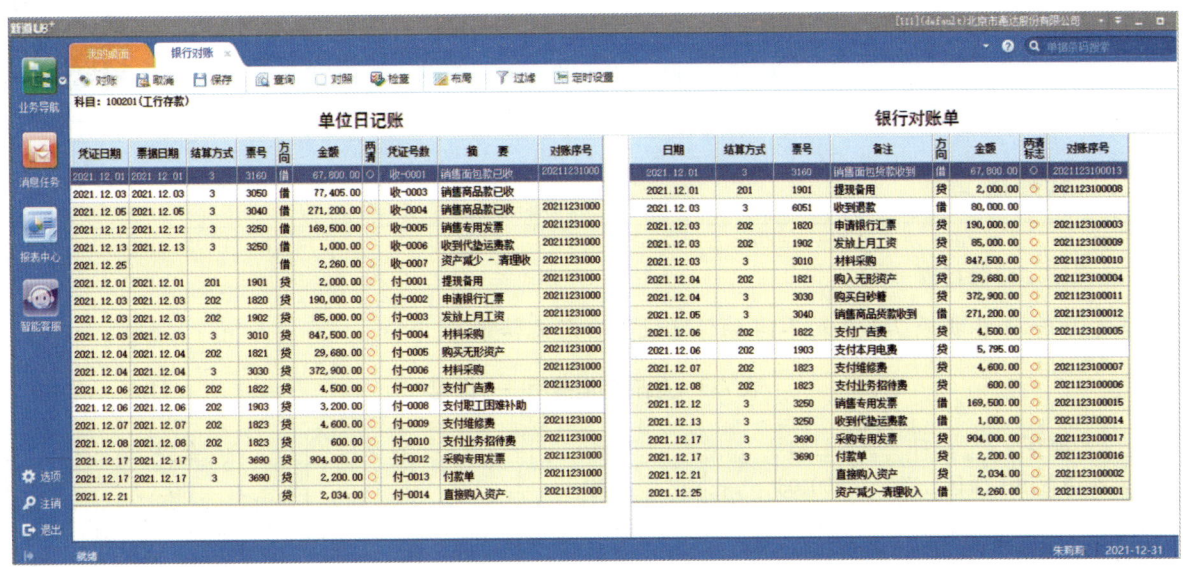

图 7-14 银行对账完成页面

以上述方法进行建行对账，检查未达账项。

（3）余额调节表。

以出纳身份登录用友 U8+ 企业应用平台，依次选择【业务导航】→【财务会计】→【总账】→【银行对账】→【余额调节表查询】选项，进入查看余额调节表。具体操作结果如图 7-15 所示。

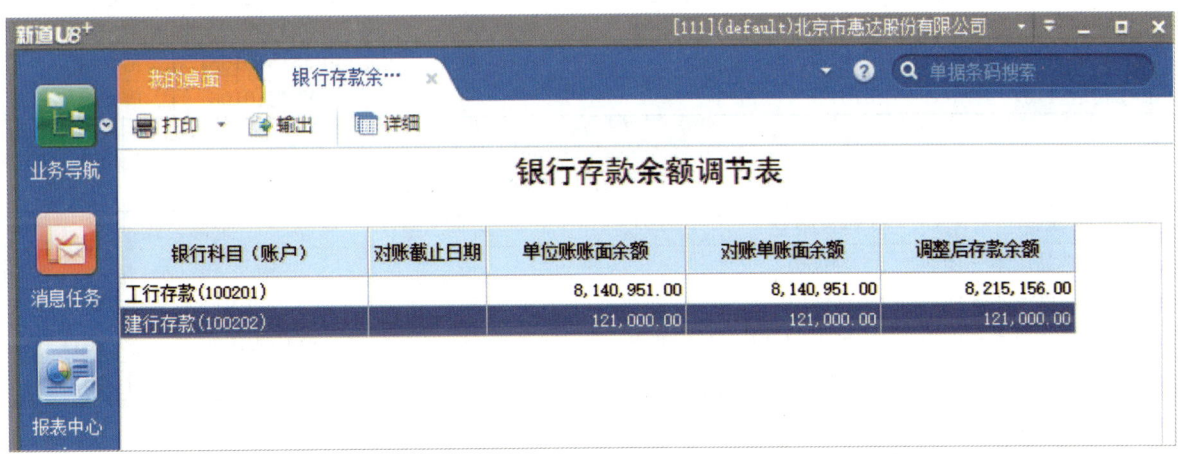

图 7-15 银行存款余额调节表页面

平衡后退出，至此银行对账结束。

任务 7.3 期末转账

7.3.1 转账定义

1. 自定义转账设置

【情景 7-6】根据表 7-3 至表 7-14 的信息设置自定义转账。

表 7-3 结转制造费用——面包

摘要	科目编号	项目	方向	金额公式
结转制造费用—面包	500103	面包	借	JG()
结转制造费用—面包	510101	面包	贷	FS(510101,月,借,101)
结转制造费用—面包	510102	面包	贷	FS(510102,月,借,101)
结转制造费用—面包	510103		贷	FS(510103,月,借)*0.6
结转制造费用—面包	510106		贷	FS(510106,月,借)*0.6

表 7-4 结转制造费用——蛋糕

摘要	科目编号	项目	方向	金额公式
结转制造费用—蛋糕	500103	蛋糕	借	JG()
结转制造费用—蛋糕	510101	蛋糕	贷	FS(510101,月,借,102)
结转制造费用—蛋糕	510102	蛋糕	贷	FS(510102,月,借,102)
结转制造费用—蛋糕	510103		贷	FS(510103,月,借)*0.4
结转制造费用—蛋糕	510106		贷	FS(510106,月,借)*0.4

表 7-5 结转完工产品成本——面包

摘要	科目编号	项目	方向	金额公式
结转完工产品成本—面包	140501		借	JG()
结转完工产品成本—面包	500101	面包	贷	FS(500101,月,借,101)
结转完工产品成本—面包	500102	面包	贷	FS(500102,月,借,101)
结转完工产品成本—面包	500103	面包	贷	FS(500103,月,借,101)

表 7-6 结转完工产品成本——蛋糕

摘要	科目编号	项目	方向	金额公式
结转完工产品成本—蛋糕	140502		借	JG()
结转完工产品成本—蛋糕	500101	蛋糕	贷	FS(500101,月,借,102)
结转完工产品成本—蛋糕	500102	蛋糕	贷	FS(500102,月,借,102)
结转完工产品成本—蛋糕	500103	蛋糕	贷	FS(500103,月,借,102)

表 7-7 结转增值税

摘要	科目编号	方向	金额公式
结转增值税	22210103	借	QM(22210105,月)-QM(22210101,月)
结转增值税	222102	贷	JG()

表 7-8　计提附加税费

摘要	科目编号	方向	金额公式
计提附加税费	6403	借	JG（）
计提附加税费	222103	贷	FS（222102,月,贷）*0.07
计提附加税费	222104	贷	FS（222102,月,贷）*0.03
计提附加税费	222105	贷	FS（222102,月,贷）*0.02

表 7-9　计提所得税费用

摘要	科目编号	方向	金额公式
计提所得税费用	6801	借	JG（）
计提所得税费用	222106	贷	QM（4103,月）*0.25

表 7-10　结转所得税

摘要	科目编号	方向	金额公式
结转所得税	4103	借	JG（）
结转所得税	6801	贷	FS（6801,月,借）

表 7-11　提取法定盈余公积

摘要	科目编号	方向	金额公式
提取法定盈余公积	410401	借	QM（4103,月）*0.1
提取法定盈余公积	4101	贷	JG（）

表 7-12　向投资者分配利润

摘要	科目编号	方向	金额公式
向投资者分配利润	410403	借	QM（4103,月）*0.3
向投资者分配利润	2232	贷	JG（）

表 7-13　结转本年实现的净利润

摘要	科目编号	方向	金额公式
结转本年实现的净利润	4103	借	QM（4103,月）
结转本年实现的净利润	410406	贷	JG（）

表 7-14　结转利润分配明细科目

摘要	科目编号	方向	金额公式
结转利润分配明细科目	410406	借	JG（）
结转利润分配明细科目	410401	贷	FS（410401,月,借）
结转利润分配明细科目	410403	贷	FS（410403,月,借）

以会计身份登录用友 U8⁺ 企业应用平台，依次选择【业务导航】→【财务会计】→【总账】→【期末】→【转账定义】→【自定义转账】选项，根据表 7-3 定义结转制造费用公式，具体操作过程如图 7-16 至图 7-18 所示。

图 7-16　添加自定义转账设置

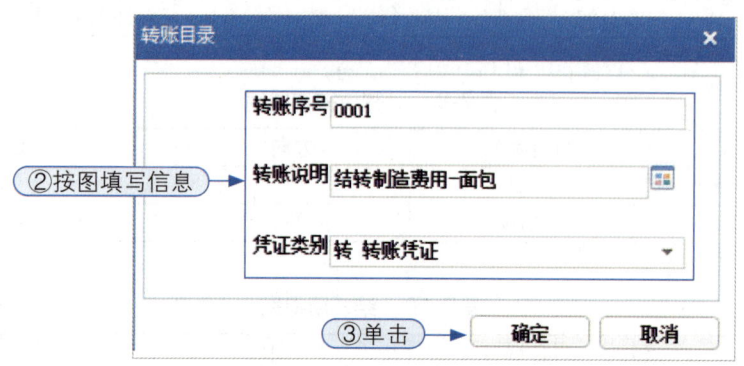

图 7-17　转账目录页面

图 7-18　自定义转账设置页面

保存后，按照设置结转制造费用的方法，设置结转完工产品成本、结转增值税、计提附加税费、计提所得税费用、结转所得税、提取法定盈余公积、向投资者分配利润、结转本年实现的净利润、结转利润分配明细科目。

2. 销售成本结转设置

【情景 7-7】根据表 7-15 的信息设置销售成本结转。

表 7-15　销售成本结转信息

凭证类别	库存商品科目	商品销售收入科目	商品销售成本科目	当商品销售数量＞库存商品数量时
转账凭证	1405	6001	6401	按商品销售（贷方）数量结转

以会计身份登录用友 U8⁺ 企业应用平台，依次选择【业务导航】→【财务会计】→【总账】→【期末】→【转账定义】→【销售成本结转】选项，设置销售成本结转，具体操作过程如图 7-19 所示。

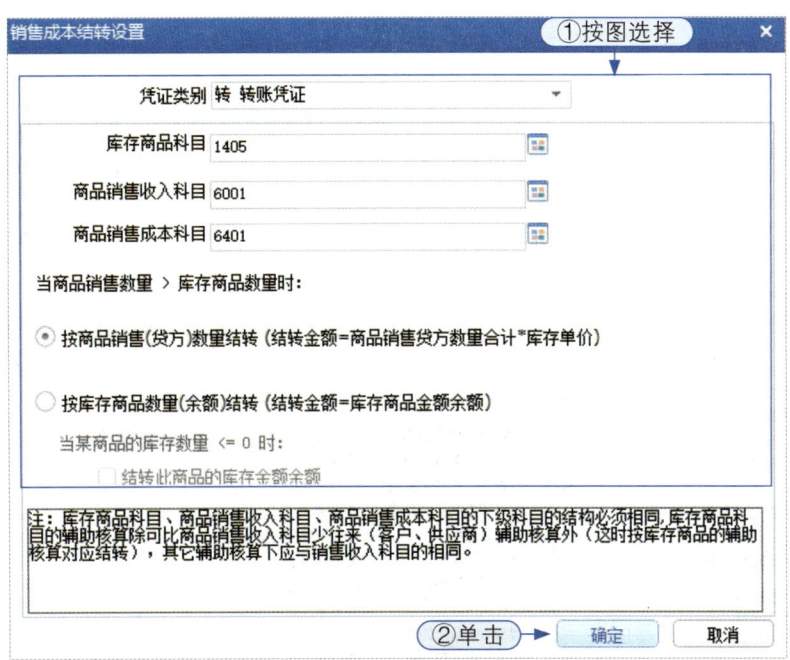

图 7-19　销售成本结转设置页面

3. 期间损益结转设置

【情景 7-8】根据表 7-16 的信息设置期间损益结转。

表 7-16　期间损益结转信息

凭证类别	本年利润科目
转账凭证	4103

以会计身份登录用友 U8+ 企业应用平台，依次选择【业务导航】→【财务会计】→【总账】→【期末】→【转账定义】→【期间损益】选项。设置期间损益结转的具体操作过程如图 7-20 所示。

图 7-20　期间损益结转设置页面

7.3.2 转账凭证生成

1. 结转制造费用

【情景7-9】根据设置完成后的结转制造费用公式，生成转账凭证，并进行审核记账。

以会计身份登录用友U8⁺企业应用平台，依次选择【业务导航】→【财务会计】→【总账】→【期末】→【转账生成】选项，生成结转制造费用凭证，具体操作过程如图7-21、图7-22所示。

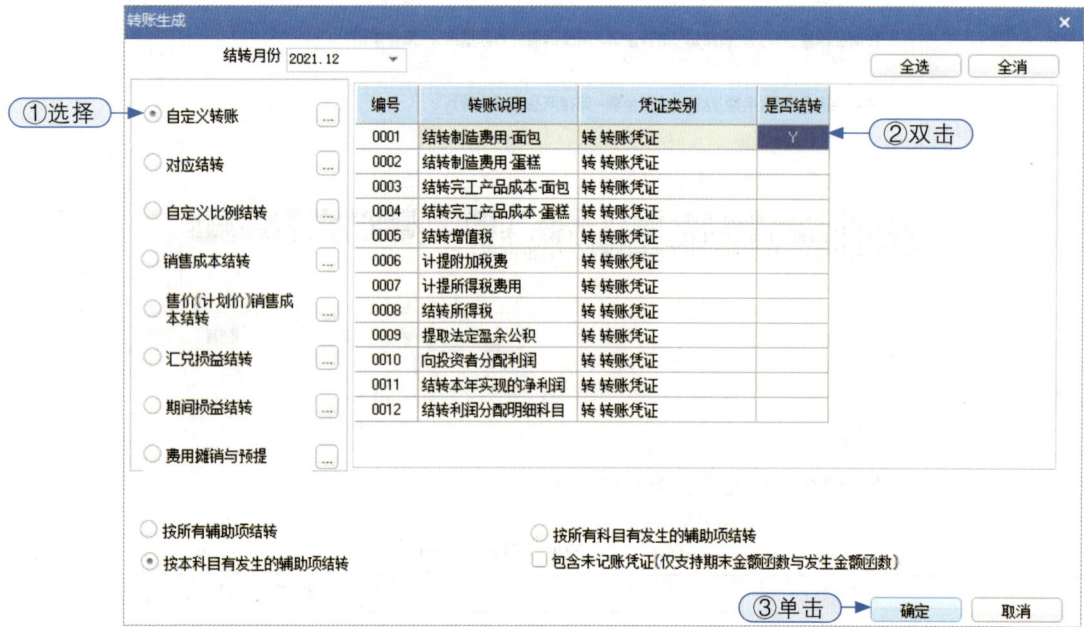

图7-21　结转制造费用页面

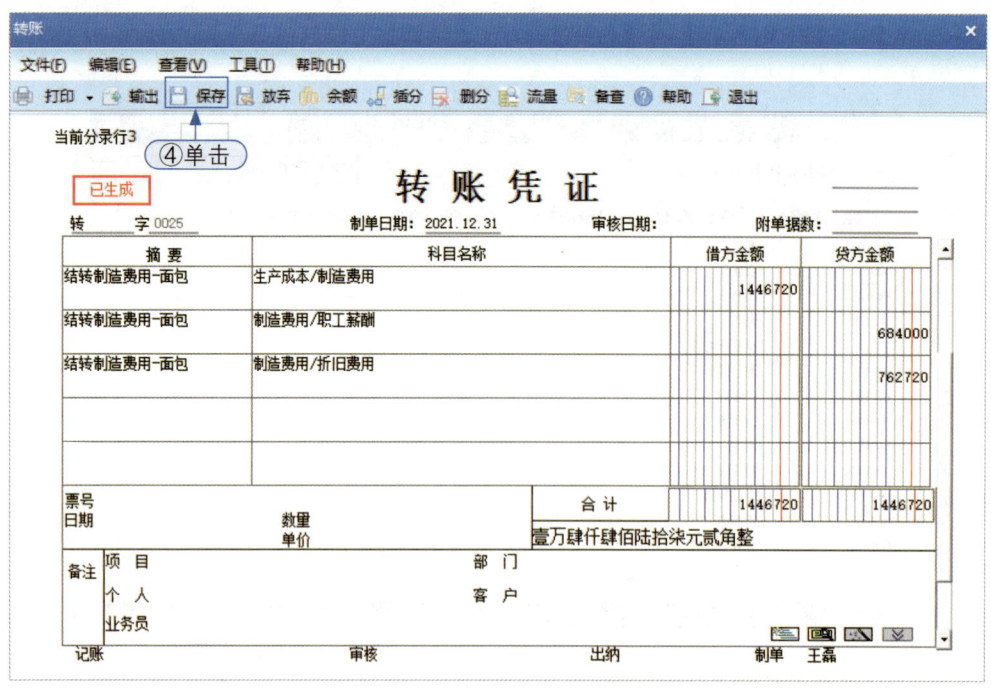

图7-22　转账凭证生成页面

保存后以账套主管身份审核，以会计身份记账，以同样方法结转蛋糕的制造费用。

2. 完工成品成本结转

【情景 7-10】结转完工产品成本并审核记账，本月完工面包 4 142 箱、蛋糕 2 603 箱。

以会计身份登录系统进行转账并制单，具体操作过程同结转制造费用，但需要填写本月完工数量。凭证保存后进行审核和记账。

3. 销售成本结转

【情景 7-11】进行销售成本结转。

以会计身份进入用友 U8⁺ 企业应用平台，依次选择【业务导航】→【财务会计】→【总账】→【期末】→【转账生成】选项，销售成本结转生成凭证，具体操作过程如图 7-23 至图 7-25 所示。

图 7-23　销售成本结转页面

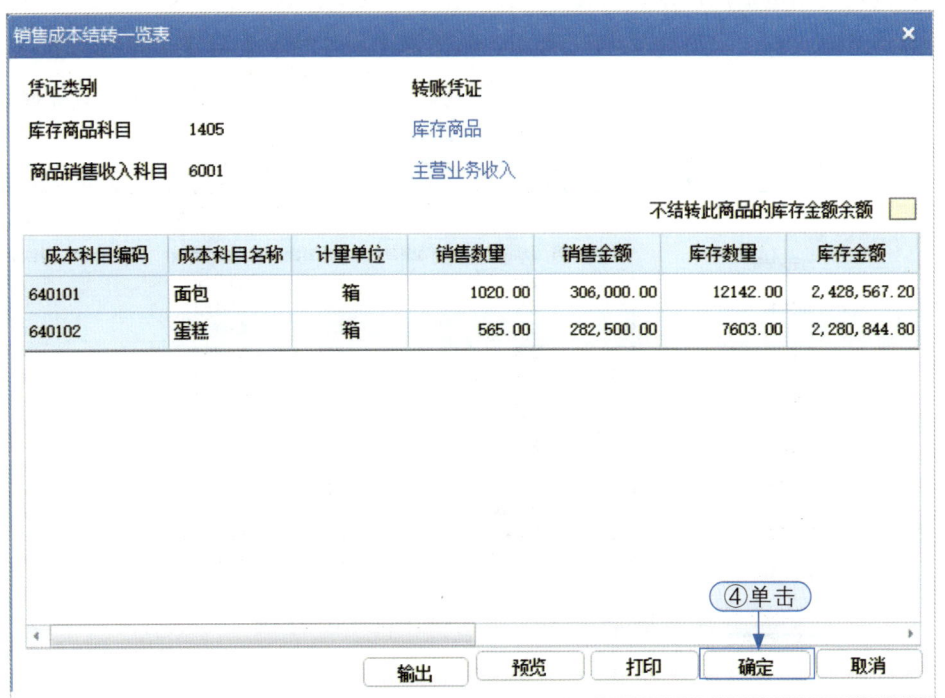

图 7-24　销售成本结转一览表页面

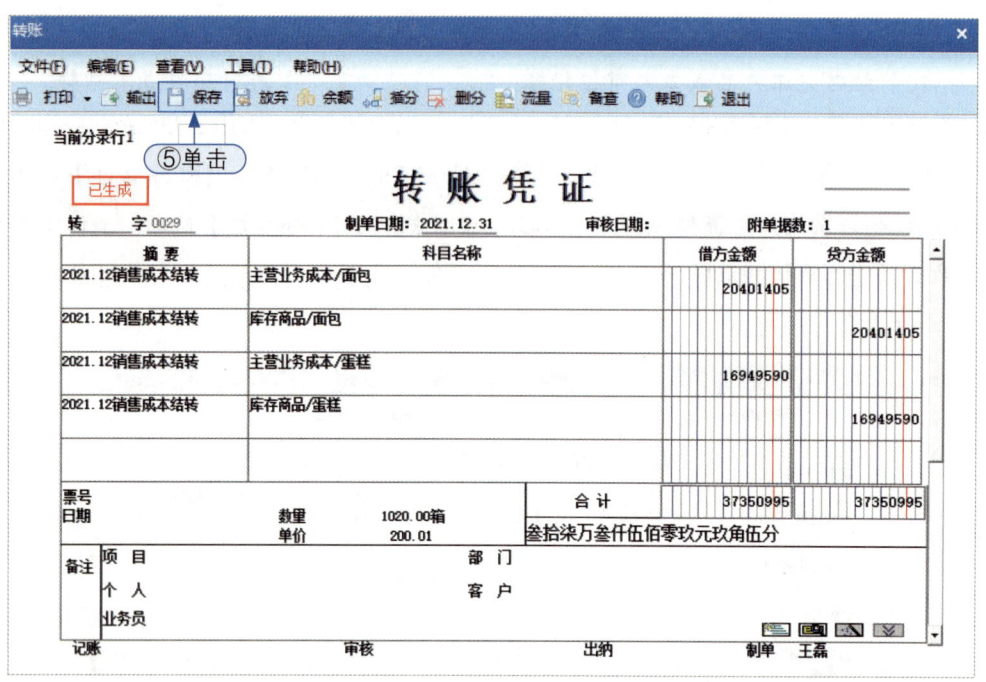

图 7-25 转账凭证生成页面

保存后以账套主管身份审核,以会计身份记账。

4. 结转增值税

【情景 7-12】进行增值税结转。

以会计身份登录用友 U8+ 企业应用平台,依次选择【业务导航】→【财务会计】→【总账】→【期末】→【转账生成】选项,进行增值税结转,具体操作过程同结转制造费用,并对生成的凭证进行审核记账。

5. 计提附加税费

【情景 7-13】进行计提附加税费结转。

进行计提附加税费结转的具体操作过程同结转制造费用,并对生成的凭证进行审核记账。

6. 期间损益结转

【情景 7-14】进行期间损益结转。

以会计身份登录用友 U8+ 企业应用平台,依次选择【业务导航】→【财务会计】→【总账】→【期末】→【转账生成】选项,具体操作过程如图 7-26、图 7-27 所示。

图 7-26 期间损益结转页面

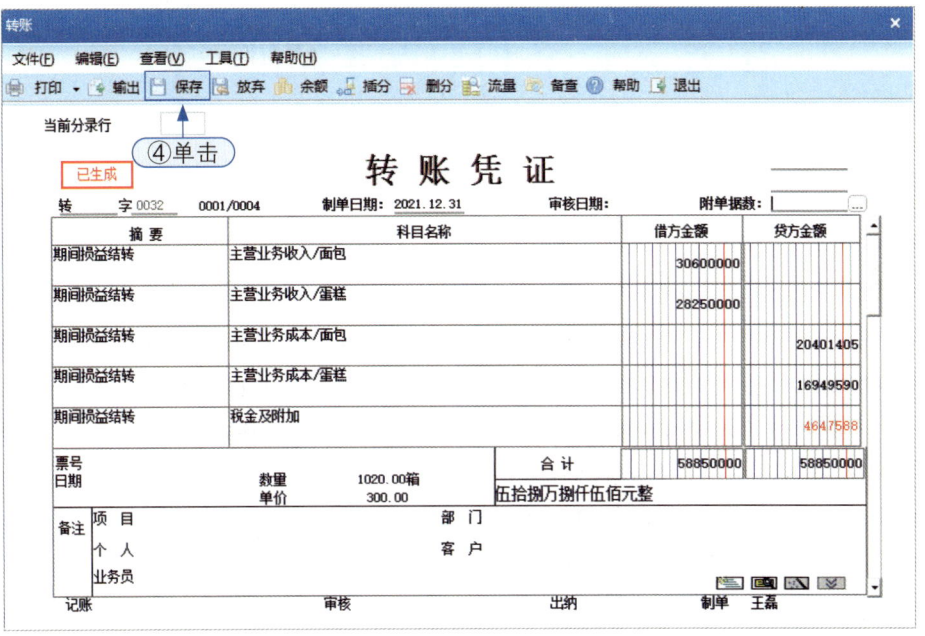

图 7-27 转账凭证生成页面

保存后以账套主管身份审核，以会计身份记账。

7. 计提所得税费用

【情景 7-15】进行计提所得税费用结转。

以会计身份登录用友 U8⁺ 企业应用平台，依次选择【业务导航】→【财务会计】→【总账】→【期末】→【转账生成】选项，计提所得税费用的具体操作过程同结转制造费用，并对生成的凭证进行审核记账。

8. 结转所得税

【情景 7-16】进行结转所得税。

以会计身份登录用友 U8⁺ 企业应用平台，依次选择【业务导航】→【财务会计】→【总账】→【期末】→【转账生成】选项，结转所得税的具体操作过程同结转制造费用，并对生成的凭证进行审核记账。

9. 提取法定盈余公积

【情景 7-17】进行提取法定盈余公积结转。

以会计身份登录用友 U8⁺ 企业应用平台，依次选择【业务导航】→【财务会计】→【总账】→【期末】→【转账生成】选项，提取法定盈余公积的具体操作过程同结转制造费用，并对生成的凭证进行审核记账。

10. 向投资者分配利润

【情景 7-18】进行向投资者分配利润结转。

以会计身份登录用友 U8⁺ 企业应用平台，依次选择【业务导航】→【财务会计】→【总账】→【期末】→【转账生成】选项，向投资者分配利润的具体操作过程同结转制造费用，并对生成的凭证进行审核记账。

11. 结转本年实现的净利润

【情景 7-19】进行本年实现的净利润结转。

以会计身份登录用友 U8⁺ 企业应用平台，依次选择【业务导航】→【财务会计】→【总账】→【期末】→【转账生成】选项，结转本年实现的净利润的具体操作过程同结转制造费用，并对生成的凭证进行审核记账。

12. 结转利润分配明细科目

【情景 7-20】进行利润分配明细科目结转。

以会计身份登录用友 U8⁺ 企业应用平台，依次选择【业务导航】→【财务会计】→【总账】→【期末】→【转账生成】选项，结转利润分配明细科目的具体操作过程同结转制造费用，并对生成的凭证进行审核记账。

任务 7.4 各模块期末结账

7.4.1 应收款管理模块

1. 期末对账

（1）应收款管理模块查询对账单。

【情景 7-21】进行应收对账单查询。

以会计身份登录用友 U8⁺ 企业应用平台，依次选择【业务导航】→【财务会计】→【应收款管理】→【对账】→【对账单】选项。查询应收对账单的具体操作过程如图 7-28、图 7-29 所示。

图 7-28　应收对账单查询条件页面

图 7-29　应收对账单页面

查询完成后，退出即可。

（2）应收款管理与总账对账。

【情景7-22】进行应收款管理与总账对账。

以会计身份登录用友U8⁺企业应用平台，依次选择【业务导航】→【财务会计】→【应收款管理】→【对账】→【与总账对账】选项。应收款管理与总账对账的具体操作过程如图7-30、图7-31所示。

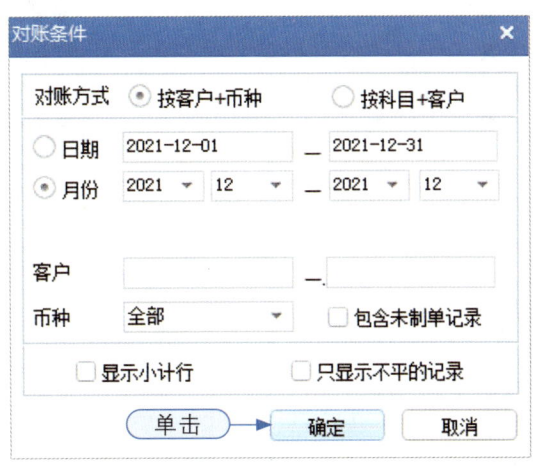

图7-30　对账条件页面

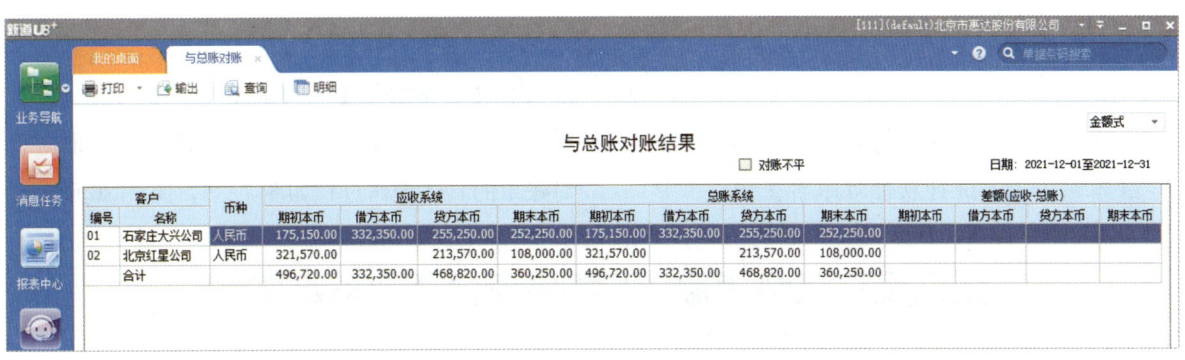

图7-31　应收款管理与总账对账结果页面

2. 月末结账

【情景7-23】进行应收款月末结账。

以会计身份登录用友U8⁺企业应用平台，依次选择【业务导航】→【财务会计】→【应收款管理】→【期末处理】→【月末结账】选项。应收款月末结账的具体操作过程如图7-32至图7-34所示。

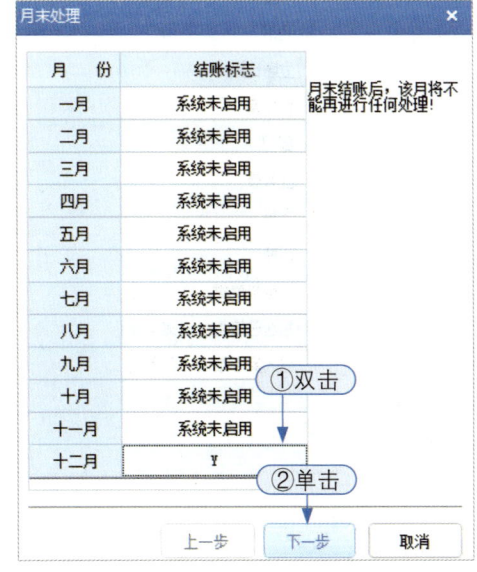

图7-32　应收款月末处理（一）

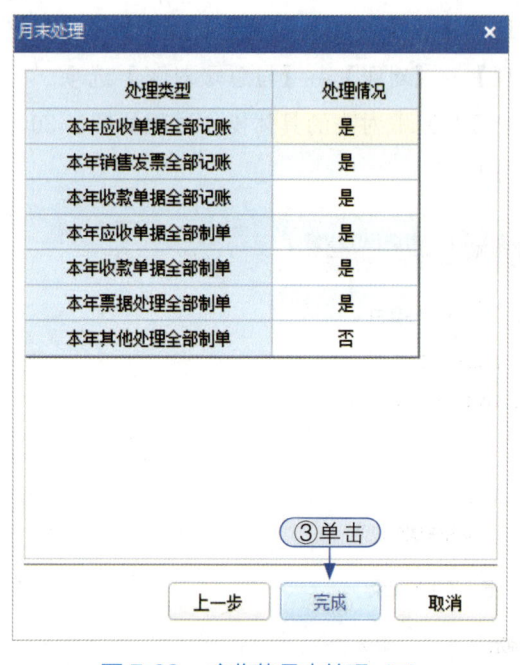

图 7-33　应收款月末处理（二）

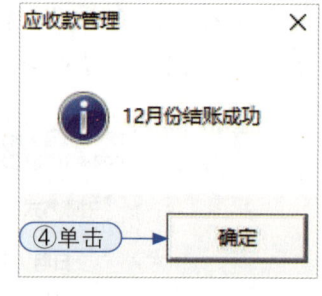

图 7-34　结账成功提示

7.4.2　应付款管理模块

1. 对账

（1）应付款管理查询对账单。

【情景 7-24】进行应付对账单查询。

以会计身份登录用友 U8⁺企业应用平台，依次选择【业务导航】→【财务会计】→【应付款管理】→【对账】→【对账单】选项。查询应付对账单的具体操作过程如图 7-35、图 7-36 所示。

图 7-35　应付对账单查询条件页面

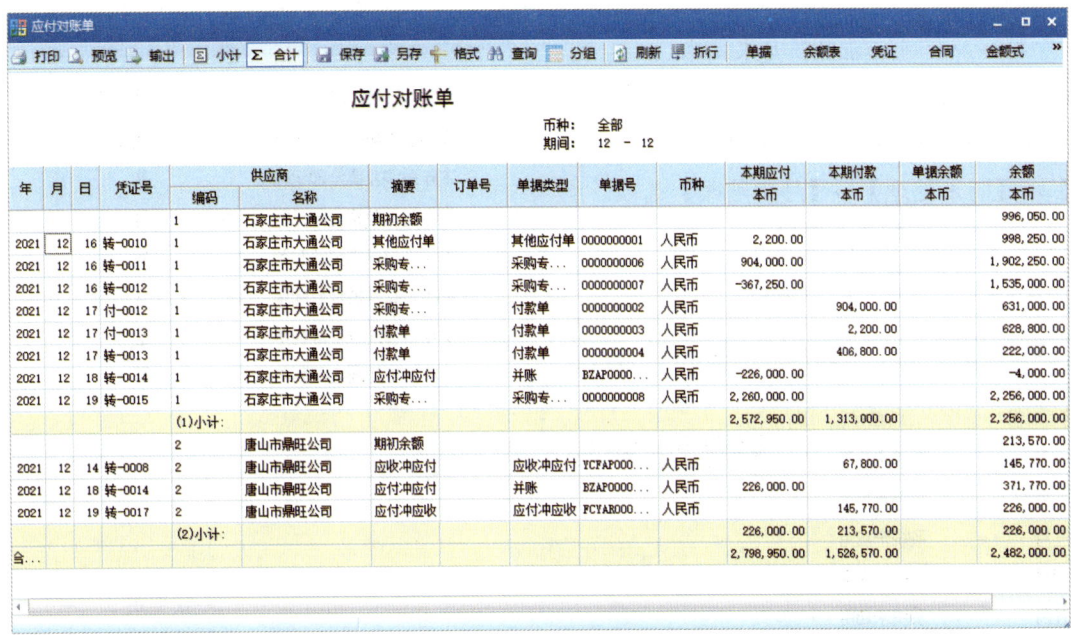

图 7-36 应付对账单页面

查询完成后退出。

（2）应付款管理与总账对账。

【情景 7-25】进行应付款管理与总账对账。

以会计身份进入用友 U8⁺企业应用平台，依次选择【业务导航】→【财务会计】→【应付款管理】→【对账】→【与总账对账】选项。应付款管理与总账对账的具体操作过程如图 7-37、图 7-38 所示。

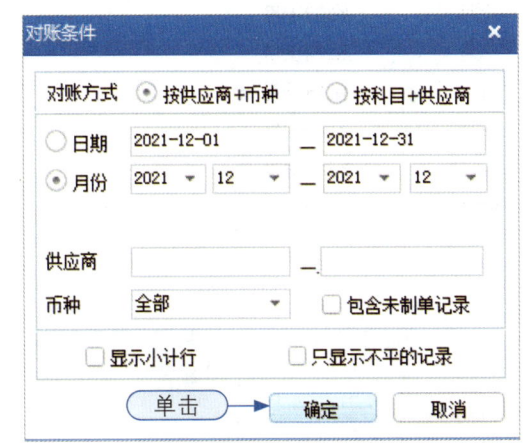

图 7-37 对账条件页面

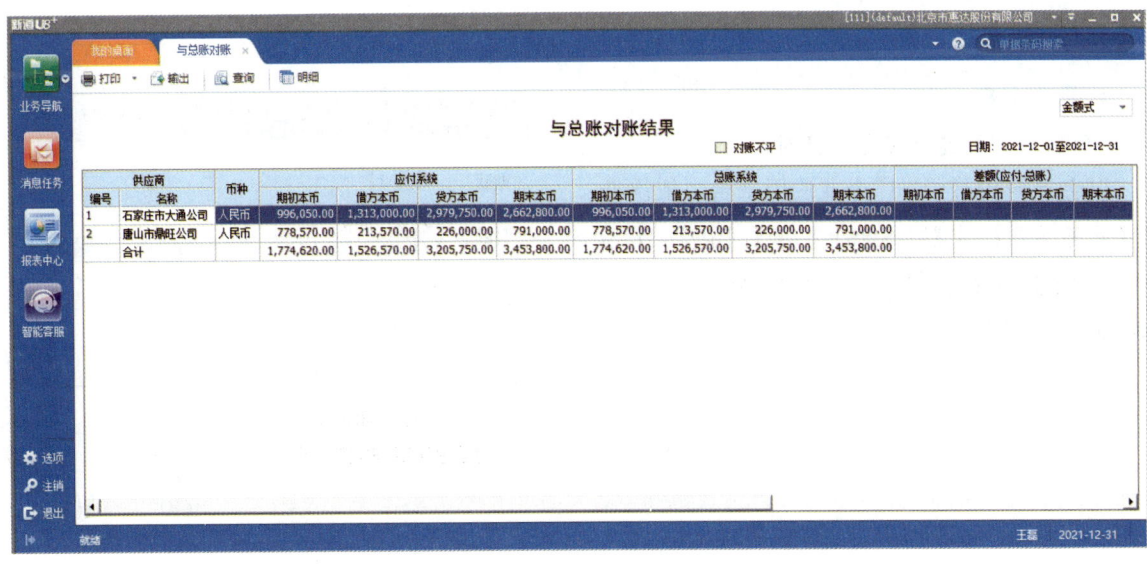

图 7-38 应付款管理与总账对账结果页面

2. 月末结账

【情景 7-26】进行应付款月末结账。

以会计身份登录用友 U8⁺企业应用平台，依次选择【业务导航】→【财务会计】→【应付款管理】→【期末处理】→【月末结账】选项。应付款月末结账的具体操作过程如图 7-39 至图 7-41 所示。

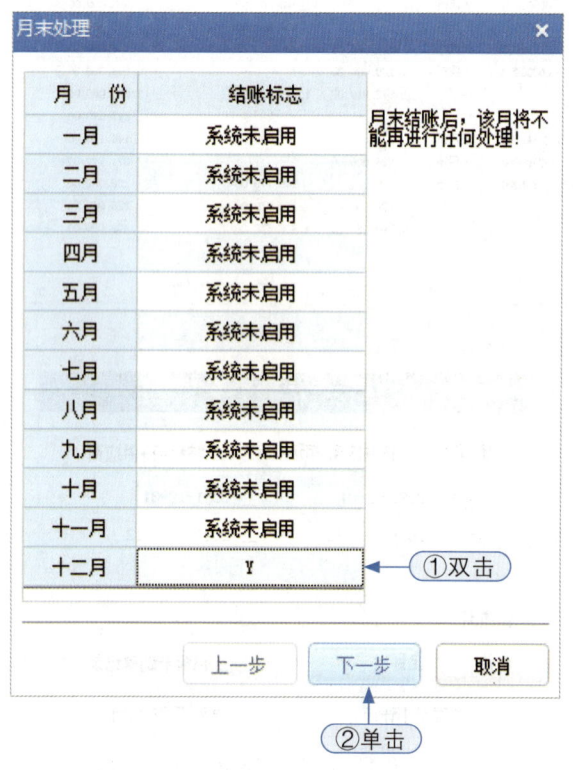

图 7-39　应付款月末处理（一）

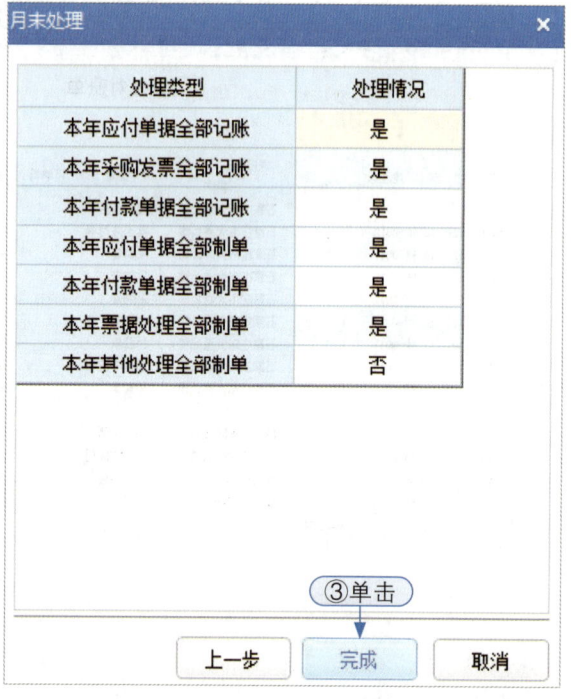

图 7-40　应付款月末处理（二）

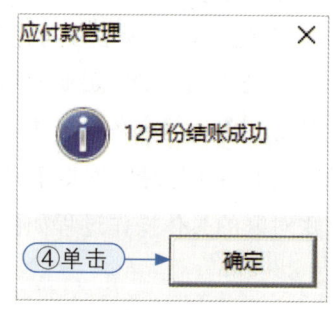

图 7-41　结账成功提示

7.4.3 固定资产管理模块

1. 期末对账

【情景 7-27】进行固定资产对账。

以会计身份登录 U8⁺企业应用平台，依次选择【业务导航】→【财务会计】→【固定资产】→【资产对账】→【对账】选项，固定资产对账的具体操作过程如图 7-42、图 7-43 所示。

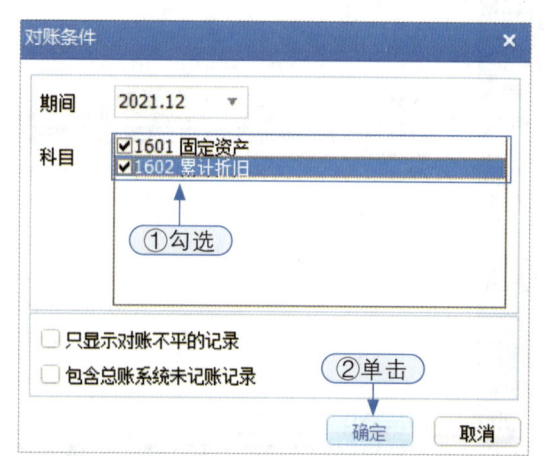

图 7-42　对账条件页面

图 7-43　固定资产与总账对账结果页面

2. 期末结账

【情景 7-28】进行固定资产月末结账。

以会计身份登录用友 U8⁺企业应用平台,依次选择【业务导航】→【财务会计】→【固定资产】→【期末处理】→【月末结账】选项,固定资产月末结账的具体操作过程如图 7-44 至图 7-47 所示。

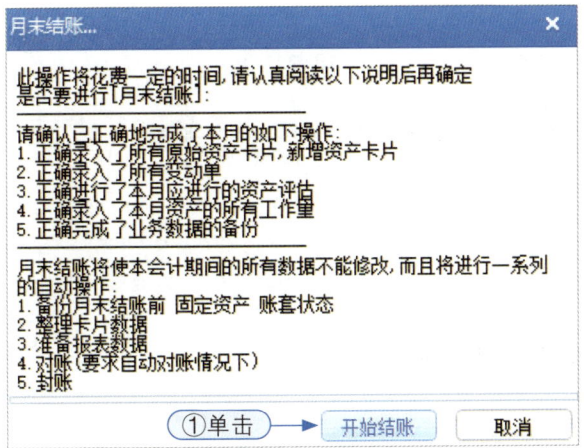

图 7-44　固定资产月末结账页面

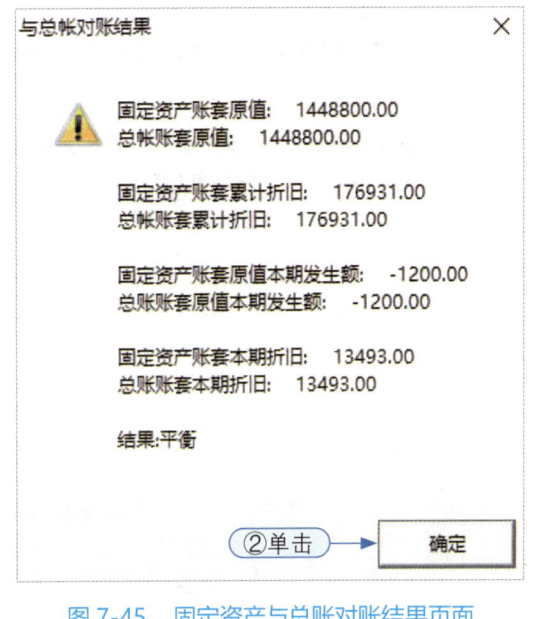

图 7-45　固定资产与总账对账结果页面

图 7-46　月末结账成功提示

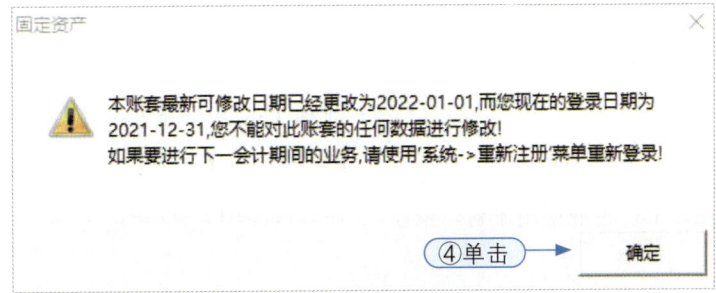

图 7-47　固定资产结账提示

7.4.4 薪资管理模块

【情景7-29】进行薪资管理月末结账。

以会计身份登录用友U8⁺企业应用平台，依次选择【业务导航】→【人力资源】→【薪资管理】→【业务处理】→【月末处理】选项。薪资管理月末结账的具体操作过程如图7-48、图7-49所示。

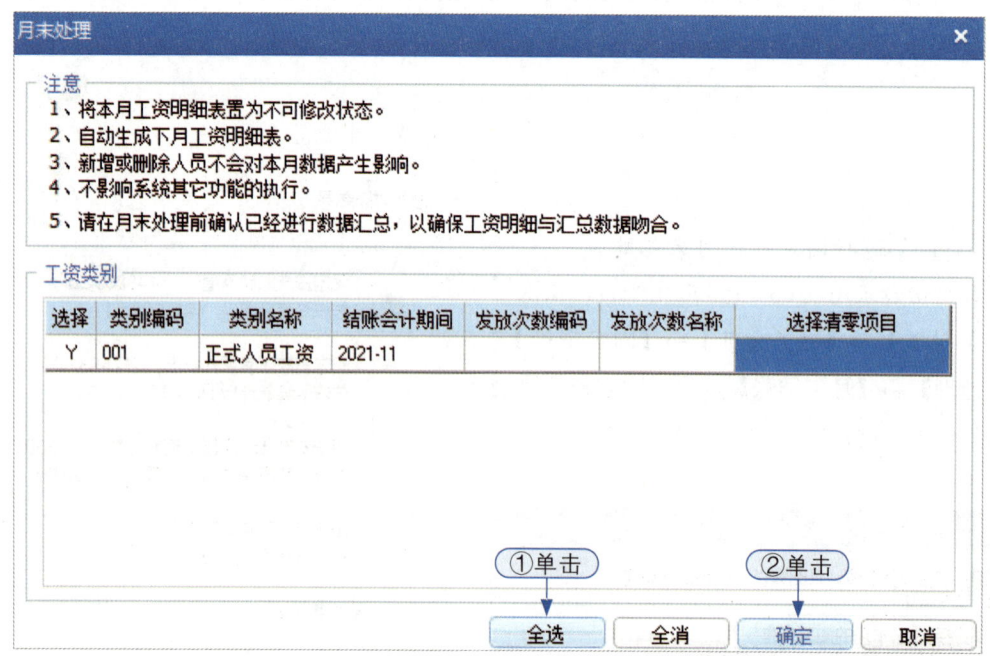

图7-48　薪资管理月末处理页面

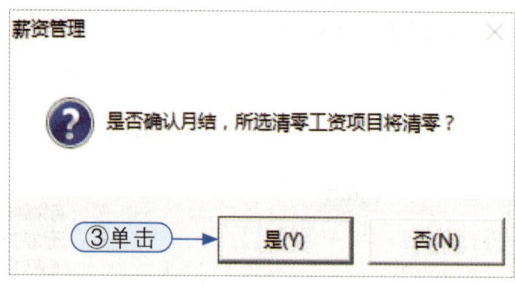

图7-49　月末结账提示

单击【是】按钮后退出，工资结账完成。

7.4.5 总账模块

1. 期末对账

【情景7-30】进行总账月末对账。

以会计身份登录用友U8⁺企业应用平台，依次选择【业务导航】→【财务会计】→【总账】→【期末】→【对账】选项。总账月末对账的具体操作过程如图7-50至图7-53所示。

图 7-50　对账选择试算页面

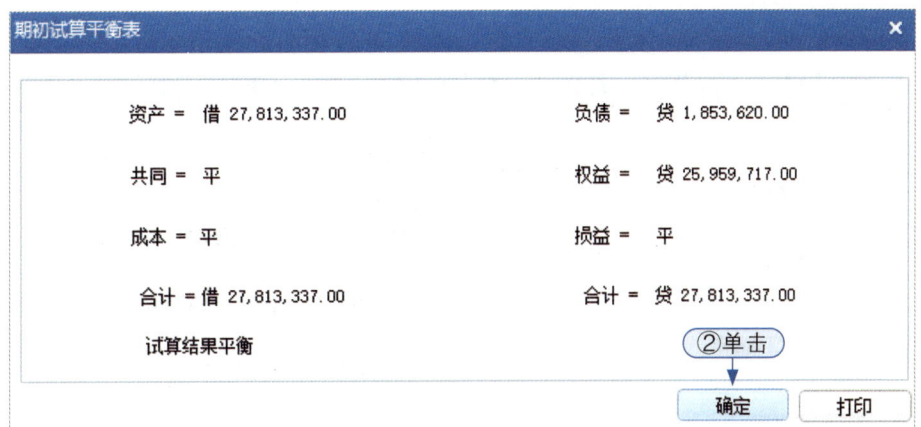

图 7-51　期初试算平衡表页面

图 7-52　选择对账页面

图 7-53　对账完成页面

2. 期末结账

【情景 7-31】进行总账结账。

以会计身份登录 U8⁺企业应用平台，依次选择【业务导航】→【财务会计】→【总账】→【期末】→【结账】选项。总账结账的具体操作过程如图 7-54 至图 7-58 所示。

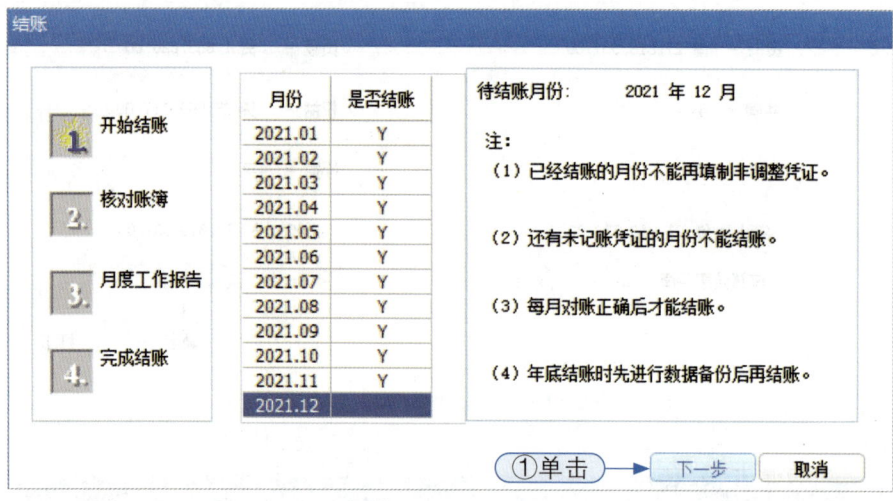

图 7-54　开始结账页面

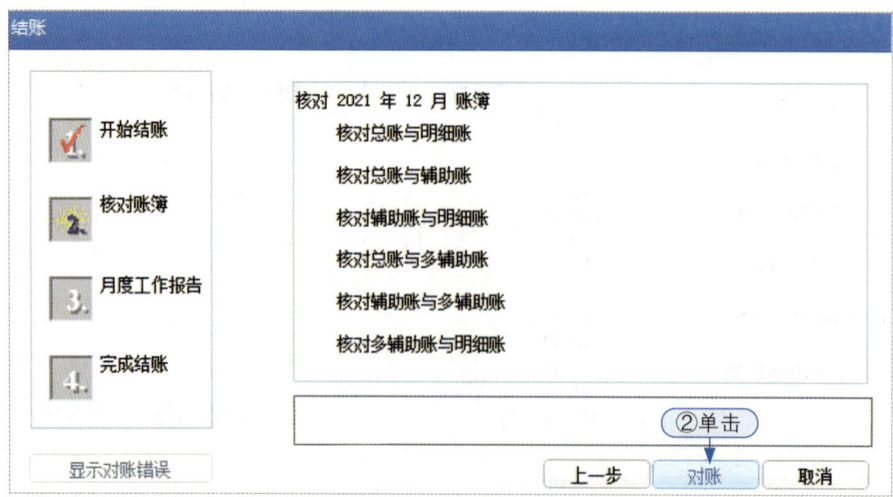

图 7-55　核对账簿页面

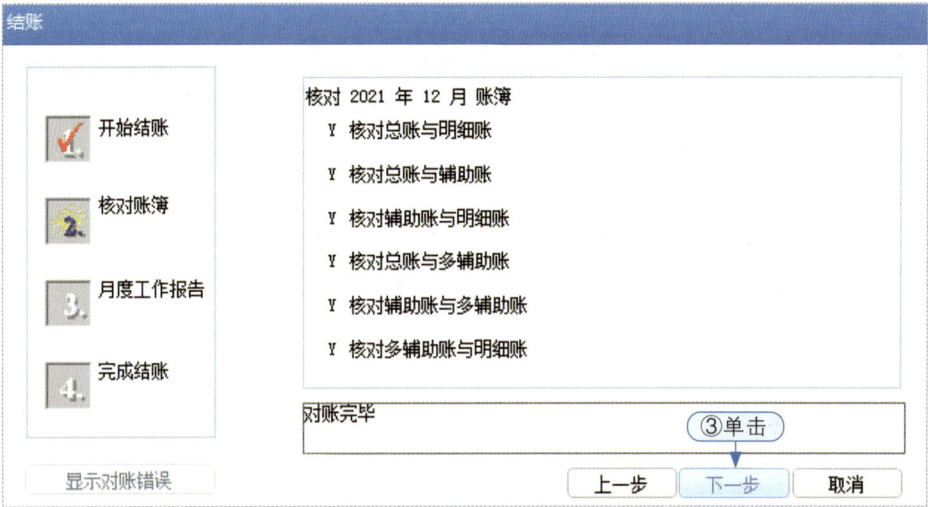

图 7-56　对账完毕页面

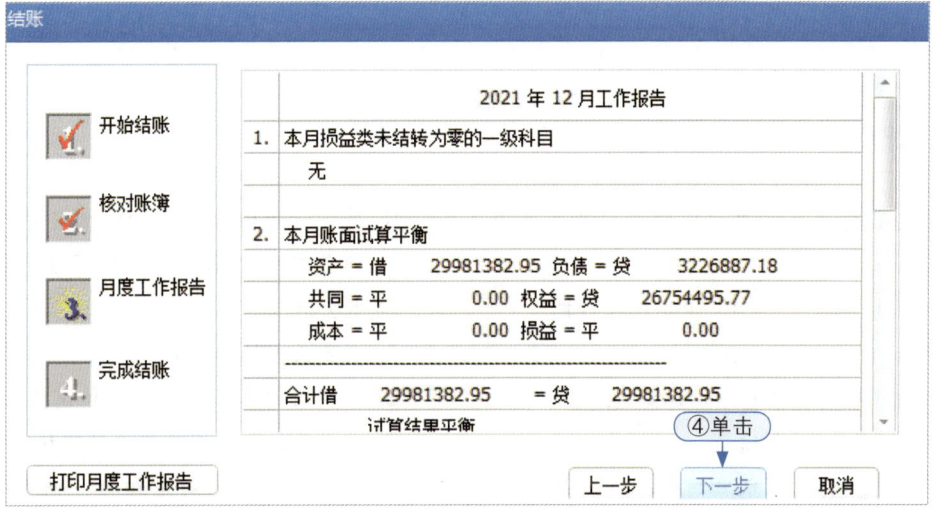

图 7-57　月度工作报告页面

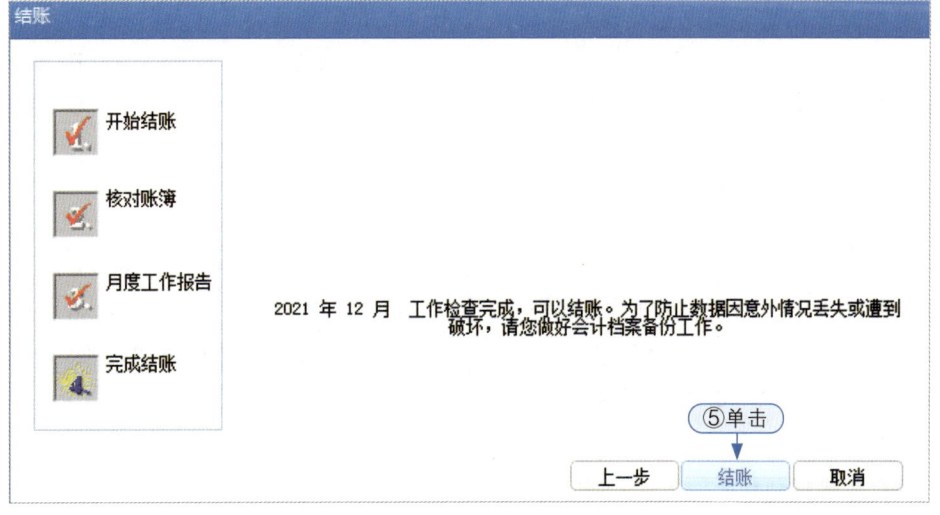

图 7-58　完成结账页面

项目小结

本项目主要讲述了期末记账，包括出纳签字、审核凭证和会计记账；银行对账，包括银行期初余额录入、银行对账；期末转账，包括转账定义和转账凭证生成；各模块期末结账，包括应收款管理模块、应付款管理模块、固定资产管理模块、薪资管理模块和总账模块。

思考与练习

一、单项选择题

1. 用友U8⁺软件系统单据审核的日期要求是（　　）。
   A. 当前日期　　　B. 单据操作日期
   C. 任意日期　　　D. 以上均可

2. 用友U8⁺中的凭证签字顺序是（　　）。
   A. 制单—出纳—复核—记账
   B. 制单—复核—出纳—记账
   C. 制单—复核—记账—出纳
   D. 制单—复核—主管—记账

3. 以下月末结账不需要与总账模块对账的模块是（　　）。
   A. 应收款管理模块　　B. 应付款管理模块
   C. 薪资管理模块　　　D. 固定资产管理模块

4. 账务系统期末处理提供了多种转账定义形式，具体包括（　　）。
   A. 自定义转账和对应结转
   B. 自定义转账、对应结转和销售成本结转
   C. 自定义转账、汇兑损益结转和期间损益结转
   D. 自定义转账、对应结转、销售成本结转和期间损益结转

5. 用友U8⁺制定会计科目是确定出纳的专管科目，指定科目后与（　　）无关。
   A. 填制凭证　　　B. 银行对账
   C. 出纳签字　　　D. 查询日记账

二、多项选择题

1. 在用友U8⁺软件中，审核凭证的工作包括（　　）。
   A. 填制凭证　　　B. 出纳签字
   C. 修改凭证　　　D. 审核凭证

2. 银行对账的步骤是（　　）。
   A. 输入银行对账期初数据
   B. 录入银行对账单
   C. 银行对账　　　D. 输出余额调节表

3. 用友U8⁺操作软件中，期末转账的步骤包括（　　）。
   A. 转账定义　　　B. 自定义转账
   C. 转账生成　　　D. 结账

4. 用友U8⁺应期末处理包括（　　）。

A. 对账	B. 结账
C. 记账	D. 期末转账

5. 用友U8⁺财务管理软件系统中，自定义转账可以完成期末转账业务，主要包括：自定义转账设置和（　）。

A. 汇兑损益结转设置
B. 销售成本结转设置
C. 外币转账设置
D. 期间损益结转设置

三、判断题

1. 银行对账前必须进行出纳签字。（　）
2. 审核和记账不能为同一个人。（　）
3. 用友U8⁺中隐含对账只能系统自动对账，不能手工对账。（　）
4. 期末处理工作主要有以下几个环节：根据自动转账功能进行期末账项调整、试算平衡、对账、结账，生成月末工作报告等。（　）
5. 总账模块结账前，应收款管理模块、应付款管理模块、固定资产管理模块和薪资管理模块，必须结账。（　）

四、简答题

1. 如何实现出纳签字？
2. 财务处理系统中，审核凭证时应注意什么？
3. 使用用友U8⁺软件进行期末处理时，自动转账主要包括哪些结转？

项目 8 报表

知识目标

◎ 掌握资产负债表、利润表的基本设置；
◎ 掌握资产负债表、利润表的制作；

◎ 学会设计资产负债表、利润表。

技能目标

◎ 掌握资产负债表；

◎ 掌握利润表。

案例导入

根据所学知识自定义或利用报表模板，由财务部李某编制北京市昌盛有限责任公司 2021 年 12 月的资产负债表和利润表。

案例评析

如何制作资产负债表和利润表？

本章导语

报表系统是本书的最后一个项目，是会计工作的最终产品。计算机依据程序和检索条件，快速从科目余额表、凭证库中检索相关数据，临时生成会计报表。

任务 8.1 资产负债表

8.1.1 建立资产负债表

【情景 8-1】建立资产负债表并设置相应格式。操作方法如下：

（1）以会计身份登录用友 U8⁺企业应用平台，依次选择【业务导航】→【财务会计】→【UFO 报表】选项，UFO 报表页面如图 8-1 所示。

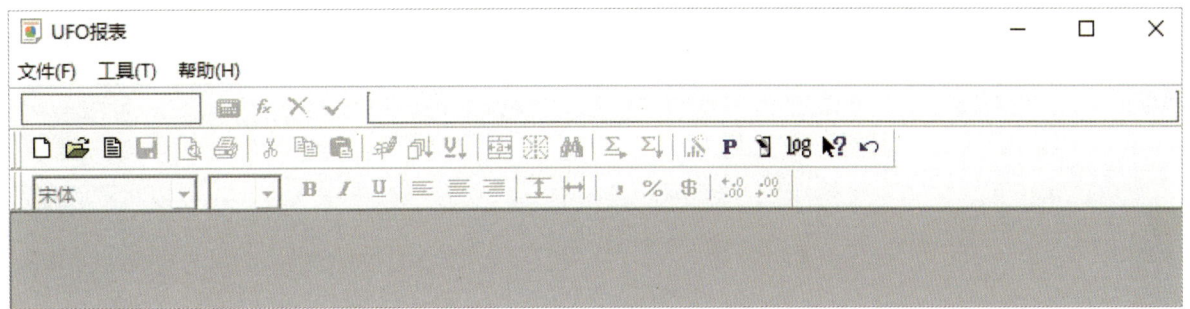

图 8-1　UFO 报表页面

（2）通过单击【文件】→【新建】按钮，建立空白 UFO 报表，结果如图 8-2 所示。

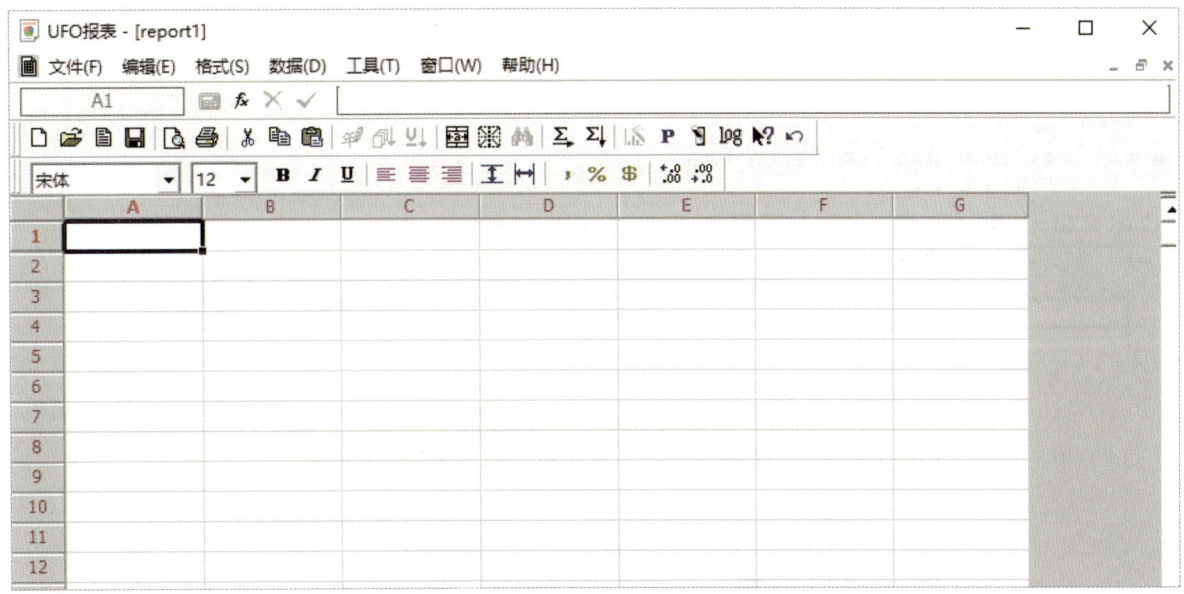

图 8-2　空白 UFO 报表建立页面

【情景 8-2】在格式状态下，设置行数为 19，列数为 8 的表格。

单击【格式】→【表尺寸】按钮，表尺寸设置如图 8-3 所示。

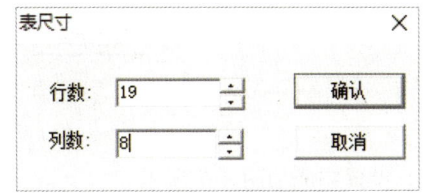

图 8-3　表尺寸设置页面

设置完成如图 8-4 所示。

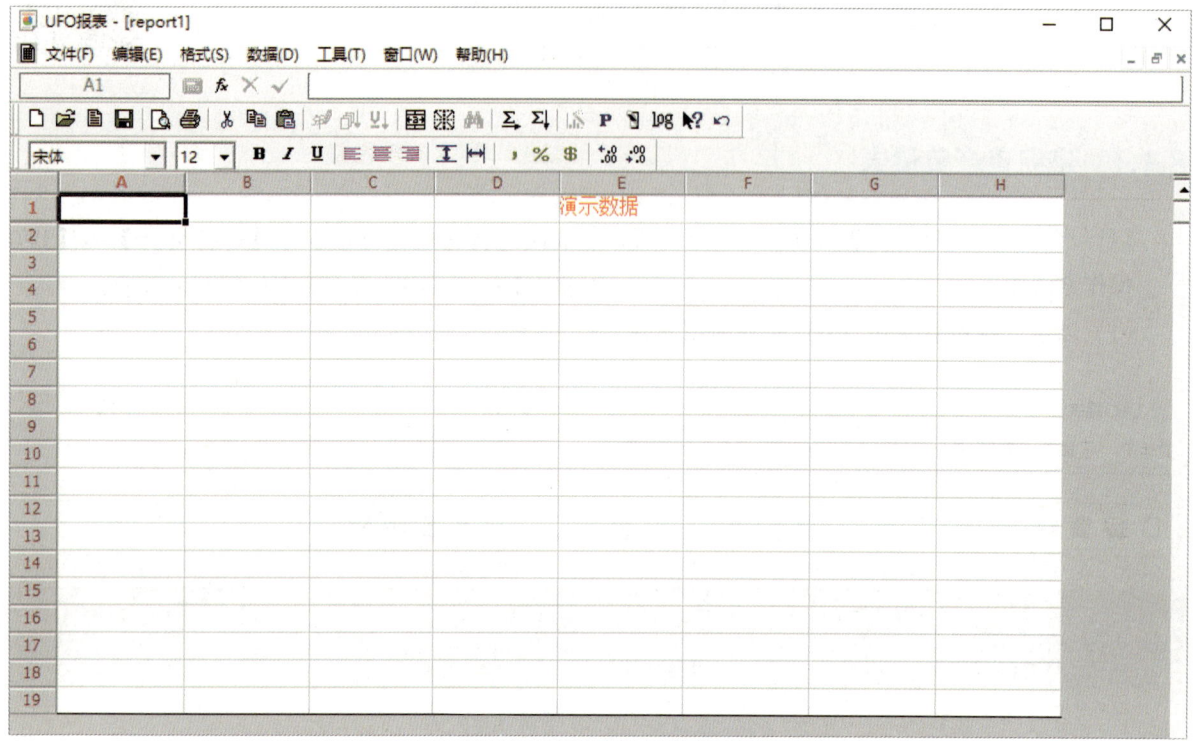

图 8-4　表尺寸设置完成页面

【情景 8-3】在格式状态下，组合 A1：H1，A2：H2 和 A3：H3。

操作方法如下：

（1）选中需要组合的单元格，如图 8-5 所示。

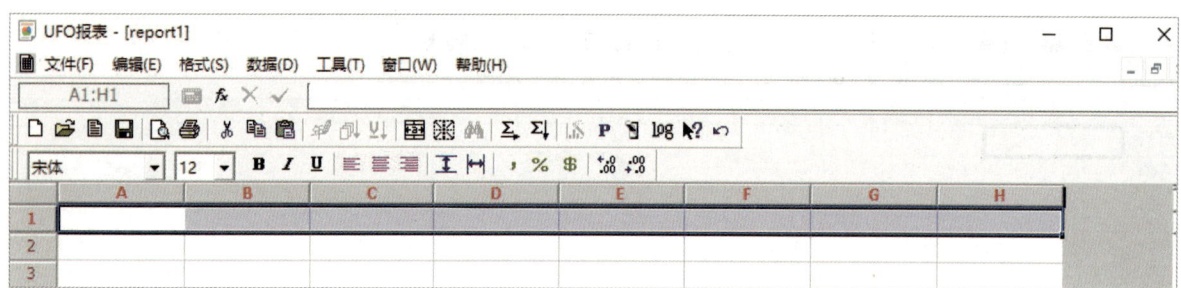

图 8-5　选中单元格页面

（2）单击【格式】→【组合单元】按钮，进行单元格合并，如图 8-6 所示。

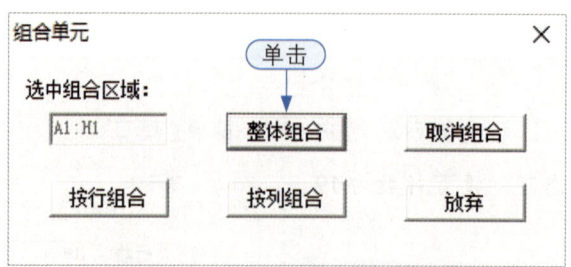

图 8-6　组合单元页面

（3）设置完成如图 8-7 所示。

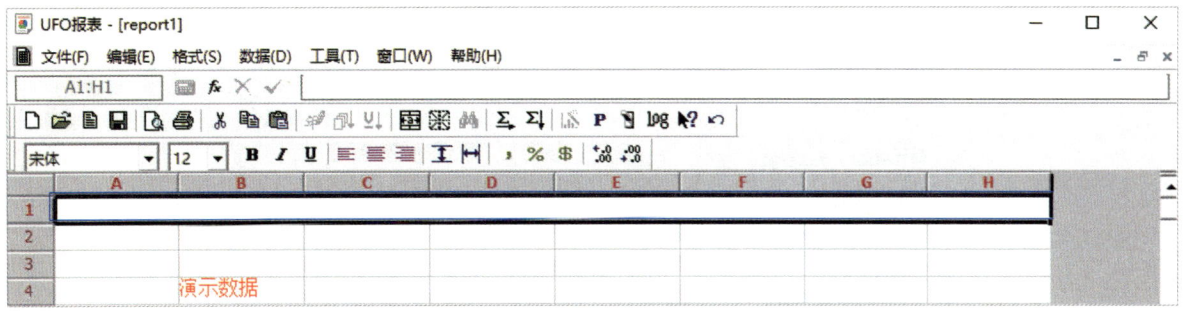

图 8-7　单元组合后页面

【情景 8-4】根据表 8-1 的信息分别设置行高、列宽。

表 8-1　行高、列宽数据

行名称	高度	列名称	宽度
1	10	A	30
2～3	8	E	40
		B、F	10
4～19	6	C、D、G、H	28

（1）设置行高。

选中第 1 行，单击【格式】→【行高】按钮，弹出如图 8-8 所示对话框。

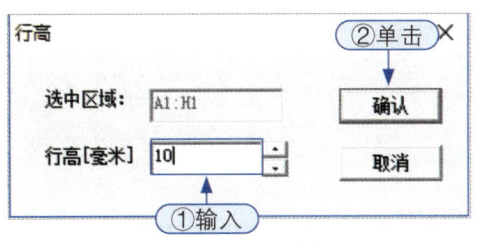

图 8-8　设置行高

（2）设置列宽。

选中第 A 列，单击【格式】→【列宽】按钮，弹出如图 8-9 所示对话框。

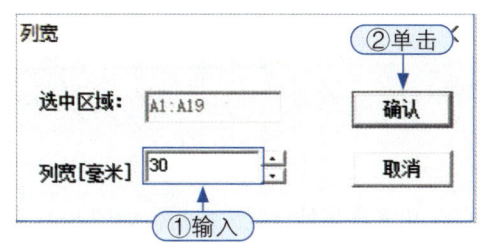

图 8-9　设置列宽

【情景 8-5】根据表 8-2 的信息设置单元格属性。

表 8-2　单元格属性

单元格名称	单元类型		字体图案				对齐		边框
	单元格类型	格式	字体	字形	后景色	字号	水平方向	垂直方向	
A1：H1	表样		黑体	下划线		18	居中	居中	无
A2：H2	字符		宋体			9	居右	居中	无
A3：H2	字符		宋体			9	居中	居中	无
A4：H19						9		居中	选第一个
A4：H4	字符		宋体	加粗	深灰色	11	居中	居中	
A5：A19；E5：E19	字符		宋体			10	居左	居中	
B4：B19；F5：F19	字符		宋体			10	居中	居中	
C5：D19；G5：H19	数值	逗号	宋体			10	居右	居中	
A5、A14；A19、E5、E12、E13、E19					浅灰色				

操作方法如下：

（1）选中单元格，单击【格式】→【单元属性】按钮，弹出如图 8-10 所示对话框。

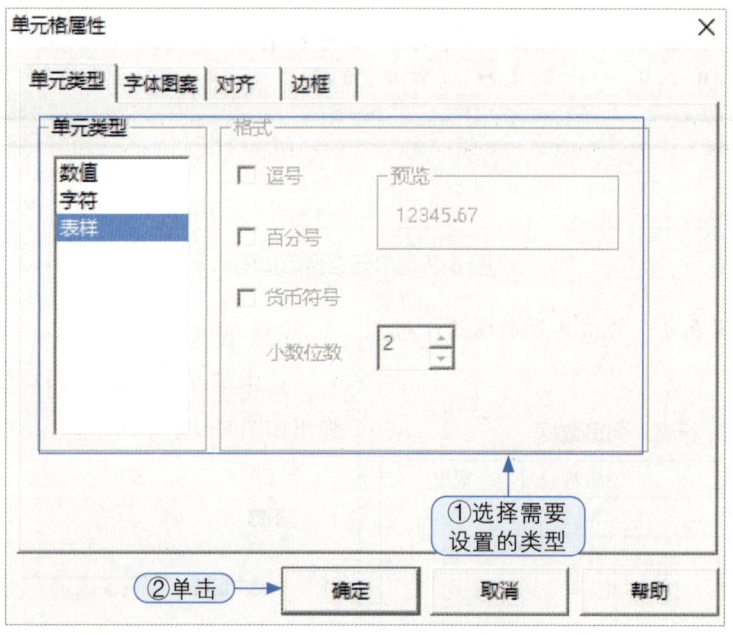

图 8-10　单元格属性对话框

（2）单元格属性设置完成后，如图 8-11 所示。

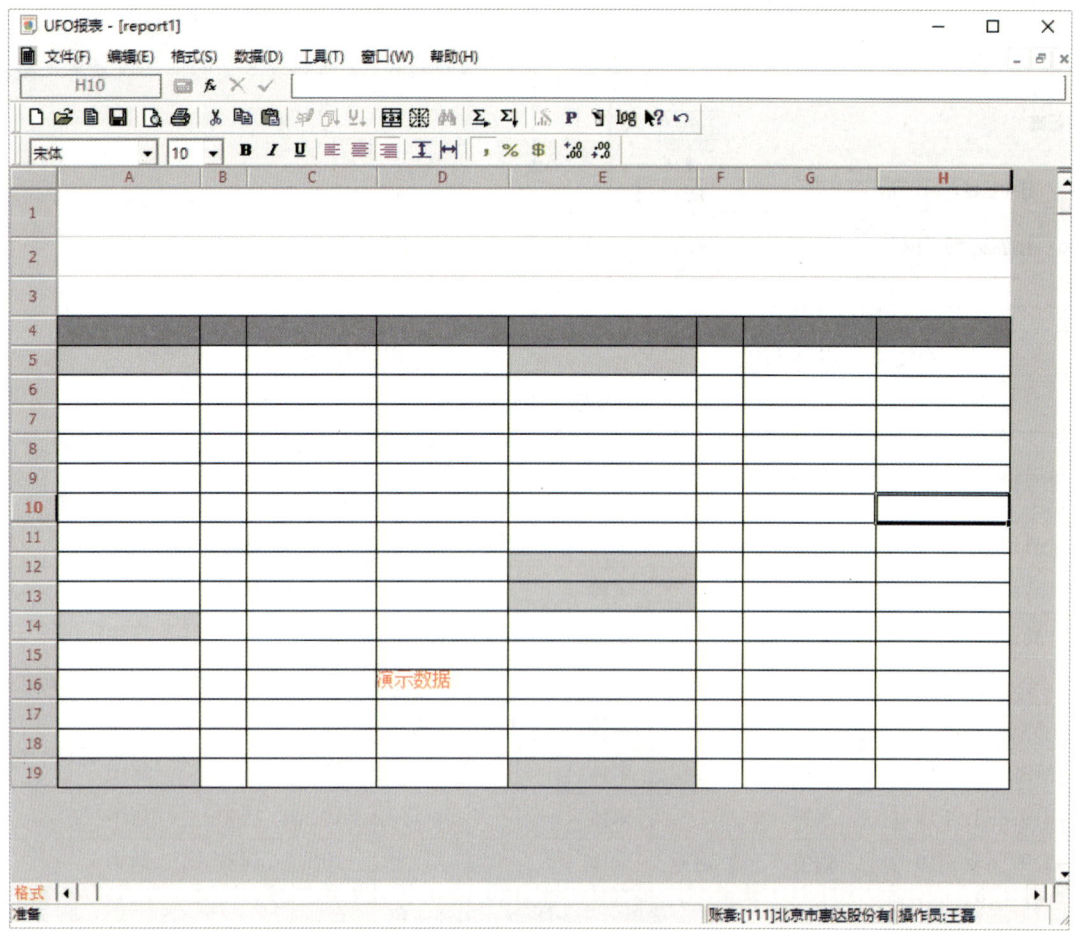

图 8-11　单元格属性设置完成页面

8.1.2 定义资产负债表

【情景 8-6】根据表 8-3 的信息输入信息内容并设置公式和定义关键字。

表 8-3　资产负债表

××××年××月××日

会企 01 表

编制单位：　　　　　　　　　　　　　　　　　　　　　　　　　　　　　　　　　　　单位：元

项目	行次	期末余额	期初余额
流动资产：			
货币资金	1	QM("1001",月,,,,,,,,)+QM("1002",月,,,,,,,,)+QM("1012",月,,,,,,,,)	QC("1001",全年,,,,,,,,)+QC("1002",全年,,,,,,,,)+QC("1012",全年,,,,,,,,)
交易性金融资产	2		
应收票据	3	QM("1121",月,,,,"",,,,,)	QC("1121",全年,,,,"",,,,,)
应收账款	4	QM("1122",月,,,,"",,,,,)-QM("1231",月,,,,,,,,)	QC("1122",全年,,,,"",,,,,)-QC("1231",全年,,,,,,,,)
预付账款	5	QM("1123",月,,,,"",,,,,)	QC("1123",全年,,,,"",,,,,)
其他应收款	6	QM("1221",月,,,,,,,,)	QC("1221",全年,,,,,,,,)
存货	7	QM(("1402",月,,,,,,,,)+QM("1403",月,,,,,,,,)+QM("1405",月,,,,,,,,)-QM("1471",月,,,,,,,,)	QC("1402",全年,,,,,,,,)+QC("1403",全年,,,,,,,,)+QC("1405",全年,,,,,,,,)-QC("1471",全年,,,,,,,,)
流动资产合计	8	C6+C7+C8+C9+C10+C11+C12	C6+C7+C8+C9+C10+C11+C12
非流动资产：			
固定资产	9	QM("1601",月,,,,"",,,,,)-QM("1602",月,,,,"",,,,,)-QM("1603",月,,,,,,,,)	QC("1601",全年,,,,"",,,,,)-QC("1602",全年,,,,"",,,,,)-QC("1603",全年,,,,,,,,)
固定资产清理	10	QM("1606",月,,,,,,,,)	QC("1606",全年,,,,,,,,)
无形资产	11	QM("1701",月,,,,,,,,)-QM("1702",月,,,,,,,,)	QC("1701",全年,,,,,,,,)-QC("1702",全年,,,,,,,,)
非流动资产合计	12	C15+C16+C17	C15+C16+C17
资产总计	13	C13+C18	
流动负债			
应付票据	14	QM("2201",月,,,,"",,,,,)	QC("2201",全年,,,,"",,,,,)
应付账款	15	QM("2202",月,,,,"",,,,,)	QC("2202",全年,,,,"",,,,,)
预收账款	16	QM("2203",月,,,,"",,,,,)	QC("2203",全年,,,,"",,,,,)
应付职工薪酬	17	QM("2211",月,,,,,,,,)	QC("2211",全年,,,,,,,,)
应交税费	18	QM("2221",月,,,,,,,,)	QC("2221",全年,,,,,,,,)
应付股利	19	QM("2232",月,,,,,,,,)	QC("2232",全年,,,,,,,,)
流动负债合计	20	G6+G7+G8+G9+G10+G11	H6+H7+H8+H9+H10+H11
所有者权益			
实收资本	21	QM("4001",月,,,,,,,,)	QC("4001",全年,,,,,,,,)
盈余公积	22	QM("4101",月,,,,,,,,)	QC("4101",全年,,,,,,,,)
未分配利润	23	QM("410406",月,,,,,,,)	QC("410406",全年,,,,,,,,)
所有者权益合计	24	G14+G15+G16	H14+H15+H16
负债和所有者权益合计	26	G12+G17	H12+H17

操作方法如下：

（1）输入信息，完成结果如图 8-12 所示。

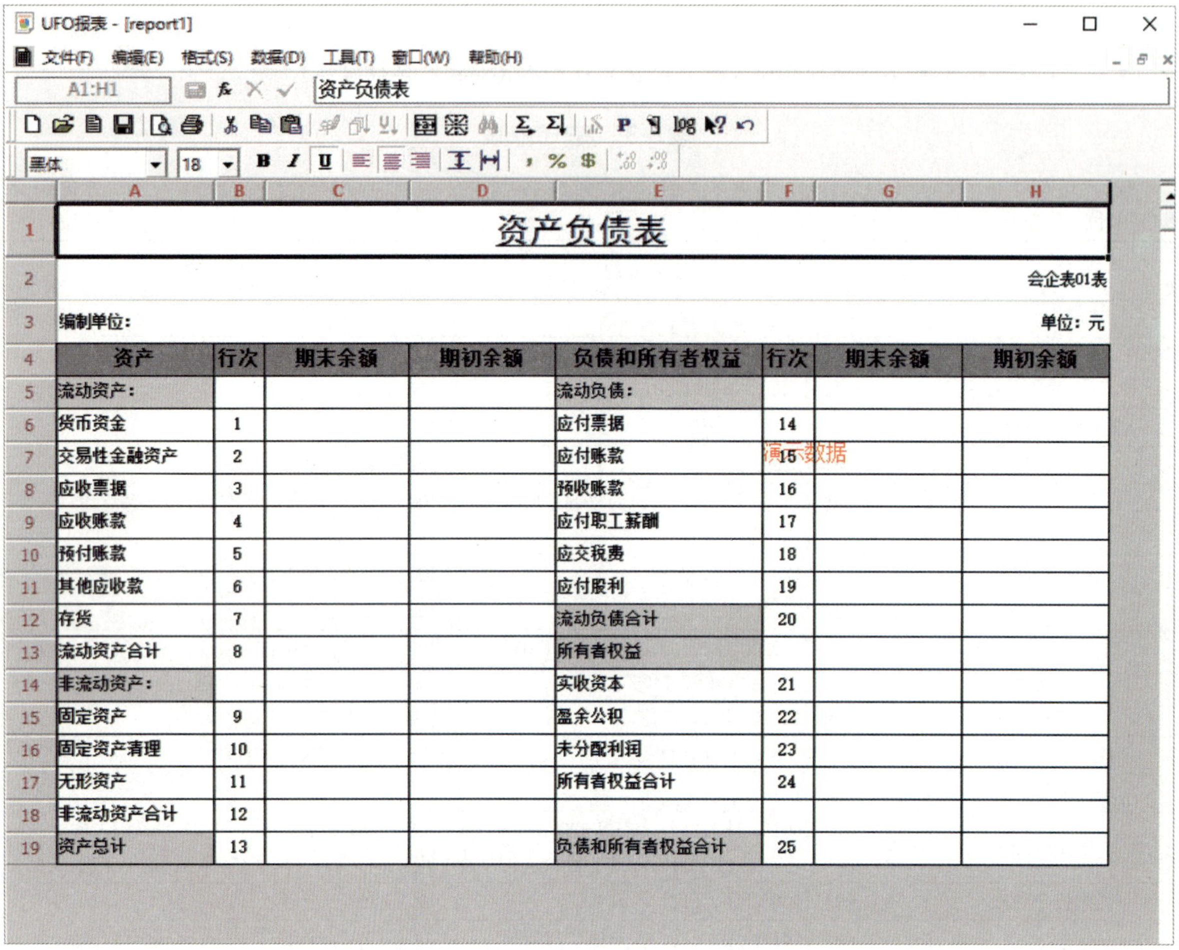

图 8-12　资产负债表录入信息完成页面

（2）定义关键字：年、月和日。

单击【数据】→【关键词】→【设置】按钮，如图 8-13 所示。

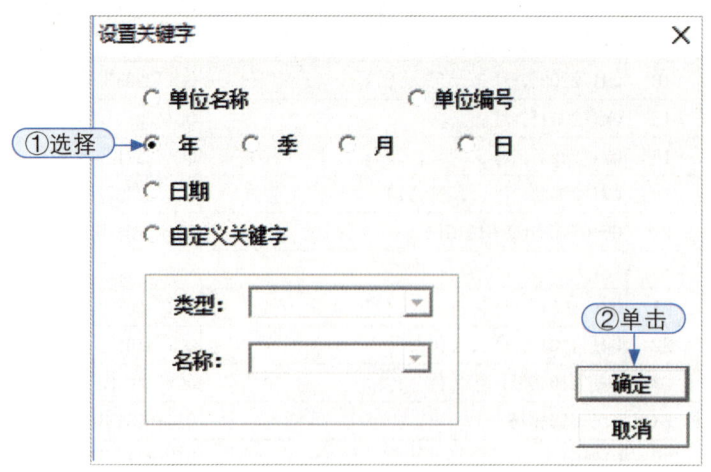

图 8-13　录入关键字

以同样方法选中"月"和"日"进行增加，关键字全部设置完成如图 8-14 所示。

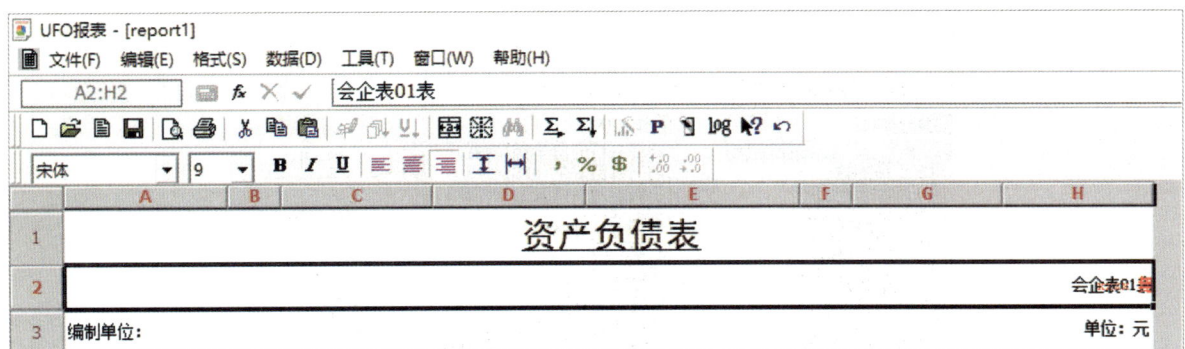

图 8-14　关键字设置完成页面

(3) 设置关键字偏移。

单击【数据】→【关键词】→【偏移】按钮,如图 8-15 所示。

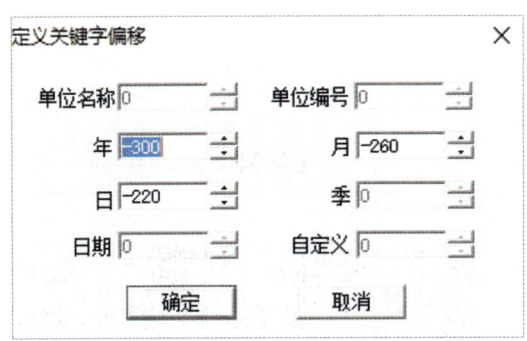

图 8-15　定义关键字偏移

单击【确定】按钮后,设置完成如图 8-16 所示。

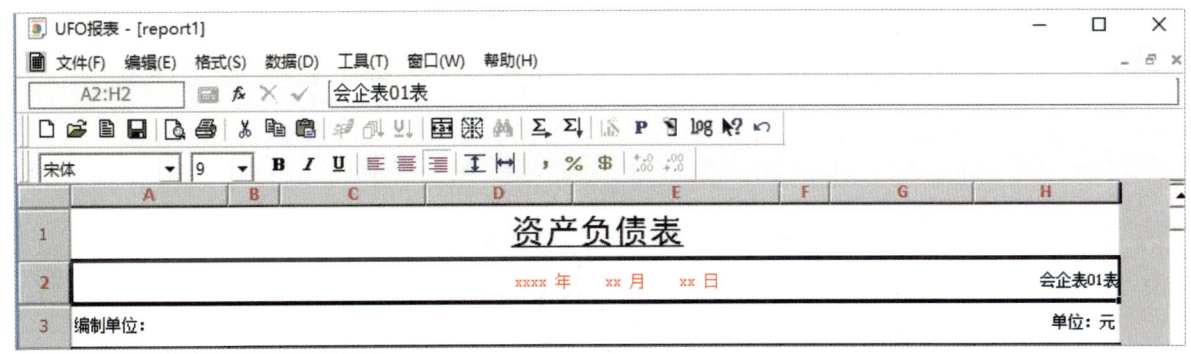

图 8-16　关键字偏移设置完成页面

(4) 定义公式。

根据表 8-3 的信息定义资产负债表公式,双击"货币资金"期末余额 D6 单元格,进入公式设置,具体操作过程如图 8-17 至图 8-21 所示。

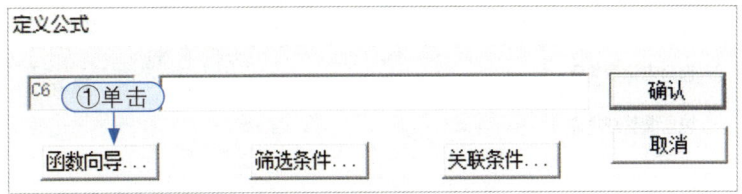

图 8-17　定义公式

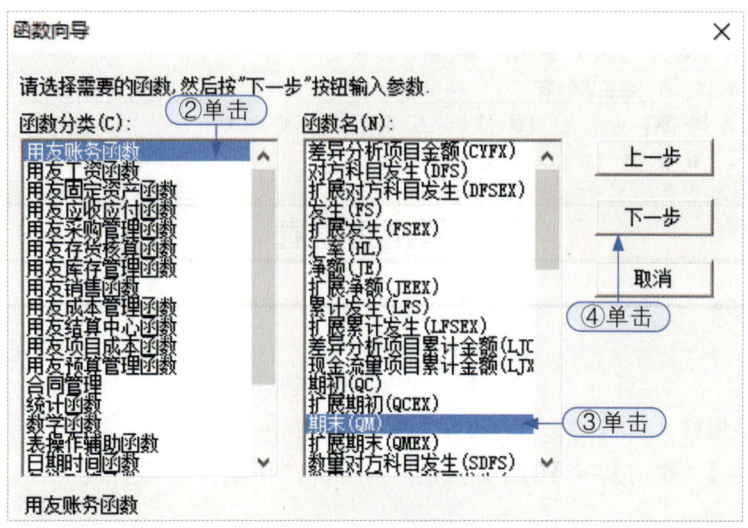

图 8-18　函数向导

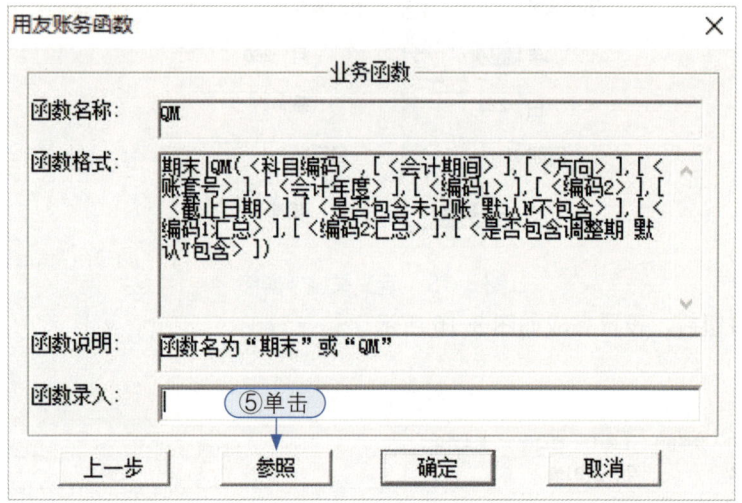

图 8-19　参照

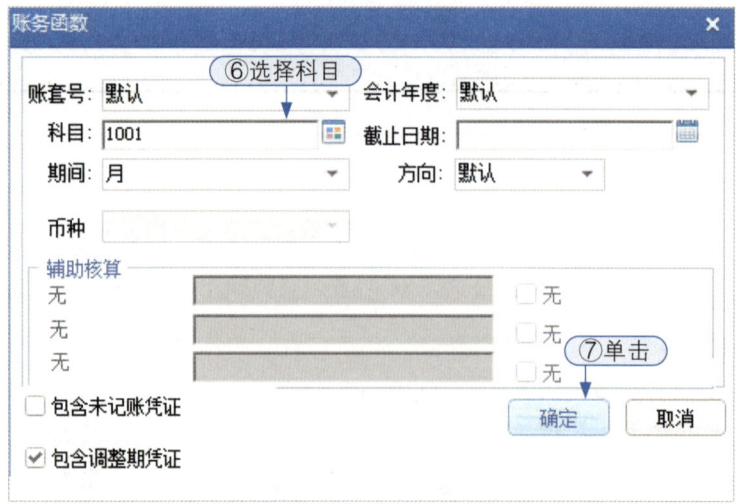

图 8-20　选择科目

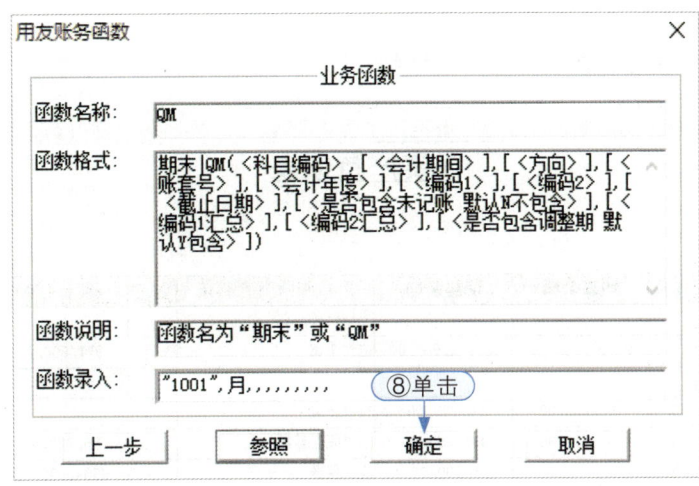

图 8-21　确认完成

单击【确定】按钮后，根据公式选择符号"+"，继续上述操作过程，选择需要的会计科目。增加完成后如图 8-22 所示。

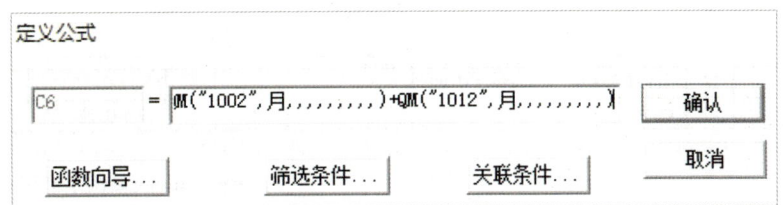

图 8-22　设置完成

其他项目公式的定义方式同货币资金期末余额一致，全部定义完成后如图 8-23 所示。

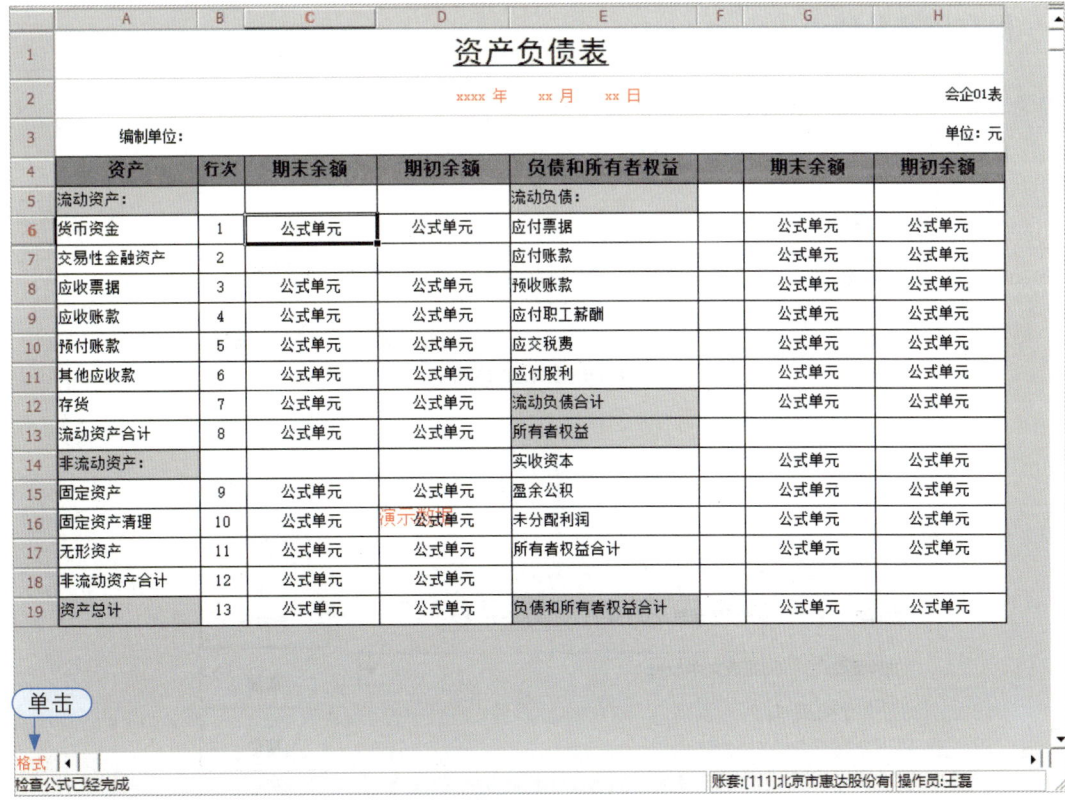

图 8-23　格式状态公式定义完成页面

单击【格式】按钮后，在弹出的"是否进行整表重算"窗口，单击【是】按钮，进入数据状态如图 8-24 所示。

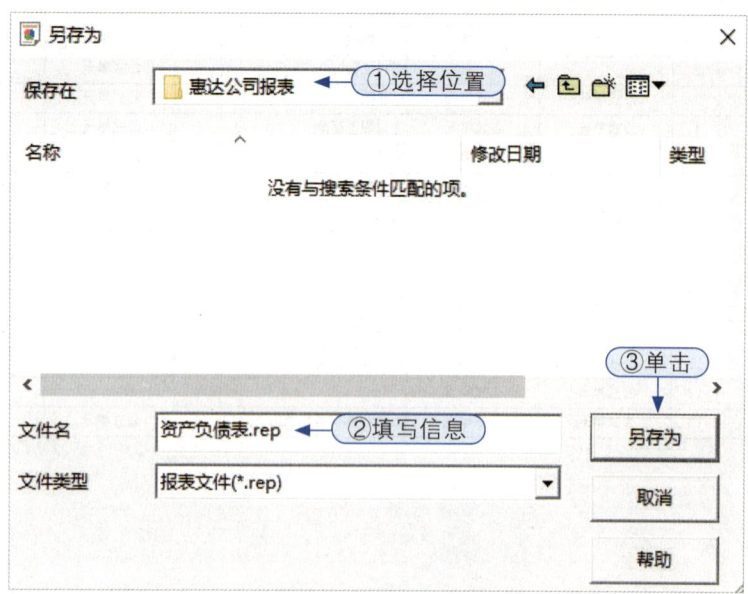

图 8-24 资产负债表数据状态页面

8.1.3 保存资产负债表

【情景 8-7】保存已经定义好的资产负债表。

单击【文件】→【另存为】按钮，弹出如图 8-25 所示页面。

图 8-25 另存报表页面

任务 8.2 利润表

8.2.1 建立利润表

【情景8-8】建立利润表并根据表8-3、表8-4的信息设置相应格式。

以会计身份登录U8⁺企业应用平台,依次选择【业务导航】→【财务会计】→【UFO报表】选项,进入"UFO报表界面"建立利润表,具体操作过程同资产负债表一致。

设置单元格行高列宽数据见表8-4,设置单元格属性信息见表8-5。

表8-4 行高、列宽数据

行名称	高度	列名称	宽度
1	10	A	60
2~3	8	B	10
4~23	6	C、D	28

表8-5 单元格属性

单元格名称	单元类型		字体图案			对齐		边框
	单元格类型	格式	字体	字形	后景色	字号	水平方向	垂直方向	
A1：D1	表样		黑体	下划线		18	居中	居中	无
A2：D2	字符		宋体			9	居右	居中	无
A3：D2	字符		宋体			9	居中	居中	无
A4：D23			宋体			9		居中	选第一个
A4：D4	字符		宋体	加粗	深灰色	11	居中	居中	
C4：C23；D4：D23	数值	逗号	宋体			10	居右	居中	

8.2.2 定义利润表

【情景8-9】根据表8-6的信息输入信息内容并设置公式和定义关键字等。

表8-6 利润表

会企02表

编制单位： 单位：元

项目	行数	本期金额	上期金额
一、营业收入		FS("6001",月,"贷",,,,,)	
减：营业成本		FS("6401",月,"借",,,,,)	
税金及附加		FS("6403",月,"借",,,,,)	
销售费用		FS("6601",月,"借",,,,,)	
管理费用		FS("6602",月,"借",,,,,)	
财务费用		FS("6603",月,"借",,,,,)	
资产减值损失		FS("6701",月,"借",,,,,)	
信用减值损失		FS("6702",月,"借",,,,,)	
加：公允价值变动（损失以"-"填列）			
投资收益（损失以"-"号填列）			

续表

项目	行数	本期金额	上期金额
其中：对联营企业和合营企业的投资收益			
资产处置损益（损失以"-"号填列）		FS("6703",月,"借",,,,,)	
其他收益（损失以"-"号填列）			
二、营业利润（亏损以"-"号填列）		C5-C6-C7-C8-C9-C10-C11-C12+C13+C14+C15+C16+C17	
加：营业外收入			
减：营业外支出		FS("6711",月,"借",,,,,)	
三、利润总额		C18+C19-C20	
减：所得税费用		FS("6801",月,"借",,,,,)	
四、净利润（净亏损以"-"填列））		C21-C22	

定义关键字、输入公式同资产负债表等具体操作过程一致，关键字偏移设置数据为，年"-220"，月"-180"，日"-140"。

全部定义完成后，利润表数据状态页面如图8-26所示。

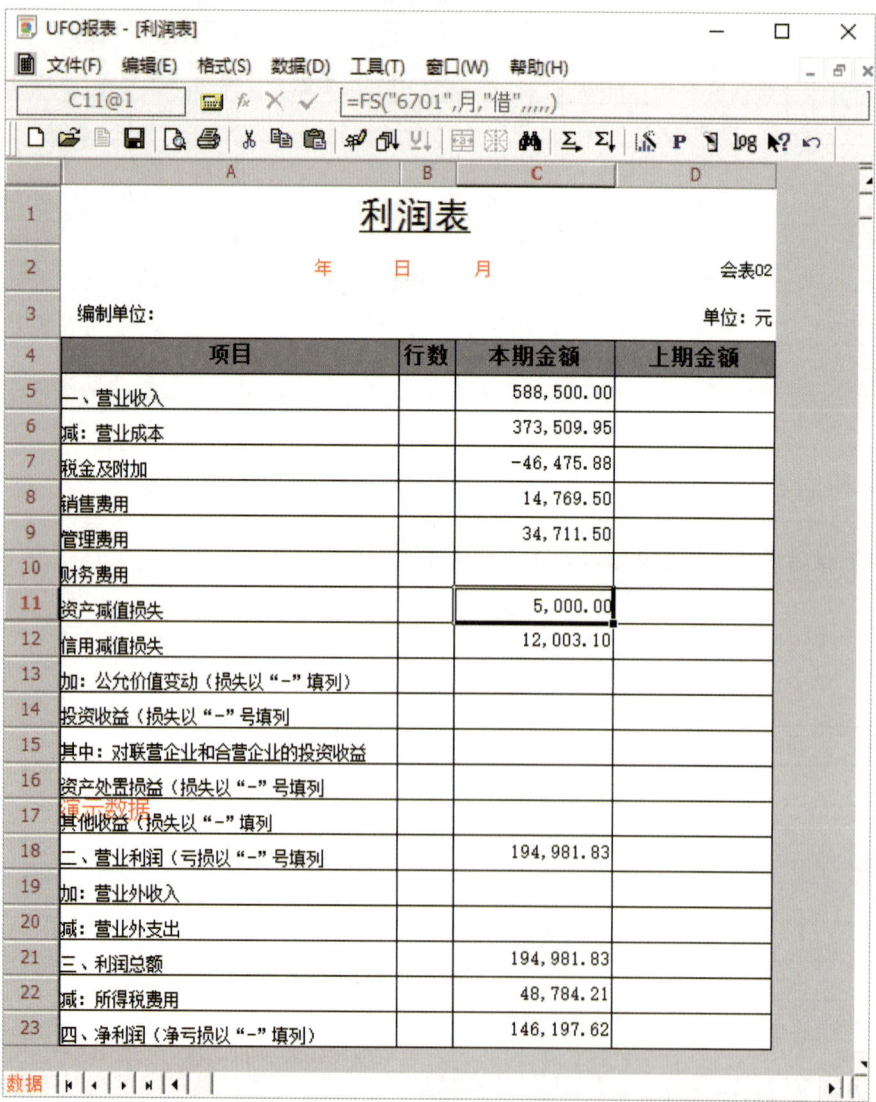

图8-26 利润表数据状态页面

项目小结

本项目主要讲述了资产负债表和利润表，资产负债表、利润表的基础建立与制作。

思考与练习

一、单项选择题

1. 报表按其设置与处理方式大体可分为（　）。
   A. 预置报表和对外报表
   B. 对外报表和对内报表
   C. 预置报表和自定义报表
   D. 对内报表和自定义报表

2. UFO 默认报表模板不包括（　）。
   A. 所有者权益变动表　　B. 资产负债表
   C. 管理报表　　　　　　D. 利润表

3. 报表管理系统（　）。
   A. 只能处理会计信息系统的报表
   B. 只能处理业务管理系统的报表
   C. 只能处理某一账套的报表
   D. 能处理 ERP 系统的所有报表，包括各账套的报表

4. 报表文件保存的是（　）。
   A. 打印报表本身
   B. 报表的格式和数据
   C. 打印报表的预览格式
   D. 报表设计格式的定义

5. 报表处理系统的功能不包括（　）。
   A. 文件管理　　　　B. 格式管理
   C. 图表功能　　　　D. 账簿管理

二、多项选择题

1. 利用报表模板生成本月资产负债表的基本步骤包括（　）。
   A. 初始化　　　　　B. 绘制表格
   C. 日常处理　　　　D. 报表分析

2. 电算化会计报表处理流程的内容包括（　）。
   A. 报表格式定义　　B. 报表数据定义
   C. 报表公式定义　　D. 报表数据生成

3. 用友 U8+ 软件中，用友 U8+ 报表的功能有（　）。
   A. 文件管理功能　　B. 格式设置功能
   C. 公式设计功能　　D. 数据处理功能

4. UFO 报表系统有（　　）功能。
A. 报表格式设计　　B. 报表数据处理
C. 图表功能处理　　D. 文件管理功能

5. UFO 报表中，报表项目包括（　　）。
A. 关键字　　B. 表头内容
C. 表体项目　　D. 表尾项目

三、判断题

1. 会计电算化报表的格式状态下可任意定义。（　　）

2. 用友 U8⁺ 报表系统是报表事务处理的工具。（　　）

3. 用友 U8⁺ 报表管理为我们提供了很多类型的报表模板，我们可以根据自己的需要选择使用。（　　）

4. 会计电算化表格式与手工报表格式有所区别。（　　）

5. 会计电算化中，资产负债表、利润表、现金流量表是根据账户的余额或发生额填制的。（　　）

四、简答题

1. 用友 U8⁺ 报表系统提供的模板有哪些基本的会计报表？

2. 在会计电算化状态下，编制报表的流程可以分为哪几步？

REFERENCES 参考文献

[1] 宋红尔，冉祥梅，赵越．会计信息化财务篇[M]．大连：东北财经大学出版社，2021
[2] 欧阳电平．会计信息化[M]．北京：科学出版社，2018
[3] 王新玲．会计信息化[M]．北京：人民邮电出版社，2016
[4] 牛永芹，杨琴．会计信息化[M]．北京：经济科学出版社，2019
[5] 陈旭．会计信息化[M]．北京：高等教育出版社，2018